Phänomen-Verlag

WOLFRAM KÖLLING

Narzissmus in der Wandlung

Ein integraler Leitfaden zur Persönlichkeitsentwicklung

Bibliografische Information Der Deutschen Bibliothek:

Die Deutsche Bibliothek verzeichnet diese Publikation in der Deutschen Nationalbibliografie; detaillierte bibliografische Daten sind im Internet über http://dnb.ddb.de abrufbar.

Wolfram Kölling
Narzissmus in der Wandlung
EAN 978-84-949856-6-9

Phänomen-Verlag
Web: www.phaenomen-verlag.de
E-Mail: kontakt@phaenomen-verlag.de

Satz & Gestaltung: Phänomen-Verlag

Inhalt

Einleitung 9

1. Am Anfang war die Scham 17
2. Die Spirale der Wandlung 28
3. Da-Sein und Selbst-Sein 35
4. Ich-Selbst und der Andere 86
5. Macht und Ohnmacht 124
6. Regeln und Rollen 156
7. Wissen, Leistung und Erfolg 171
8. Harmonie und Gemeinschaft 177
9. Von der Handlung zum Sein 192
10. Selbstsucht oder Integraler Narzissmus 211

Anmerkungen 220

Literatur 227

Wolfram Kölling

Narzissmus in der Wandlung

Ein integraler Leitfaden zur Persönlichkeitsentwicklung

Einleitung

„Resonanz ist ein Begriff der Verbindung zwischen den im aufklärerisch-rationalistischen oder naturalistischen Weltkonzept strikt getrennten Momenten von Geist und Körper oder Leib und Seele" – Hartmut Rosa[1]

Nach meinem ersten Buch über die Spirale der Wandlung führe ich nun hier einige der dort besprochenen Themen weiter aus, und ich werde in diesem Buch neben diesen Überlegungen auch viele neue Aspekte sehr viel differenzierter und detaillierter diskutieren.

In dieser Arbeit werde ich mich also mit der Theorie des Narzissmus auseinandersetzen und eine neue Sichtweise erarbeiten, die sich nicht mehr nur an den traditionellen psychoanalytischen Theorien orientiert. Dazu ist es notwendig sich sehr intensiv mit dem menschlichen Schamgefühl auseinanderzusetzen, was ich im ersten Kapitel sehr differenziert tun werde.

Im zweiten Kapitel geht es mir um die Spirale der Wandlung, die ja als Modell für jede Entwicklung und somit auch für die psychische Entwicklung des Menschen sinnvoll ist. Die Bedeutung liegt darin, dass alle Ebenen der Spirale ihre Wichtigkeit haben und die Lerninhalte später immer wieder aktiviert werden können und auch müssen. Das Leben spielt sich also in fließenden, wellenartigen Bewegungen auf allen Ebenen des Bewusstseins ab und verläuft auf der Spirale sozusagen rauf und runter. Besonders wichtig sind mir dann allerdings die Erschütterungen und Schädigungen auf jeder Stufe, die ja die Schattenanteile und die pathologischen Entwicklungen begründen, da die Inhalte der Stufen nicht genügend integriert werden. Dies sind immer schamauslösende Erfahrungen, die zu den verschiedensten Leidenszuständen der Menschen führen.

In den Kapiteln drei bis neun beschreibe ich die ersten sieben Stufen oder Ebenen der Spirale, und dabei werde ich neben einer allgemeinen Darstellung besonders auf die schamauslösenden Erschütterungen eingehen. Wie die durch Beschämungen entstehenden Blockaden und geschlossenen Zustände der Stufen aussehen, und wie diese zur Egozentrik und damit zu einem integralen Narzissmus beitragen, wird dann jeweils einen Schwerpunkt meiner Arbeit bilden. Es sind vor allem die klassischen Störungen und Leidenszustände, wie sie tiefenpsychologisch kategorisiert werden, die ich als Pathologien oder als Integralen Narzissmus beschreibe.

Nun noch einige Bemerkungen über die Stufen und die entsprechenden Kapitel zur besseren Orientierung. Die erste Stufe, die ich im dritten Kapitel vorstelle ist sehr lang geworden, da für diese Zeit der Entwicklung, in der es um prä-, peri- und postnatale Prozesse geht, meiner Ansicht nach verschiedene Themen ausführlich besprochen werden müssen. Es geht dabei z.B. um vorgeburtliche Schädigungen, um komplizierte Geburtsprozesse (Tod-Wiedergeburtsprozesse), um primären Narzissmus oder um das sogenannte ozeanische Gefühl und um mystische Erfahrungen. Um wirklich das Phänomen Narzissmus verstehen zu können, sind sehr detaillierte Informationen über diese Zusammenhänge erforderlich.

In der zweiten Stufe oder diesem speziellen Bereich der Bezogenheit geht es letztlich am deutlichsten um die Entwicklung des Ich-Selbst. Diese Prozesse werde ich in Anlehnung an die Säuglingsforschung im vierten Kapitel genau beschreiben.

Im fünften Kapitel beschäftige ich mich mit der Stufe, in der es aus traditioneller psychoanalytischer Sicht am ehesten um die Ursachen des Narzissmus geht. Sie ist deshalb natürlich auch für meine eigenen Überlegungen besonders wichtig.

Daran anschließend geht es im sechsten Kapitel um die Stufe der Entwicklung, in der es für das Kind um eine Auseinandersetzung mit Regeln, Normen und Strukturen geht. Da in dieser Zeit der Entwicklung die sogenannten höheren Neurosen ihren Ursprung haben, ist auch dieses Kapitel sehr wichtig.

Im darauf folgenden Kapitel beschäftige ich mich mit den Themen Leistung, Wissen und Erfolg aber auch mit Stress und Scheitern. Es ist die fünfte Stufe in der Spirale der Wandlung.

In der sechsten Stufe geht es beispielsweise um mehr Menschlichkeit, Gleichheit, Emotionalität, Partnerschaft und Gemeinschaft. Auch der Begriff der Liebe bekommt hier eine besondere Bedeutung. Es ist im Buch das achte Kapitel.

Im neunten Kapitel werde ich den großen Schritt des Bewusstseins in eine völlige neue Ordnung oder einen neuen Rang zum Thema machen. Die Stufe auf der Spirale der Wandlung geht in Richtung mehr Intuition, mehr Synthese, mehr Integration. Ab dieser Stufe können wir von Integralem Bewusstsein sprechen

Als letztes werde ich dann im zehnten Kapitel die Integrale Theorie zusammenfassend vorstellen und dann auch den Integralen Narzissmus noch einmal genau definieren, wie ich ihn mit Hilfe des Stufenmodells begründen werde. Man könnte also auch diese allgemeine Zusammenfassung des zehnten Kapitels einfach mal als erstes lesen, um einen allgemeinen Überblick zu bekommen oder um sich gleich zu informieren, was meine Absichten sind.

Nach den traditionellen Vorstellungen wird Narzissmus letztlich immer als Rücknahme der Triebenergie vom Objekt auf das Subjekt verstanden. Also der Rückzug der Libido, wie diese Triebenergie genannt wird, vom anderen Menschen auf das Selbst, wird als Narzissmus bezeichnet. Aus dieser Theorie geht dann aber auch hervor, dass eine solche Rücknahme der Triebenergie, oder auch eine Besetzung des Selbst mit dieser Energie, in einem begrenzten Ausmaß angemessen, also gesund oder einfach positiv ist. Was kann dann aber jeder Mensch unter begrenztem Ausmaß verstehen? Diese Sichtweise fördert nach meiner Auffassung zu sehr die Möglichkeit des Menschen, Narzissmus grundsätzlich als positiv zu verstehen. Man geht sogar davon aus, dass diese Besetzung des Selbst mit der Triebenergie für die Existenz also für ein gutes Leben unbedingt notwendig ist.

Erst eine zu starke Rücknahme der Libido vom Objekt wird nach dieser Sicht zu pathologischen Entwicklungen führen, und dann geht es um Störungen oder Krankheiten, die zum Teil unterschiedlich konzeptualisiert werden. In diesen unterschiedlichen psychoanalytischen Konzepten, geht es dann sehr differenziert darum, wie sich solche Prozesse der Entwicklung des pathologischen Narzissmus erklären lassen.

Diese Sichtweisen, bei denen es letztlich also immer um die zu starke Besetzung des Selbst mit der Triebenergie geht, führen leicht dazu, dass Narzissmus allgemein als positiv und vor allem als gesund angesehen wird. Also Narzissmus als solcher wird dann zu wenig kritisch betrachtet, nicht mehr kritisch oder gar selbstkritisch gesehen, nicht hinterfragt und schon gar nicht als veränderbar erkannt. So kommt es sehr oft dazu, dass Menschen ihren eigenen Narzissmus nicht als negativ ansehen, sondern nur von ihrem gesunden oder positiven Narzissmus sprechen. Die introspektive Frage nach einer Veränderung wird so immer häufiger vermieden. Auch der allgemeine Narzissmus wird dadurch beschönigt, bagatellisiert und er wird in den verschiedenen gesellschaftlichen Bereichen in denen er sich zeigt, vielleicht nicht mehr als unangemessen oder kritisch und negativ gesehen. Auch bei anderen Menschen wird er dann eher als ‚normal' oder üblich betrachtet.

Ich schlage eine andere Sichtweise vor, bei der nach meiner Überzeugung der erste Blick bereits die Notwendigkeit einer möglichen Veränderung aufzeigt. Dies kann bedeuten, dass der Wandel oder die Veränderung des Narzissmus immer sofort als der eigentliche und tatsächliche Sinn des menschlichen Daseins erkannt wird. Dies gilt für den eigenen Narzissmus jedes Individuums, für den Narzissmus des anderen Menschen und für den Narzissmus überall in der Kultur und der Gesellschaft.

Ich schlage deshalb vor, von Egozentrik zu sprechen und nicht die Freud´sche Triebtheorie, sondern die Holontheorie als Erklärungsmodell für diese Egozentrik heranzuziehen. Der Mensch wird aus einer integralen Sicht als Holon angesehen und jedes Holon hat vier (triebartige) Bestrebungen, die immer wieder in ein gewisses Gleichgewicht kommen, damit die Spannungen nicht zu stark werden. Es kommt also immer wieder zu einem Ausgleich, zu einer gewissen Balance der inneren Spannungen. Um diese Balancefindung geht es im menschlichen Leben grundsätzlich. Wir können dies auch Spannungstoleranz nennen. Ich selbst spreche, in meiner eigenen Entwicklung und auch in meiner Schattenarbeit, heute von friedlicher Gelassenheit, um einen solchen Zustand zu definieren. In einem späteren Kapitel werde ich auf meine persönlichen biografischen Hintergründe, in diesem Zusammenhang, etwas genauer eingehen. Die vier Bestrebungen des Holons sind *Selbsterhaltung*, *Selbstanpassung*, *Selbstauflösung* und *Selbsttranszendenz*. Sowie eine dieser vier Bestrebungen extrem stark wird und diese extreme Ausprägung auch noch längere Zeit anhält, also dauerhaft wird, können die Spannungen für den Menschen so stark werden, dass eine egozentrische Selbst- und Weltsicht erneut verstärkt wird. Wir können dann von Blockaden oder von geschlossenen Zuständen sprechen, die sich vom Holon Ich-Selbst auf die ganze Stufe der Spirale ausdehnen können. Auch wenn es durch heftige Wechsel in den Bestrebungen zu schnellen Veränderungen, und dadurch gar zu Irritationen kommt, verstärkt dies die Spannungen und die Egozentrik wird stabilisiert. Dies macht vielleicht etwas deutlich, wie wichtig die Balancefindung oder die Spannungstoleranz für den Menschen ist.

Diese grundsätzlichen Bewegungen im Holon nenne ich Integralen Narzissmus und dies schließt selbstverständlich die Spannungen mit ein. Dieser Integrale Narzissmus ist, wie grundsätzlich der Narzissmus, nicht zu verstehen ohne das Schamgefühl. Auch hier haben wir es bei der traditionellen psychoanalytischen Sicht mit einem speziellen Gefühl zu tun, dessen Definition meiner Auffassung nach nicht ausreicht, um das Phänomen wirklich zu verstehen. Dort geht es in der Regel nur um einen Gefühlszustand der entsteht, wenn der Mensch sich nicht an die verinnerlichten Normen hält, also gegen die familiären oder kulturellen Normen verstößt. Ich bin nicht richtig oder ich bin nicht in Ordnung bzw. ich bin nicht wert oder liebenswert, wenn ich gegen diese Normen verstoße. So wird nach der bisher üblichen Auffassung die Scham definiert. Ein Gefühl des Normverstoßes. Wobei diese kulturellen und gesellschaftlichen Normen überwiegend in der Familie gelernt werden und später dann natürlich auch besonders in den sozialen Einrichtungen wie Kindergarten und Schule.

Auch hier komme ich zu einer deutlich anderen Auffassung. Nach meiner Überzeugung, ist Scham kein Gefühl, sondern es sind die Zustände des Erlebens, die immer eine grundsätzliche Schädigung des Holons Ich-Selbst bedeuten. Scham sind die Zustände des inneren Zerfalls des Ich-Selbst. Es ist ein ‚Zerfallsprodukt'. Ich werde im ersten Kapitel auf diese Definition der Scham genauer eingehen und auch die Bedeutung des Begriffs Ich-Selbst später näher erläutern. Diese sehr archaischen, existenziellen Zustände, die wir Scham nennen, erlebt der Mensch in unterschiedlichem Ausmaß in seinem ganzen Leben und sie haben ihren Ursprung bereits vor der Geburt, also bevor sich ein Ich-Selbst vollständig entwickelt hat.

In dieser Arbeit werde ich also vor allem Teile der Selbstpsychologie von Heinz Kohut mit Elementen der Integralen Psychologie von Ken Wilber verbinden, um so ein Konzept des Integralen Narzissmus entwickeln zu können.[2] Da die existenziellen Zustände des Erlebens, die wir Scham nennen immer auf eine Schädigung oder eine Erschütterung des Ich-Selbst hinweisen, die letztlich ‚Zerfall' oder in den meisten Fällen natürlich nur teilweise Zerfall bedeuten, müssen wir auch in jeder Phase der menschlichen Entwicklung besonders auf diese Verletzungen oder Erschütterungen achten.

Aus einer integralen Sicht können wir dies tun, in dem wir die Spirale der Entwicklung oder die Spirale der Wandlung zur Unterstützung heranziehen. Auf jeder Stufe oder Ebene der Spirale, also in jeder Phase der Entwicklung kommt es in unterschiedlichem Ausmaß zu den Erschütterungen oder Schädigungen des kognitiven Konstruktes Ich-Selbst und somit auch zur Entstehung von Scham. So werde ich jede Stufe erst einmal kurz beschreiben und mich dann genauer mit diesen Erschütterungen der jeweiligen Stufe beschäftigen. Es sind also die Schattenaspekte jeder Stufe um die es mir dann geht.[3]

Jeder Mensch ist ein holonisch-evolutionäres System und somit ist es für die genauere Analyse eines Integralen Bewusstseins notwendig die Schattenanteile des Menschen mit der dazugehörigen Schamentwicklung gut zu erkennen.[4] Dies halte ich für dringend notwendig, wenn eine evolutionäre Veränderung des Bewusstseins angestrebt wird oder eine spirituelle Entwicklung des Menschen mit einer entsprechenden Schattenarbeit das Ziel ist.

Ich werde also jede Stufe der Spirale der Wandlung in einem eigenen Kapitel psychologisch genauer betrachten, um mögliche Erschütterungen erkennen zu können, die ja jeweils in unterschiedlichem Ausmaß Scham auslösen. Solche, durch Scham ausgelösten Blockaden bilden ja immer die jeweiligen Schattenanteile eines Menschen. Ich werde dann jeweils am Ende des Kapitels einige sogenannte Einstellungssätze vorschlagen, dir für eine Auflösung der Blockaden und damit für die Wandlung der Schattenanteile hilfreich sein können. Die inneren Haltungen und Einstellungen, die sich durch schamauslösende Erschütterungen ergeben haben, bilden ja die Grundlage der Schattenanteile jeder Ebene, unter denen dann der Mensch dann meist auch leidet.

Am Schluss wird meiner Ansicht nach deutlich werden, dass mit dem Konzept des Integralen Narzissmus, die Arbeit an der egozentrischen Selbst- und Weltsicht letztlich als der eigentliche Sinn des menschlichen Lebens erkannt werden kann.

1. AM ANFANG WAR DIE SCHAM

„ ... das Scham in ihren typischen Grundzügen komplex und variabel ist, viel eher eine Palette von eng verwandten Affekten als ein simpler, klar abgegrenzter Affekt?" – Leon Wurmser[1]

In diesem ersten Kapitel werde ich verschiedene Sichtweisen des Gefühls Scham näher beleuchten, und meine eigene Auffassung dazu beschreiben. Über die menschlichen Zustände des Erlebens bei Erschütterungen, komme ich zu einer Differenzierung von gesunder Scham und sogenannter kranker Scham. Dann folgt eine Definition des Ich-Selbst, wie ich es hier in meinem Buch benutze und als letztes werde ich dann näher auf die Zusammenhänge von Scham und Egozentrik eingehen.

Im ganzen Buch geht es um das grundsätzliche Leiden des Menschen und um die Veränderung und den Wandel dieses Leidens im lebenslangen Prozess der Entwicklung. Es ist ein Wandel von der Egozentrik, die ein allgemein menschliches Phänomen darstellt, hin zu mehr Selbstliebe, die in ihrer letzten Konsequenz genau das Gegenteil der Egozentrik darstellt. Diese Selbstliebe, wie ich sie verstehe, ist immer verbunden mit der Liebe zum anderen Menschen, und beides gemeinsam ist für mich das Ziel des menschlichen Daseins. Wenn ich jedoch die Egozentrik des Menschen, und dann speziell auch die Selbstliebe etwas genauer betrachte, dann wird sofort deutlich, dass das menschliche Schamgefühl in diesem Zusammenhang eine sehr wichtige Rolle spielt. Bevor wir uns also genauer mit einer egozentrischen Selbst- und Weltsicht des Menschen oder auch mit der Selbstliebe beschäftigen können, ist es von größter Bedeutung das Phänomen der Scham gut zu kennen.

Es wird also jetzt erst einmal grundsätzlich um die Scham gehen. Scham ist nicht einfach ein Gefühl oder ein Affekt, sondern es handelt sich dabei um verschiedene Zustände des menschlichen Erlebens, die ganz allgemein mit der menschlichen Existenz zu tun haben. Diese Zustände können wir als Zustände des Ich-Erlebens bezeichnen.

Immer wenn der Mensch denkt oder fühlt, wenn er etwas will oder nicht will, wenn er Wünsche und Bedürfnisse hat oder wenn es um seine Phantasien und Sehnsüchte geht, haben wir es mit dem Erleben des Ichs zu tun. Auch wenn er Meinungen und Ansichten hat oder wenn er handelt und sich irgendwie verhält, immer ist es sein Ich, um das es hier geht. Dieses Ich ist in der Regel vernünftig oder vernunftorientiert, deshalb wird es manchmal Vernunft-Ich genannt. Andere Begriffe können empirisches Ich oder kognitives Ich sein.

Wenn nun dieses Ich-Erleben durch plötzliche, heftige und unerwartete Einwirkungen von außen geschädigt oder beeinträchtigt wird, kommt es zu Störungen dieses Erlebens. Diese Schädigungen nenne ich Erschütterungen. Je stärker solche Erschütterungen sind, desto gravierender sind natürlich die Schädigungen des Erlebens.

Es geht also bei diesen Erschütterungen des Ich-Erlebens um ein gestörtes Erleben des Denkens, Fühlens und Verhaltens. Der Mensch kann Irritationen erleben, er kann nicht mehr klar denken oder er ist verwirrt, innerlich erstarrt und orientierungslos. Er fühlt vielleicht gar nichts mehr oder er kann keinerlei Gefühle definieren oder differenzieren. Auch in diesem Bereich des Gefühlslebens besteht große Verwirrung oder Verunsicherung. Im Handlungsbereich weiß der betroffene Mensch oft überhaupt nicht was er tut oder was er tun will oder tun sollte.

Diese Erschütterungen des Ich-Erlebens sind gleichzeitig auch immer Schädigungen der geistigen Seinsweise des Menschen. Diese Seinsweise betrifft alles Veränderbare, alles was der Mensch durch Denken und Handeln beeinflussen kann. Der Mensch lebt in einer doppelten Seinsweise, denn zu der geistigen Seinsweise gehört immer auch die körperliche Seinsweise dazu. Diese körperliche Seinsweise ist das was der Mensch nicht verändern kann. Es kann es nicht beeinflussen. Diese philosophisch-anthropologische Perspektive ist für meine persönliche Sicht der Scham von entscheidender Bedeutung.[2] Normalerweise besteht zwischen den beiden Seinsweisen eine unbewusste Kohärenz und der Mensch ist sich dieser Verdoppelung gar nicht bewusst.

Wird er nun durch die beschriebene Erschütterung des Ich-Erlebens beeinträchtigt, so kommt es auch zur Schädigung der geistigen Seinsweise und er wird mehr oder weniger zurückgeworfen auf die körperliche Seinsweise. Genau an diesem Punkt kommt es zur Scham, denn der Mensch erlebt plötzlich nicht mehr seine Fähigkeit etwas zu tun, zu beeinflussen oder gar zu verändern. Jedes Bewusstsein seines aktiven Seins, durch denken, fühlen oder handeln geht plötzlich verloren oder teilweise verloren. Es ist ein Schrecken, ein Schock der eben oft gar nicht wirklich beschrieben werden kann. Es sind Zustände von Zusammenbruch, Auflösung oder von nicht denken, nicht fühlen und nichts tun können. Es ist die Irritation oder völlige Verunsicherung im bewussten Sein. Nichts geht mehr. Das ist die Scham.

Eine klassische oder traditionelle Sicht der Scham ist die des Normverstoßes. Dies bedeutet, dass der Mensch sich schämt, wenn er gegen gesetzte, meist kulturelle Normen verstößt, die er allerdings auch selber teilt. Hier stellt sich die Frage, ob es bei der Scham immer nur darum geht, gegen solche verinnerlichten Normen und Werte zu verstoßen, wie es oft in einer traditionellen Sichtweise gesehen wird. Ich denke diese Frage ist etwas umfassender zu beantworten und kann nicht einfach mit ja oder nein beantwortet werden.

Ich verstehe die existenzielle Scham eher als eine Art grundsätzliche Möglichkeit des Erlebens, die zum menschlichen Da-Sein gehört, eben als Zerfallsprodukt des Ich-Selbst. D.h. das Ich-Selbst kann immer geschädigt werden, es ist immer in einer Art Verwundbarkeit in der der Mensch lebt. Die Scham ist eine absolute Verunsicherung des bewussten Seins des Menschen. Es gibt nun eine Definition der Scham als ein Zustand eines zur menschlichen Existenz gehörenden Normverstoßes. Das heißt in der menschlichen Existenz, im Da-Sein selbst, kann es zu Normverstößen kommen.

Der Mensch kann in seiner Seinsverfassung auch gegen ‚göttliche' Normen verstoßen oder einen Mangel gegenüber einer angenommenen Unendlichkeit oder Transzendenz erleben und damit auch wieder selber geteilte Normen verletzen.[3] So gesehen können wir davon ausgehen, dass allein durch die Existenz des Ich-Selbst eine ganz allgemeine Norm verinnerlicht ist, irgendwie oder irgendetwas zu sein, vielleicht einfach nur Mensch zu sein, vielleicht einfach nur zu sein. Diese existenzielle Norm ist für den Menschen also immer gegeben und sie lebt in seinem Inneren. Meine Sicht der Scham als grundsätzliches Zerfallsprodukt des Ich-Selbst, durch jede Art von Erschütterung und die Sicht eines Zustands des Norm- und Werteverstoßes, sehe ich also nicht im Widerspruch.

Wir können beim Zusammenbruch der geistigen Seinsweise aber auch von mehr oder weniger schweren Verletzungen oder von Traumatisierungen, oder wie ich es vorziehe allgemein von Erschütterungen sprechen. Die doppelte Existenz und Seinsweise des Menschen, als körperliches und zugleich geistiges Wesen, die immer zusammengehört und eben normalerweise durch eine stabile Kohärenz gesichert ist, kann in diesem Moment der Erschütterung nicht mehr ungestört aufrechterhalten werden.[4] Genauer gesagt, es ist letztlich der Zusammenbruch oder die Auflösung dieser Kohärenz, der zu einem Zustand führt, den wir Scham nennen.

Die Scham kann auch als eine „existenzielle Fraktur" angesehen werden, sie steht philosophisch betrachtet „am Ursprung des sich-seiner-bewusst-Seins" und zeigt uns immer „die Verletzlichkeit menschlichen Daseins", des Menschen grundsätzliche Verwundbarkeit. Die Verunsicherung im ‚Sich-seiner-bewusst-Sein' führt zu den Zuständen, die wir Scham nennen. Der Mensch könnte sich in diesem Augenblick fragen „bin ich?" oder „bin ich Ich?" oder „wie, wer oder was bin ich?". All dies Fragen zeigen diese Bewusstseins- Verunsicherung. „Das Schamphänomen verweist uns an eine Fragilität und Zerbrechlichkeit menschlicher Existenz".[5] Die grundsätzliche Verletzlichkeit oder die Verwundbarkeit des Menschen ist es also, die einerseits zur Scham führen kann und sich andererseits durch die Scham auch immer wieder zeigt. Die Scham erinnert uns immer an unser empfindsames und zerbrechliches Mensch-Sein. Ein Beispiel mag diese existenziellen Schamprozesse etwas verdeutlichen.

Ein etwa 70 jähriger Patient lag nach einer Knieoperation im Krankenhaus und bekam Besuch. Er hatte ein neues Kniegelenk und der Besuch war einen Tag nach der OP. Auf die Fragen wie es ihm denn ginge, antwortete er mit einem ausgeprägten Lächeln, das sehr künstlich, aufgesetzt wirkte, und mit Bemerkungen wie gut es ihm doch ginge. Wie selbstverständlich dies sei, und wie unpassend doch solche Fragen wären, war die Botschaft. Er sprach eher davon, wie toll er sich schon bewegen könne, wie leicht doch alles ginge und wie schnell er wieder ganz normal laufen könne. Dies zeigt deutlich seine Omnipotenz und seine Neigung zur Grandiosität. Auf die Nachfragen bzgl. Schmerzen, der erlebten Hilflosigkeit und einer besonderen Bedürftigkeit, oder auch bzgl. des Fremdkörpers aus Metall in seinem Körper gab er ebenfalls völlig ausweichende Antworten und vermittelte eher wie falsch und unpassend solche Fragen doch seien. Mit der Krankenschwester machte er kleine Witzchen, die jedoch irgendwie komisch und plump wirkten. Beides zeigt eher Entwertung und überhebliches Verhalten, den anderen klein machend. Die Besucher hatten den Eindruck, mit merkwürdigem Lachen, unpassenden Witzchen und grandiosen Vorstellungen versuchte der Patient einfach nur „gut anzukommen" und grundsätzlich Gefühlshaftes zu überspielen. Die Stimmung, die dadurch verbreitet wurde, war eher merkwürdig und unangenehm. Nun könnten wir zwar leicht sagen, der Patient versucht tatsächlich einfach Gefühle zu bewältigen denn nicht jeder Mensch spricht gerne über Schmerz, Trauer, Hilflosigkeit oder über verstärkte Bedürftigkeit. Auch das Fremde im Körper muss nicht für jeden Menschen unangenehm sein. Ich denke jedoch, all diese Zustände oder Gefühle der Schädigung und Einschränkung sind letztlich schamauslösend und die Gefühle selbst sowie auch die Scham könnten angemessen sein, in dieser Situation. Scham also als Zustände, die neben den speziellen Gefühlen auftauchen. Humor gilt natürlich als eine besonders gute und auch angemessene Möglichkeit, Scham zu bewältigen, jedoch künstlich aufgesetzter Humor scheint doch eher als Maske der Scham zu wirken. Nicht nur spezifische

Gefühle werden hier also überspielt, was auch möglich wäre, sondern das angegriffene, geschädigte Ich-Selbst kann sich so „erschüttert" nicht zeigen, ja sich selbst noch nicht einmal so wahrnehmen. Die Schädigung und die Scham darüber, darf nicht gesehen werden. Üblicherweise werden hier eher einige spezifische Gefühle vermutet, jedoch nicht die Zustände des Zerfalls, die ich eindeutig als Scham sehe. Wir können auch deutlich erkennen, dass dieses Verhalten die Funktion der Masken der Scham hat. Diese Masken der Scham sind dann letztlich Narzissmus.

Zustände des Erlebens

Scham ist also weniger ein Gefühl, sondern eher ein Zustand des Erlebens oder noch anders ausgedrückt, es können verschiedene Zustände des inneren Erlebens des Menschen sein, die wir Scham nennen. Es ist ein Syndrom oder eben ein Prozess, der grundsätzlich zur Existenz des Menschen gehört. Die Scham ist ein Zerfallsprodukt. Lähmungen, Blockaden, Erstarrung oder Verwirrtheit und Irritation sind nur einige der Begriffe, mit denen sich dieser Schrecken der Scham beschreiben ließe. Diese Beeinträchtigungen der geistigen Seinsweise sind ja immer auch Verletzungen des Ich-Selbst, denn das Ich ist ja ein Konstrukt der Vernunft.

Ich fasse all diese verschiedenen Arten von Schädigungen mit dem Begriff Erschütterung zusammen, da ich diesen Begriff besonders sinnvoll und hilfreich finde. Ich sehe in diesem Begriff zwei unterschiedliche Bedeutungen. Einerseits kann es sich dabei um eine konkrete, praktische, also auch um eine körperliche Erschütterung handeln, wie es bei vielen traumatischen Erlebnissen der Fall ist. Hierunter können wir beispielsweise Unfälle oder das Erleben von Krankheiten, die Erfahrung von Gewalt oder auch ein Miterleben von Naturkatastrophen einordnen. Andererseits geht es immer auch um eine Erschütterung oder Schädigung des Konstruktes Ich-Selbst.

Da wir es grundsätzlich immer mit sehr unterschiedlichen Definitionen der Begriffe Ich und Selbst zu tun haben können, wenn wir beispielsweise von der Theorie der Psychoanalyse ausgehen, benutze ich hier nur den Begriff Ich-Selbst, wie der deutsche Philosoph Gernot Böhme ihn definiert hat. Das bewusste Ich ist sozusagen das Konstrukt der Vernunft des Menschen und das Selbst ist der Leib, das Unbewusste und die Herkunft, aus der heraus sich der einzelne Mensch findet. „Allgemeiner gehören zum Selbst alle Bestände, auf die sich der einzelne Mensch in betroffener Selbstgegebenheit als die seinen bezieht. Das Ich ist die bewusste Person und das Selbst: das sind die Quellen der Subjektivität". „Souveränes Menschsein vollzieht sich deshalb im Zusammenspiel beider Pole", meint er deshalb.[6] Das Ich ist also auch immer ein Verstandes-Ich oder ein Vernunft-Ich also ein kognitives Konstrukt wie ich es vorher beschrieben habe. Das Selbst setzt sich hingegen zusammen aus dem Körper, den Erfahrungen, den Phantasien und allem Unbewussten des menschlichen Lebens. Es geht also beim menschlichen Leben nicht nur um das Denken, den Verstand oder um die Vernunft sondern auch um alles Körperliche, um unbewusste Anteile und um Erfahrungen und Erlebnisse. Die Kohärenz oder das natürliche Zusammenspiel von beidem bzw. eine immer wieder notwendige Balance ist für das menschliche Leben erforderlich. Genau diesen Verlust des natürlichen Zusammenspiels, der Kohärenz, können wir auch wieder Scham nennen.

Es geht mir also in diesem Buch vor allem um die Erschütterungen des Ich-Selbst, die zu einer Desorganisation führen und die in ganz unterschiedlicher Art und Weise beschrieben werden können. Der Mensch kann sich innerlich zerrissen, also beispielsweise hin und hergerissen oder in Auflösung, bzw. in Zuständen von Leere und Erstarrung erleben. Die Erschütterung ist auch eine Art Erschrecken oder Schock über die Störung oder Beeinträchtigung des Sich-selber-bewusst-Seins. Man weiß nicht mehr wer oder was man ist, oder ob man überhaupt ist. Weil die unterschiedlichsten Beschreibungen dieses Erlebens bei uns Menschen so verbreitet sind, wird das Phänomen Scham auch oft nicht als solches erkannt. Häufige Verwechslungen gibt es beispielsweise mit Angst, Hilflosigkeit und Ohnmacht oder Verwirrung, Irritation und innere Orientierungslosigkeit. Anders ausgedrückt, es können diese Gefühle oder Zustände sein, die erlebt werden, dennoch ist es immer auch Scham. Wir können also auch sehen, dass es immer eine Schädigung oder gar ein Verlust der inneren Kohärenz der Identität ist, die die Scham ausmachen.

Allerdings müssen wir in natürliche oder gesunde Scham und kranke oder besser gesagt krankmachende Scham unterscheiden. Eine für den Menschen relativ angemessene Erschütterung des Ich-Selbst kann als Signalgefühl betrachtet werden, welches notwendig ist und dem Menschen immer gerade zeigt, wenn eine Art Angriff auf sein Ich-Selbst droht, gerade geschieht oder gerade geschehen ist. Hier ist der Begriff Erschütterung auch nicht immer günstig und wir können in vielen Situationen eher über Erschrecken sprechen, oder wir sollten von einer Art inneren Anstubser ausgehen, der uns an eine mögliche Gefahr erinnert und uns warnt. Ein solches Zeichen weist auf eine drohende oder schon geschehene Verletzung oder Schädigung hin. In diesem Sinne wird also auch von Signalgefühl gesprochen. Die Scham schützt also die Integrität des Menschen, seine Intimität und somit auch seine Grenzen. Auch zeigt diese natürliche Scham dem Menschen seine immer vorhandene Unvollkommenheit als Mensch, also auch wieder seine menschlichen Begrenzungen. Denken wir wieder an die Verletzung der Normen gegenüber dem Göttlichen, der Transzendenz oder der Freiheit, wie ich sie w.o. schon erwähnt habe. Sie ist dementsprechend eine innere Kraft gegen die Hybris, also gegen egozentrische, narzisstische Größenideen. Genau um diese Bedeutung als Korrektiv gegenüber einer Egozentrik des Menschen geht es mir in dieser Arbeit und ich werde diese Zusammenhänge immer wieder deutlich herausarbeiten.

Sowie solche Erschütterungen jedoch so stark, intensiv oder heftig werden, dass sie das Maß eines Signalgefühls deutlich überschreiten, haben wir es sozusagen mit schweren Beschämungen zu tun, und die auf diese Art entstehende Scham ist für den Menschen nicht so einfach zu verarbeiten und kann dann häufig zu psychischem Leiden führen. Umgekehrt gehört also auch zu jedem psychischen Leiden das Schamgefühl dazu. Jedes seelische Leiden bedeutet ja eine Unzufriedenheit oder ein Mangel an Wohlbefinden im menschlichen Da-Sein. Solche Beeinträchtigungen im menschlichen Leben können wir immer auch als eine Art Erschütterung des Ich-Selbst verstehen, was wiederum Scham auslösen kann. Wir werden im weiteren Verlauf noch sehen, dass es bei verschiedenen Individuen auch unterschiedliche Intensitäten der Scham geben kann. Dies hat immer damit zu tun, wieviel und wie stark ein Mensch Beschämungen in seinem Leben erfahren hat.

Einerseits ist die Scham also ein existenzieller Zustand der unser Selbst-Sein stützt, vor Fragilität schützt und über die Stabilität des Ich-Selbst wacht und andererseits kann dieser Zustand gerade durch die damit verbundene Erschütterung zum Leiden führen. Mangelndes oder schockartiges Ich-Erleben bzw. Schrecken im Ich-Erleben führen längerfristig oder bei stärkerer Intensität zu psychischem Leiden. Dieses Leiden können wir immer als Intensivierung oder als eine Art Erstarrung der egozentrischen Selbst- und Weltsicht verstehen. Die Egozentrik erfährt gewissermaßen eine Blockade d.h. sie kann nicht transformiert werden. Diese doppelte Bedeutung der Scham, einerseits als Schutz- und Signalgefühl, andererseits als Zustand der zum Leiden führt, macht es ja so schwer, angemessen und menschlich sinnvoll mit diesen Zuständen umzugehen.

Egozentrik

Je mehr die Scham als Leidenszustand erlebt wird, desto mehr muss sie abgewehrt und maskiert werden, denn die Erschütterung des Ich-Selbst ist ja nur schwer oder gar nicht auszuhalten. Dies kann dann auch bedeuten, dass ihre Funktion als Schutz- und Signalgefühl nicht mehr gegeben ist. Es ist wie im normalen Leben des Menschen: Um Verletzung und Schmerz oder eben Schwäche und Scham nicht zu spüren wird zum Kampf aufgerüstet, sich stark gemacht um sich zu verteidigen. Dies ist genau der Sachverhalt, um den es mir hier geht und den es in diesem Buch genauer zu klären gilt. Ich werde im Verlauf dieser Arbeit immer wieder näher auf dieses Phänomen eingehen.

Es ist also die egozentrische Selbst- und Weltsicht, die wir auch als Narzissmus bezeichnen können, um die es mir letztlich ebenfalls in diesem Buch geht. Diese Egozentrik ist genau wie die Scham etwas, was zu jedem menschlichen Leben gehört. Schamgefühle und Narzissmus gehören ja grundsätzlich immer zusammen, denn die Scham gilt neben Wut und Leere als eines der Leitgefühle des Narzissmus. Die Erschütterungen des Ich-Selbst, also Verletzungen, Kränkungen, Missachtungen oder Misshandlungen, oder auch schwere Defizite in Würdigung, Spiegelung und Anerkennung des Ich-Selbst, führen nicht nur zu Wut und Leeregefühlen sondern ganz besonders zur Scham. Die Scham ist ja der komplexe Zustand der Schädigung oder des Zerfalls des Ich-Selbst. Diese Zusammenhänge werde ich in der ganzen individuellen Entwicklung des Menschen immer wieder deutlich machen. Für mich ist also die Scham das entscheidende und bedeutendste Leitgefühl der egozentrischen Problematik. Ich werde also in diesem Buch möglichst oft von Egozentrik sprechen, denn mit diesem Begriff lassen sich die Zustände des menschlichen Erlebens um die es mir geht, leichter und nach meiner Überzeugung auch allgemein verständlicher erklären. Der Begriff Narzissmus wird ja inzwischen auch eher inflationär benutzt und so müssten wir immer wieder neu erklären, wie und was wir genau meinen, wenn wir diesen Begriff verwenden.

Egozentrik ist für mich ein sinnvollerer Begriff, denn ich benutze ihn als eine Kurzfassung der egozentrischen Selbst- und Weltsicht, die wir beim kleinen Kind in den ersten Phasen des Entwicklungsprozesses des Ich-Selbst als natürliches Bewusstsein immer antreffen, also als gegeben voraussetzen. Der Beginn dieser Entwicklung liegt nach traditionellen Theorien im ersten Lebensjahr des Kindes und der Prozess von dem ich gerade spreche, reicht etwa bis ins dritte oder vierte Lebensjahr. Bei den Zeitangaben müssen wir allerdings davon ausgehen, dass es erste Ansätze dieses Prozesses schon früher gibt, und dass wir auch beim Ende des Prozesses nicht von festen Abschlüssen, sondern von fließenden Übergängen sprechen müssen. Noch deutlicher können wir sogar sagen, dass es darum geht, den fortlaufenden Prozess eines Wandels der Egozentrik zu beschreiben, der nach meiner tiefsten Überzeugung eine grundsätzliche Aufgabe des Menschen ist, die sogar niemals endet. Ja, es ist für mich der eigentliche Sinn des menschlichen Daseins, es ist seine Lebensaufgabe. Etwas, das wir Egozentrik nennen können, oder wie ich vorschlage ein Integraler Narzissmus, gehört also nach meiner Überzeugung grundsätzlich zum menschlichen Da-Sein. Ich werde diesen Integralen Narzissmus in dieser Arbeit genauer untersuchen und den Umgang damit ausführlich beschreiben, denn dadurch kann vielleicht wirklich deutlich werden, wie dieser Sinn des menschlichen Lebens verstanden werden kann. Die Wandlung der egozentrischen Selbst- und Weltsicht ist für mich auch die wichtigste Aufgabe des Menschen, da auch alles Leiden der menschlichen Existenz eben mit dieser Egozentrik im Zusammenhang steht.

2. Die Spirale der Wandlung

„Die Struktur der Spirale ist keine deterministische Vorgabe, der die kulturelle Entwicklung unweigerlich folgen muss, aber sie folgt einem erkennbaren Muster.“ – Steve McIntosh[1]

In diesem Kapitel werde ich erst einmal die Bedeutung der Spirale herausstellen und dabei deutlich machen, wie sie in der Integralen Theorie genutzt wird und wie ich selbst sie verwende. Hier gehört dann auch hinzu, dass Entwicklungen in verschiedenen Linien stattfinden, denn es geht ja letztlich um sehr verschiedene Qualitäten des menschlichen Fühlens, Denkens und Verhaltens. Dann werde ich grundsätzlich aufzeigen, wie Absolutsetzungen immer zur Egozentrik gehören und damit auch narzisstisch sind.

Ein ganz besonders wichtiger Teil, um den es in diesem Buch gehen wird, ist die Spirale der Entwicklung oder wie ich sie auch gerne nenne, die Spirale der Wandlung.[2] Jede menschliche Entwicklung, jede Entwicklung des Bewusstseins lässt sich besonders sinnvoll in Form einer Spirale darstellen. Bewusstsein möchte ich in Anlehnung an den integralen Theoretiker Steve McIntosh folgendermaßen definieren. „Menschliches Bewusstsein ist unsere Erfahrung unserer Wahrnehmung, die aus Gefühlen, Gedanken, Absichten und unserem persönlichen Empfinden von Identität besteht”.[3] Obwohl es dabei in erster Linie um eine Theorie der evolutionären Entwicklung des allgemeinen menschlichen Bewusstseins geht, will ich mich hier nur mit der Entwicklung und Wandlung des individuellen Bewusstseins beschäftigen, wie es sich bei jedem Menschen aufzeigen lässt. Mir geht es also in diesem Buch um die Individualgeschichte (Ontogenese) und nicht um die Stammesgeschichte der Menschheit (Phylogenese). Spirale in diesem Sinne bedeutet also, dass die Entwicklung des Ich-Selbst spiralförmig verläuft und verschiedene Ebenen oder Stufen durchläuft, in der jeweils ganz bestimmte Lerninhalte integriert werden. Das entscheidende dieser Entwicklung ist, dass die Inhalte jeder Stufe zwar integriert werden, sie können jedoch im Laufe des Lebens jederzeit aktiviert werden. So kann das Ich-Selbst bei sehr unterschiedlichen Anforderungen der Außenwelt, sehr differenziert reagieren und die Inhalte aller Stufen nutzen. Es kommt dabei zu einer Bewegung auf und ab, auf der Spirale.

Das Modell der Entwicklungen in Spiralen, wird in der Integralen Theorie für die verschiedensten Entwicklungslinien benutzt und besonders für die Entwicklung der menschlichen Werte in der Theorie *Spiral Dynamics (SD).* Vom Psychologen Clare Graves, auf den sich die Begründer von SD berufen, stammt allerdings folgendes Zitat: „Kurz gesagt, ich schlage vor, dass die Psychologie der menschlichen Natur ein sich entfaltender, nach und nach herausbildender, schillernder spiralförmiger Prozess ist, in dem mit dem Wandel der existenziellen Probleme des Menschen schrittweise ältere Verhaltenssysteme niedriger Ordnung neueren Systemen höherer Ordnung untergeordnet werden."[4]

Es geht also bei Graves um die Psychologie der menschlichen Natur und nicht nur um die Werte wie bei Spiral-Dynamics. Auch gibt es bei Graves schon acht verschiedene Linien oder Inhalte der menschlichen Entwicklung, neben der Linie der menschlichen Werte. Wilber kritisiert zwar Graves Haltung etwas flapsig wenn er schreibt: „Clare Graves nahm an, dass sein Wertesystem im Grunde Ebenen der Existenz darstellte, in dem man alles hineinplumpsen lassen konnte".[5] McIntosh hingegen meint folgendes: „Ich denke nicht, dass es für jede Forschungsmethode eine eigene Entwicklungslinie gibt, und ich denke es ist möglich, die Fülle der Linien zu erkennen, ohne zu schlussfolgern, dass diese Linien alle relativ gleich und unabhängig sind".[6] In Anlehnung an McIntosh scheint es für meine Arbeit in diesem Buch, und speziell für mein Thema, wohl ausreichend zu sein, dass System Spiral Dynamics (SD) zu übernehmen um die allgemeine Entwicklungspsychologie zu besprechen. Dennoch gibt es also grundsätzlich viele Linien der Entwicklung, von denen ich hier nur einige beispielhaft nennen möchte. Da gibt es die kognitive Entwicklung, die emotionale Entwicklung, die Entwicklung von Ethik und Moral oder auch die

Entwicklung der zwischenmenschlichen Fähigkeiten, sowie eine eigene Entwicklungslinie der Spiritualität. Alle diese Entwicklungslinien ließen sich also spiralförmig darstellen und so hätten wir nach Wilber letztlich auch für jede Linie eine eigene Entwicklungsspirale. In der Integralen Theorie zeigt Ken Wilber dies alles sehr differenziert auf.[7] Wie schon erwähnt, nutze ich jedoch die Spirale von Spiral Dynamics (SD) für die ganze Entwicklungspsychologie, ohne jeweils die einzelnen Linien genau zu beschreiben. Hin und wieder werde ich Hinweise dazu geben. Für die Bezeichnung der Stufen oder Ebenen der Spirale hat man Farben genommen und so ergeben sich in der Integralen Theorie mindestens zwölf Farben für einen sogenannten Farbcode der Entwicklung des Bewusstseins. Die Nutzung der Farben ist deshalb sinnvoll, weil man davon ausgeht, dass alle Farben gleichen Wert haben. Es geht eben darum, dass man grundsätzlich alle Stufen der Entwicklung des Bewusstseins als gleichwertig betrachtet und es kommt immer auf die natürliche Bewältigung jeder Stufe an, um entscheiden zu können wie angemessen eine Reaktion oder ein Verhalten auf einer Bewusstseinsstufe ist. Also können das Denken und Verhalten der Menschen nicht nur aus den verschiedenen Ebenen des Bewusstseins kommen, sondern auch noch aus den gesunden/reifen oder aus den Schattenanteilen der jeweiligen Ebene. Eine solche differenzierte Unterscheidung halte ich eben für besonders sinnvoll und unbedingt notwendig in unserer Zeit, um für die Wandlung des Bewusstseins sinnvoll und wirkungsvoll eintreten zu können.

Bleiben wir noch bei der natürlichen Bewältigung der Stufen unter der Ken Wilber zunächst eine Identifizierung des Ich-Selbst mit einer Ebene, dann eine Transzendierung dieser Ebene und letztlich eine Integration dieser, von einer höheren Ebene aus, versteht. In Anlehnung an Robert Kegan spricht er davon, dass das Subjekt der einen Stufe zum Objekt des Subjekts der nächsten Stufe wird. „Bei Gebser heißt es, das Selbst einer Stufe wird zum Werkzeug der nächsten".[8] Wilber spricht in diesem Zusammenhang auch von Drehpunkten. In jeder höheren Ebene ist also die vorhergehende immer enthalten, so dass alle Ebenen immer zum allgemeinen menschlichen Bewusstsein gehören. Also etwas einfacher ausgedrückt: Zur Bewältigung einer Ebene, gehört eine Integration dieser, bevor sie transzendiert werden kann. Wir werden diese Prozesse immer wieder von verschiedenen Seiten betrachten.

Absolutsetzung ist Narzissmus

Es ist allerdings so, dass jeder Werteraum jeder Bewusstseinsraum oder jedes Mem, wie wir die Stufen auch bezeichnen können, eine relativ feste bis starre Überzeugungskraft in sich trägt, alleine das richtige Bewusstsein zu sein. McIntosh spricht von einer eigenen Form von Orthodoxie oder sogar von „Stufenabsolutismus". Umso stärker eine solche Überzeugung absolut gesetzt wird, desto eher können wir bei der entsprechenden Person natürlich auch Narzissmus vermuten. Da die Spirale, wie Beck wohl meint, eher unordentlich ist und nicht symmetrisch, mit vielen Mischformen statt reinen Typen, haben wir es eher mit Mosaiken, Geflechten und Mischungen zu tun.[9] Frühere Stufen werden durch den „Stufenabsolutismus" eher als überwunden, oder als nicht mehr gültig angesehen und gegen eine Weiterentwicklung zu einer höheren Stufe gibt es dann oft Widerstand. Wir können dies manchmal auch als Kampf nach oben und unten bezeichnen. Die durch die Erschütterungen entstandenen Blockaden in einer Stufe führen dann zu den Erstarrungen und der Absolutheit der entsprechenden Wahrheitsansprüche. Bei einer natürlichen Bewältigung dieser Phasen der Entwicklung oder auch dieser Drehpunkte geht man von einer gesunden Entwicklung oder einer Reifung aus. Bei stärkeren Blockaden oder geschlossenen Zuständen auf bestimmten Ebenen kann es dann zu der schon genannten „Kampfhaltung" kommen und wir können dann auch deutlich von Pathologien sprechen, die als Stufenabsolutismus immer auch Narzissmus sind.

Ein sehr ähnliches Modell finden wir auch in der psychoanalytischen Theorie; und ich will einige Voraussetzungen dieses Modells hier kurz anführen. Erstens die Interaktionen zwischen dem Ich-Selbst und der Umwelt führen zur Entwicklung. Diese Entwicklung, um die es hier geht, wird in der psychoanalytischen Theorie auch Entwicklung der Ich-Struktur genannt. Es kommt dabei zur „Entfaltung späterer differenzierterer Strukturen aus früheren weniger differenzierten Strukturen".[10] Die seelischen Funktionen entfalten sich in Phasen und Ebenen wobei das Niveau der Komplexität und die Differenzierung dieser Strukturen von Ebene zu Ebene zunehmen. Jede neue Ebene wird durch neu auftauchende Qualitäten bestimmt. Frühere Ebenen bleiben erhalten und bilden immer die Basis der Entwicklung und der Funktion. Es kann in dieser Entwicklung auch zu Staus oder zum Stillstand sowie zu Regressionen kommen.[11]

Dieses Konzept ist durchaus sehr vergleichbar mit dem Stufenmodell von Spiral Dynamics und anderen Stufenmodellen besonders auch in der Integralen Theorie. Bezüglich der Pathologien, also der Störungen der Entwicklung, – wie Stillstand, Blockaden oder Regressionen – will ich hier gleich anmerken, dass es mir dabei nicht um die kulturell definierten Pathologien geht, also um das, was in einer Gesellschaft als krank betrachtet wird, sondern erstmal nur um die Hindernisse oder Blockaden in der Entwicklung. Diese bilden sozusagen den Schatten oder die Schattenanteile, die bei jedem Menschen zu finden sind. Da der Mensch nun alle Stufen in sich trägt, trägt er auch die Schattenanteile aller Stufen in sich. Natürlich haben wir es hier immer mit deutlichen individuellen Unterschieden in der Ausprägung dieser Schattenanteile zu tun. Ich nutze ja für meine Darstellung in diesem Buch überwiegend das Modell Spiral Dynamics, abgekürzt SD, wie ich es vorher schon ausgeführt habe.

Die Spirale der Entwicklung des Bewusstseins oder wie ich an anderer Stelle schon geschrieben habe, die Spirale der Wandlung, besteht also aus neun Stufen oder Ebenen, die in Spiral Dynamics auch Werte-Meme genannt werden und die mit folgenden Farben gekennzeichnet werden: Beige, Purpur, Rot, Blau, Orange, Grün, Gelb, Türkis und Koralle. Da es mir jedoch um die verschiedensten Entwicklungslinien auf der Spirale geht, spreche ich ganz allgemein eher von Memen als von Werte-Memen. Es gibt, wie wir gesehen haben, sehr viele Möglichkeiten der Darstellung der verschiedenen Entwicklungsspiralen in der integralen Theorie und dementsprechend natürlich auch unterschiedliche Farben. Auf einige wichtige Beschreibungen werde ich im Text oder in den

Anmerkungen hinweisen. Beck und Cowan beschreiben nun ein W-Mem folgendermaßen: „Ein W-Mem drückt sich in einer Weltsicht, einem Wertesystem, einer Ebene der psychologischen Existenz, einer Glaubensstruktur, einem Organisationsprinzip, einer Denk- und Lebensweise aus“.[12] Ganz allgemein wird also menschliches Denken und Verhalten immer aus allen Stufen des Bewusstseins, also aus allen Memen möglich sein, und es kommt immer auf die augenblicklichen, äußeren Anforderungen an, ob das entsprechende Verhalten angemessen und wirklich sinnvoll ist. Nun kann aber jedes Denken und Verhalten aus allen Stufen einerseits angemessen, gesund oder reif sein und andererseits kann es ein Schattenanteil sein und kann als pathologisch betrachtet werden. Diese Differenzierungen halte ich nun für besonders wichtig und darum wird es in diesem Buch auch immer wieder gehen.

Als eine Art Gerüst der Themen Schamgefühle und egozentrische Selbst- und Weltsicht werde ich also die Spirale der Wandlung grundlegend besprechen und dabei vor allem die Schattenanteile genauer herausarbeiten. Ich spreche in diesem Zusammenhang ab jetzt auch von Integralem Narzissmus, denn meine Beschreibung lehnt sich an die integrale Theorie an und nicht an die Triebtheorie der Psychoanalyse. Meine Überlegungen zum Integralen Narzissmus werden also immer auch den Inhalt dieses Buches bestimmen. Ich werde aber auch deutlich machen, dass es innerhalb der Psychoanalyse selbst eine Diskussion gibt, die über die bisherigen Auffassungen von Narzissmus hinausgehen. So werde ich aufzeigen, wie die Erschütterungen im Leben, und damit die so entstehende Scham und der mit dem Schamgefühl zusammenhängende Umgang mit der Egozentrik des Menschen ganz grundsätzlich bestimmend ist, für das menschliche Da-Sein. Darüber hinaus will ich auch zeigen, wie mögliche erste Schritte zur Aufhebung von Blockaden auf jeder Stufe des Bewusstseins aussehen können. Dazu werde ich vor allem auf die Veränderung innerer Einstellungen der Menschen verweisen und für jede Stufe des Bewusstseins einige „Einstellungssätze” vorschlagen. Dies sind hilfreiche Sätze zur Wandlung des Bewusstseins wie ich sie seit vielen Jahren in der Gruppenarbeit anwende und die ich in einer anderen Arbeit ausführlich beschrieben habe.[13] Letztlich geht es in diesem Buch um den Wandel des Integralen Narzissmus

Ein weiterer wichtiger Aspekt ist für mich die Frage, ob diese frühen Schädigungen schon eine Auswirkung auf die spätere Schamentstehung haben können. Ich gehe davon aus, dass es tatsächlich so ist. Die biochemischen Prozesse der prä-, peri- und postnatalen Erschütterungen führen erst einmal dazu, dass Körpererinnerungen hirnphysiologisch gespeichert werden. Diese gespeicherten Prozesse können dann später in bestimmten Situationen oder/und durch besondere Reize angestoßen oder angestubst werden. Das Ich-Selbst wird durch solche Trigger sozusagen an seine Mängel und Defizite erinnert und dadurch kann es sofort zur Scham kommen. In der Psychologie spricht man auch von einem Selbstwerteinbruch oder von einem Selbstwertzusammenbruch bzw. auch von einem fragilen Selbst. Menschen tragen dann gewissermaßen eine Schamneigung in sich, die von Anfang an im Leben vorhanden ist. Wir nennen dies Basisscham.

3. Da-Sein und Selbst-Sein

„Im Mutterleib wisse der Mensch das All, in der Geburt vergesse er es" – Martin Buber[1]

Im nun folgenden Kapitel werde ich die erste Stufe der Spirale des Wandels sehr differenziert betrachten und dabei verschiedene theoretische Aspekte diskutieren. Da es um die vorgeburtliche Zeit und um die Zeit der Geburt selbst geht, zeige ich die Beobachtungen und Erkenntnisse auf, die mit den Namen von Stanislav Grof, Arthur Janov und Ludwig Janus verbunden sind. Ich zeige, wie die verschiedensten Schreckenserlebnisse oder Erschütterungen als Körpererinnerungen oder neuronale Aktivierungen zu ganz speziellen inneren Einstellungen führen und so die Persönlichkeitsbildung schon sehr früh im Leben beeinflussen oder gar bestimmen können. Immer wird es dabei auch um die Bedeutung der Scham gehen. Dann werde ich den Begriff des primären Narzissmus diskutieren und dessen Zusammenhänge mit mystischen oder spirituellen Erfahrungen klären. Die Holontheorie und die intersubjektive Theorie in der Psychoanalyse bilden dann die Grundlage meiner Überlegungen zum Narzissmus, bei denen ich in diesem Buch von Integralem Narzissmus spreche. Zwei Beispiele aus meiner eigenen Selbsterforschung füge ich dann zum besseren Verständnis von frühen Einstellungen hinzu. Am Schluss werde ich dann hier und in allen folgenden Kapiteln einige Einstellungssätze besprechen, die für die Veränderung der Schattenanteile jeder Stufe sinnvoll sind.

Beginnen wir also mit der frühsten Phase der menschlichen Entwicklung, der ersten Stufe **Beige** oder dem Drehpunkt 0, also der Zeit vor, während und kurz nach der Geburt. Die Erfahrungen in dieser Zeit werden auch *prä-*, *peri-* und *postnatal* genannt. Bereits in dieser sehr frühen Phase der menschlichen Entwicklung können Verletzungen, Traumatisierungen und Erschütterungen eine deutliche Auswirkung auf die Entstehung der Persönlichkeit des Menschen haben. Solche vorgeburtlichen

Schädigungen, oder auch sehr schwierige Geburtsverläufe können manchmal sehr gravierend sein und führen dadurch auch zu sehr frühen Prägungen der Persönlichkeit. Es sind die bio-chemischen Prozesse, die als Körpererinnerungen gespeichert werden und die als neuronale Aktivierungen dann spezielle Auswirkungen auf die Entstehung des Ich-Selbst haben können. Durch die Verinnerlichung der Erfahrungen bilden sich im Laufe der Entwicklung des kognitiven Ichs bestimmte innere Einstellungen, die oft die Persönlichkeit bestimmen können und die in der Regel auch als Schatten ein ganzes Leben lang wirksam sind. Solche Einstellungen haben also ihren Anfang sehr oft schon vor oder während der Geburt und werden dann in den weiteren Stufen der Entwicklung entweder durch ähnliche Erfahrungen in der gleichen Richtung verstärkt oder durch ganz andere Erfahrungen in eine andere Richtung gelenkt. Eine weitere Festigung dieser Einstellungen oder eine gewisse Veränderung ist so immer möglich. In der Regel kann es also zu einem Ausgleich, zur Kompensation solcher sehr frühen Erfahrungen kommen.

Diese ganz früh im Leben entstandenen inneren Einstellungen sind andererseits natürlich auch besonders stabil, starr oder sehr gefestigt. Oft kann deshalb auch nur eine gezielte Arbeit der Veränderung, beispielsweise durch Therapie oder eine tiefgehende Schattenarbeit eine solche innere Einstellung konstruktiv verändern. So eine Einstellung könnte beispielsweise lauten: „Ich schaff es nicht". Dies ist übrigens meine eigene innere Einstellung viele Jahre gewesen, bis ich in der Therapie und Selbsterforschung intensiv an einer Veränderung gearbeitet habe. Ich werde in diesem Buch immer wieder mal auf meine persönliche Selbsterfahrung oder Schattenarbeit zurückkommen, denn diese kleinen Aspekte der Selbstreflexion und Selbstöffnung können vielleicht hilfreich sein, und zum besseren Verständnis so mancher theoretischer Inhalte beitragen.

Schritte ins Leben

Die Erschütterungen, oder auch Traumatisierungen aus dieser frühen Stufe der Entwicklung, wurden seit einigen Jahrzehnten von verschiedenen Autoren immer wieder öffentlich gemacht und ich will hier auf die wichtigsten Arbeiten kurz hinweisen.[2] Dabei geht es besonders um das Wiedererleben der eigenen Geburt, aber eben auch um sehr frühe Erschütterungen, die in den intensiven Therapiesitzungen z.B. beim holotropen Atmen erneut durchlebt werden. Es zeigen sich dabei immer wieder sehr ähnliche Erfahrungen, die ganz besonders Stanislav Grof, aber auch andere Forscher gesammelt, analysiert und ausgewertet haben.

Bevor es in den therapeutischen Sitzungen zu den eigentlichen Verletzungen, Erschütterungen und Schreckenserlebnissen kommt, zeigen sich oft sinnliche Erlebnisse, die meist nicht gut einzuordnen sind. Solche sinnlichen Erlebnisse, wie z.B. Kälte, Wärme, Hitze oder Schwere und Leichtigkeit bilden für Grof eine sogenannte sensorische Barriere, die nach seiner Ansicht meist keinen oder nur einen eher geringen Zusammenhang zu einer biografischen Selbsterforschung haben. Ich meine jedoch, dass solche Erfahrungen manchmal auch als Erleben der sogenannten Vitalitätsaffekte beschrieben werden können. Zu dieser Art von Gefühlen, die sich oft nur irgendwie be- oder umschreiben lassen, wie aufwallend, anschwellend oder flüchtig, komme ich etwas ausführlicher im nächsten Kapitel. In vielen Therapiesituationen ganz allgemein, lassen sich solche sinnlichen Erfahrungen jedoch immer wieder mal beobachten und möglicherweise handelt es sich dabei auch um Hinweise auf vorsprachliche Erlebnisse.

Als weitere Erfahrungen sind die unterschiedlichsten biografischen Erlebnissen zu nennen, die oft sehr schmerzhaft sein können. Diese biografischen Erlebnisse sind ja aus vielen therapeutischen Verfahren, besonders der Tiefenpsychologie, als Ursachen des psychischen Leidens der Menschen bekannt.

Aus verschiedenen aufdeckenden Therapieverfahren sind Erfahrungen bekannt, die mit einem Wiedererleben der eigenen Geburt zusammenhängen. Wer solche Erfahrungen macht, ist sich meist sehr sicher, dass bestimmte Szenen der eigenen Geburtserfahrung auch zu bestimmten Einstellungen in der Persönlichkeit geführt haben. Grof hat nun eine Kategorisierung solcher Erlebnisse vorgenommen.

Als letztes weist Grof auf die sogenannten transpersonalen Erfahrungen hin, die auch als mystische Erfahrungen oder Erfahrungen der Transzendenz bezeichnet werden.[3]

Der Prozess des Wiedererlebens der eigenen Geburt wird oft auch als Tod-Wiedergeburtsprozess bezeichnet, denn in ihm zeigen sich meist die vielen Gefühle und Zustände, die im Zusammenhang mit Geburt und Tod stehen. Dieser Prozess, der sich klar an der biologischen Geburt orientiert, lässt sich in vier Phasen einteilen, die Grof perinatale Matritzen nennt.

In der ersten Phase geht es um die kurze Zeit direkt bevor die Geburt beginnt. Es ist bei Grof die **perinatale Grundmatrix I,** bei der noch von einer biologischen Einheit des Embryos mit dem mütterlichen Organismus ausgegangen wird. Es ist der intrauterine Zustand des Babys, bei dem diese biologische Verbundenheit zwar noch besteht, bei der jedoch heute nicht mehr nur von einem Einheitszustand gesprochen wird. Zur genaueren Klärung einer sogenannten symbiotischen Einheit oder einer embryonalen Intersubjektivität komme ich etwas später. Bei einer störungsfreien intrauterinen Existenz des Kindes gibt es hier beim Wiedererleben dieser Erfahrungen in der Therapie einen nahezu idealen positiven Zustand. Wenn Menschen in den therapeutischen Sitzungen ihre eigene Geburt wiedererleben, können sie in dieser Phase Zustände von größter Entspannung, Ruhe und Gelassenheit, oder auch tiefe innere Befriedigung und innerem Frieden erleben. Menschen, die ganz allgemein in sich oft große Ruhe, aber auch eine gewisse Passivität erleben, können eine gewisse Bindung oder Fixierung an diese Stufe in sich tragen. Es ist dabei nicht entscheidend ob die entsprechenden Zustände, wie Inaktivität, Ruhe oder innerer Stillstand, positiv oder negativ erlebt werden. Bei Störungen, also beispielsweise dem Wiedererleben einer sogenannten komplizierten Geburt, können sich heftige

Erfahrungen von Auflösung, paranoide Erlebnisse oder „psychotische" Verzerrungen von Grenzen einstellen. Ist jemand besonders stark geprägt von dieser Matrix, kann es allerdings auch sein, dass er neben einer möglichen psychosenahen Entwicklung einen leichten Zugang zu Erfahrungen der Transzendenz oder zu sogenannten mystischen Erfahrungen hat.

Transpersonale Erfahrungen und psychotisches Erleben können also sehr nahe beieinander liegen. Grundsätzlich negativ kann sich eine Fixierung an diese Phase so auswirken, dass es im Leben zu Schwierigkeiten kommt, mit Grenzen und Begrenzungen des Ich-Selbst umzugehen, bis hin zu psychotischen Tendenzen. Deutlich seltener kommt es dann auch tatsächlich zu psychotischen Episoden. Manchmal zeigen sich bei diesen Menschen auch passive Erwartungshaltungen und völlig überhöhte Ansprüche oder mehr oder weniger zwanghafte Sehnsüchte. Man will den scheinbar paradiesischen Zustand, der durch Körpererinnerungen aus der intrauterinen Existenz bekannt ist, erleben, ohne irgendetwas dafür tun zu müssen. In meiner therapeutischen Arbeit habe ich immer wieder Menschen erlebt, die diese Art von passiven Anspruchshaltungen zeigten und die möglicherweise an diese vorgeburtlichen Zustände gebunden waren. Ich sehe also die frühesten Auslöser von zu hohen Ansprüchen, Erwartungen oder von einer sogenannten Grandiosität bei oft gleichzeitiger Passivität, bereits in der vorgeburtlichen Zeit. So gibt es nach meiner Beobachtung in der heutigen Zeit immer wieder mal Menschen, die im Rahmen einer sogenannten spirituellen Entwicklung zu falschen Einschätzungen kommen, die damit im Zusammenhang stehen. Sie leben vielleicht nach dem Motto: „Nichts-Tun", „Sein-Lassen" oder „einfach Da-Sein", und halten dies für spirituell, obwohl es möglicherweise mit einer Fixierung an die vorgeburtlichen Zustände der Passivität zu tun hat. So können Schattenanteile, die mit der inneren Passivität zusammenhängen, zu einer Art (falscher) spirituellen Haltung werden. Die grundsätzliche und existenzielle Unsicherheit des Ich-Selbst, seine Fragilität oder die ständige Gefahr seiner Auflösung, ist es ja, die in der Regel zu solchen Größenansprüchen führt. Wichtig festzustellen ist also, dass bei einem Menschen beides möglich ist. Einerseits eine Neigung zu mystischem Erleben und andererseits die Gefahr eines psychotischen Zusammenbruchs des Ich-Selbst. Möglicherweise ist beides sogar sehr oft bei Menschen zu finden. Unbedingt festhalten muss ich allerdings noch, dass es sehr viele Menschen geben kann, die eine gewisse psychosenahe Entwicklung durch die Erschütterungen in dieser Phase der Geburt machen können, ohne jemals psychotisch zu werden. Allerdings bin ich auch der Überzeugung, dass wohl sehr viel mehr Menschen grundsätzlich von diesen frühen Erschütterungen betroffen sind, als dies üblicherweise vermutet wird.

Die zweite Phase, die Grof die **perinatale Grundmatrix II** nennt, steht im Zusammenhang mit dem Beginn der Geburt also einer beginnenden Bewegung des Babys in den Geburtskanal. Diese Bewegung kann einen Zustand der intrauterinen Ruhe empfindlich stören. Beim Wiedererleben und Durchleben dieser Phase der eigenen Geburt, kann es zu schrecklichen Ängsten oder Engegefühlen kommen. Solche Gefühle sind meist verbunden mit Zuständen von sich unter Druck fühlen, sich gezogen oder im Sog fühlen bzw. sich gestoßen oder gedrängt und angetrieben fühlen. Entscheidend sind dabei die entsprechenden Gefühle von Hilflosigkeit, Ohnmacht, also ein Gefühl von völligem Getrieben- oder Gezogen-Werden ohne jede eigene Aktivität und ohne etwas dagegen tun zu können. Menschen, bei deren Geburt sich in dieser Phase Störungen, Hindernisse oder sonstige Beeinträchtigungen bzw. Schädigungen ergeben, sind im ganzen Leben möglicherweise zu stark an diese Phase gebunden. Bei ihnen können sich dann oft Neigungen zu Ängsten mit den Gefühlen von Druck oder Enge entwickeln, die auch allgemein als Lebensängste zu bezeichnen sind. Ich werde später, wenn ich genauer auf die Entwicklung von Ängsten eingehe, darauf zurückkommen.

Bei der dritten Phase handelt es sich um die **perinatale Grundmatrix III**. Bei deren Durchleben kann es zu heftigen Zuständen der Gegenwehr kommen. Zu diesen Zuständen des Sich-Wehrens gehören meist die unterschiedlichsten Gefühle, die irgendwie mit Kampf zu tun haben. Statt der Angst und der Panik zeigen sich nun eher Wut, Zorn und Hass oder andere Arten von kämpferischem oder kriegerischem Gefühl. Je nach Intensität kann es sich um wildeste Kämpfe und inneren Krieg oder eben um mildere Formen der Aggression handeln. Hier geht es eigentlich um Tod und Geburt, denn der Kampf ist wie ein Sich-Wehren gegen alles was überhaupt ist, gegen jedes Sein. Der sogenannte Tod-Wiedergeburtsprozess hat hier seinen Höhepunkt, denn es ist auch so, als wehrte man sich mit aller Kraft, mit allem was man hat gegen den Tod. Erst auf dem Höhepunkt dieses Kampfes kann sich durch eine Art endgültiges Loslassen, die Wandlung ergeben und es kommt zum Schmerz. Heftigste und schreckliche Schmerzgefühle können sich nun blitzartig entfalten und es wird oft tatsächlich wie Sterben erlebt. Auch diese Zustände des fast unerträglichen Schmerzes können einige Zeit anhalten und müssen ganz durchlebt oder ausgelebt bzw. ausgefühlt werden, bis es zu einer solchen Todeserfahrung kommt. Dies ist wirklich ein Erleben der tiefsten Wandlung. Menschen mit einer Prägung, die mit dieser Matrix verbunden ist, neigen dann später im Leben zu häufiger Wut, zu Wutanfällen im stärkeren Ausmaß oder auch zu immer wiederkehrenden Schmerzgefühlen in ganz unterschiedlicher Ausprägung. Auch ein oft nur innerlicher Kampf, kann später als Schattenanteil vorhanden sein. Solche inneren Kämpfe können im Leben sehr häufig eine ganz große Bedeutung haben, ohne dass sie als Schattenanteil erkannt werden. Die betroffenen Menschen sind sich ihres inneren Prozesses meist nicht bewusst, und auch andere Menschen erkennen diesen „inneren Kampf" nicht immer gleich. Der innere Kampf kann beispielsweise als hohes Engagement, als leidenschaftlich, als tiefste Überzeugung oder auch als extrem selbstbewusst verkannt werden.

Die Wandlung durch Kampf und Schmerz hindurch mit einem Ausfühlen aller Gefühle, gehört nun zu der jetzt folgenden **perinatalen Grundmatrix IV**, in der der quälende Geburtskampf zu Ende geht. Es ist die Phase der eigentlichen Geburt, die in der Regel mit Gefühlen von tiefster Entspannung und größter Erleichterung einhergehen kann. In der vorherigen Matrix drohte quasi eine gewaltige Katastrophe, und nun kommt also die große Befreiung oder eine absolute Erlösung. Der Übergang kann als ein „Gefühl der absoluten Vernichtung auf allen nur vorstellbaren Ebenen", als Zustand „von körperlicher Zerstörung" oder „von emotionaler Auflösung"[4] erlebt werden. Gleichzeitig ist nun das Erleben der vierten Grundmatrix als Ich-Tod oder möglicherweise auch als Eingang in die transpersonalen Bereiche zu verstehen. Dies ist erstmal ein Erleben von höchstem Glück und absoluter Lebendigkeit, Liebe und Freude. Es geht mir jedoch an dieser Stelle nicht in erster Linie um mögliche Übergänge zu transpersonalen Bereichen, sondern um die Bedeutung der Geburt für das Leiden der Menschen.

Neuronale Netzwerke

Aus all den von Grof berichteten Erlebnissen von Tausenden von Menschen aus jahrzehntelanger Praxis mit LSD und dem Holotropen Atmen lässt sich deutlich erkennen, wie stark schon die Geburt durch verschiedene Hindernisse, Störungen oder komplizierte Prozesse für die Entwicklung der Persönlichkeit oder eines Ich-Selbst prägend sein kann. Jeder Mensch kann in allen Phasen der biologischen Geburt komplizierte Prozesse oder Störungen erleben, die ich als Erschütterungen bezeichne. Da biologische, also genetisch bedingte und soziale Prozesse in der Entwicklung immer zusammengehören, können wir die Erschütterungen sozusagen als soziale Hindernisse im Entwicklungsprozess verstehen. Diese erlebten Hindernisse oder Hürden in der Entwicklung sind äußere Reize, die eine Auswirkung auf die Nervenzellen, also auf die Neuronen haben. Alle Neuronen sind jeweils verknüpft mit einer beinahe unendlichen Zahl anderer Neuronen, und diese Verknüpfung werden neuronale Netzwerke genannt.[5] Die Verletzlichkeit oder Störbarkeit der Nervenzellen und ihrer Netzwerke zeichnet letztlich die Entwicklung des Menschen aus. Durch die äußeren Reize, die ich Erschütterungen nenne, verändern sich die Neuronen und auch die neuronalen Netzwerke. Je stärker und häufiger nun die Reize sind, und je früher in der Entwicklung des Ich-Selbst, desto stabiler werden sich auch die spezifischen Aktivierungsmuster bilden. Diese Aktivierungsmuster sind Verhaltensmuster und innere Einstellungen die sich also aus den äußeren Reizen, den Erschütterungen bilden.

Wenn sich diese neuronalen Aktivierungsmuster – ich spreche ab jetzt von Verhaltensmustern und inneren Einstellungen – in dieser frühen Zeit der Entwicklung stabilisieren, reichen im späteren Leben relativ geringe Reiz aus um diese Muster zu aktivieren. Mit Stabilisierung ist eine Häufung von ähnlichen sozialen Erlebnissen, also Erschütterungen gemeint. Später im Leben kann zum Beispiel eine Erfahrung von etwas stärkerer menschlicher Nähe oder räumlicher Einengung die Angstreaktionen aus der zweiten perinatalen Grundmatrix auslösen. Oder in einem bestimmten partnerschaftlichen Erleben von Nähe kann diese Erfahrung als Stimulus für die Auslösung einer passiven Erwartungshaltung der Matrix I wirken. Als drittes Beispiel will ich noch die Auslösung von Wut nennen, die sich einstellen kann bei Bedrohungssituationen der unterschiedlichsten Art. Das Aktivierungsmuster aus der perinatalen Grundmatrix III kann so durch relativ geringe Auslösereize angestoßen werden. So können sich also die unterschiedlichsten Interaktionserfahrungen, die ich Erschütterungen nenne, schon in dieser frühen Zeit vor, während oder kurz nach der Geburt festigen und stabilisieren, und später als Auslöser bestimmter Gefühlsreaktionen dienen. Im erwachsenen Leben des Menschen kann dann ein solches Aktivierungsmuster verbunden sein mit dem Erleben von Mangel, Defizit oder Fehlerhaftigkeit. Also das Ich-Erleben des Ich-Selbst ist sozusagen geschädigt oder beschädigt und genau dies führt dann zum Schamerleben. Da wo das bewusste Sein beginnt, da ist der Sitz der Scham. Der Mensch fühlt sich vielleicht irgendwie falsch, nicht richtig, nicht gut, fehlerhaft oder nicht liebenswert. Diese Gefühls- oder Erlebniszustände sind jedoch genau das, was die Scham ausmacht. Meist wird die Scham jedoch nicht direkt wahrgenommen, sondern durch andere Gefühle oder Verhaltensmuster zugedeckt, den sogenannten Masken der Scham.

Es ist also eine Schamneigung von Geburt an vorhanden und je stärker sie ausgeprägt ist, desto deutlicher handelt es sich um die Basisscham. Es ist allerdings, wie ich gerade beschrieben habe, nicht die ausgeprägte oder voll ausgebildete Scham selbst, die als Grundgefühl vorhanden ist, sondern es handelt sich eher um die besondere Neigung zur Scham, die dann in unterschiedlichem Ausmaß bei den Individuen vorhanden ist. Das bedeutet, durch bestimmte Auslösereize können sich immer wieder im Leben plötzlich Schamgefühle einstellen oder die Masken der Scham, die ja die Scham zudecken und Schutz bedeuten, werden besonders intensiviert. Noch einmal zum besseren Verständnis: Die Bereitschaft oder Anlage zur Scham ist bei jedem Menschen vorhanden, kann jedoch durch die prä-, peri- und postnatalen Erschütterungen unterschiedlich stark beeinflusst werden.

Grof hat neben dem Konzept der perinatalen Matritzen auch die Bezeichnung COEX-System geprägt und meint damit dynamische Konstellationen, in denen Erinnerungen und damit sehr oft assoziierte Phantasien aus unterschiedlichen Lebensabschnitten mit gemeinsamer starker emotionaler Besetzung und einer gleichen starken körperlichen Empfindung enthalten sind. COEX–System wird aus dem englischen *systems of condensed experience* abgeleitet.

Eine spezifische Erschütterung während der Geburt kann also, neben den vorgeburtlichen Schädigungen und Erschütterungen, den Anfang eines solchen COEX-Systems bilden. Also beispielsweise kann jemand fixiert bleiben an die Matrix II, da diese Phase seiner Geburt möglicherweise schwierig war oder sich in dieser Phase sonst irgendwelche Störungen ergeben haben. Er wird dann möglicherweise im Leben häufig oder relativ schnell oder leicht zu Ängsten und ganz spezifischen dazugehörigen Körperempfindungen neigen. In späteren Zeiten der Entwicklung kommen natürlich oft weitere Angsterlebnisse und extreme Bedrohungssituationen hinzu, und festigen so ein ganz typisches COEX-System weiter. Im erwachsenen Leben eines Menschen können sich solche Ängste wegen tatsächlicher Bedrohungen oder möglicher Gefahren entwickeln, nur das Ausmaß dieser Ängste ist dann vielleicht besonders von den Geburtsängsten oder anderen sehr früh im Leben erfahrenen Erschütterungen und Ängsten stark beeinflusst, oder sogar mitgeprägt. Ein aktuelles Beispiel können die Ängste wegen der vielen Flüchtlinge sein. Real können sicher in der Gesellschaft gewisse Nachteile für alle Bürger entstehen, z.B. negative Folgen finanzieller Art, jedoch sind entsprechende Ängste oft von vielen früheren Erschütterungen im Leben beeinflusst, so möglicherweise natürlich auch von den Geburtsängsten. Eine Differenzierung kann also zeigen, dass reale Ängste in der Gesellschaft angemessen sein können, jedoch die Intensität solcher Ängste können durch Geburtsängste massiv verstärkt werden.

Zurück zum COEX-System, in dem sich dann oft die emotionalen Folgen weitere Erschütterungen im Prozess der kindlichen Entwicklung sammeln und verdichten. Natürlich können auch spätere positive Erfahrungen die vorherigen negativen Erschütterungen kompensieren, also ausgleichen. Dies ist auch sehr häufig der Fall. Sofern es jedoch immer wieder im Leben und vor allem natürlich in der Kindheit zu gefühlshaft ähnlichen Erschütterungen kommt (wie etwa bei der Geburt), werden sich nicht selten die erlebten Gefühle und Körpererfahrungen auf jeder Stufe der Spirale sammeln und verdichten, so dass wir es dann mit einem sehr komplexen COEX-System zu tun haben. Die Erschütterungen des sich entwickelnden Ich-Selbst, die sich im COEX-System verdichten, sind dann auch die Grundlage für die späteren Schamgefühle. Es sind also neben den verschiedenen Gefühlen, die sich im COEX-System gesammelt und verdichtet haben, auch die Schamgefühle als Zustände von Desorganisation des Ich-Selbst, die sich dort sammeln. Wir wissen nun aber, dass die üblichen Gefühle, die im Ich-Selbst entstehen, die Schamgefühle (die ein Zeichen der Auflösung des Ich-Selbst sind) in der Regel zudecken und somit auch die Funktion von Masken der Scham einnehmen können. Dies ist so zu verstehen, dass natürlich die Verletzungen, also schmerzlichen Erfahrungen, zu ganz bestimmten Gefühlen führen und diese Gefühle an sich ihre besondere Bedeutung haben. Zusätzlich haben diese Gefühle jedoch die Funktion, die Erschütterungen des Ich-Selbst, also die Auflösungszustände oder die Zustände der Zerstörung, die eben existenziell sind, und die wir Scham nennen, zu verbergen. Etwas salopp ausgedrückt können wir also sagen, dass die Gefühle ganz allgemein die Funktion haben, eine Schädigung des Ich-Selbst zu verhindern oder das Ich-Selbst wieder „ganz" zu machen. Die Auflösung des Ich-Selbst, die Desorganisation oder dessen Zusammenbruch, wird so also meist nicht wahrgenommen, und stattdessen bilden entsprechende Gefühle eine Art Schutzmantel über diese Wunde. Solche Gefühle sind also von Geburt an vorhanden und werden Basisgefühle oder Grundgefühle genannt.

Urschmerz

Auch Arthur Janov, der Begründer der Primärtherapie hat sich ganz intensiv mit den Geburtserfahrungen beschäftigt. In seinen Büchern hat er sehr viele genaue Beschreibungen von Menschen, die ihre eigene Geburt im Therapieprozess erlebt haben, dokumentiert und veröffentlicht.[6] Janov hat sich allerdings mehr auf den sogenannten Urschmerz konzentriert und von diesem bei der Geburt erlebten Schmerz und der dazugehörigen Angst auf bestimmte Lebenspläne, Skripte oder Drehbücher für das Leben geschlossen. Die Erschütterungen vor und besonders während der Geburt führen nach Janov also zu dem von ihm als Urschmerz bezeichneten Zuständen des Erlebens und diese können für die beginnende Entwicklung des Ich-Selbst besonders prägend sein.[7] Die körperlichen Erlebnissen des Schmerzes und alle gefühlshaften Erfahrungen während der Geburt führen zu den Prägungen, die sich dann als innere Einstellungen und innere Haltungen des Ich-Selbst im ganzen Leben des Betreffenden immer wieder zeigen können.

Beim Wiedererleben der Geburt zeigen sich die begrifflichen Vorstellungen, also die in Sprache gefassten neuralen Aktivierungen. Sie sind ein Hinweis sind auf die inneren Einstellungen und Haltungen, die sich entwickelt haben. Die durch die Schmerzerfahrung und das Gefühlserleben allgemein entstandenen inneren Sätze zeigen oft sehr klar die Ausrichtung oder die Inhalte eines solchen Lebensplans.

Diese Gefühlserfahrungen, die schon in eine ganz bestimmte Richtung gehen können, bilden ja auch den Beginn des COEX-Systems, das bei Janov Primärschmerzbehälter genannt wird.[8] Ich nenne solche inneren Sätze eines Lebensskriptes Einstellungssätze und nutze sie für einen eigenen Ansatz des therapeutischen Vorgehens.[9] In den Schriften von Janov finden wir die verschiedensten inneren Sätze von Menschen, die in der Therapie ihre eigene Geburt wiedererlebt haben und die eben sehr bestimmend sind, für das Drehbuch des Lebens. Einige solcher beispielhaften Sätze will ich hier kurz anführen: „Ich komme nicht weiter", „Ich habe keinen Raum", „Alles dringt auf mich ein", „Ich stehe unter Druck", „Ich fühl mich so leer", „Ich fühl mich hin- und hergerissen", „Mich hungert nach Liebe", „Ich werde von Schmerz (Angst) gepackt", „Ich ersticke".

Auch Ludwig Janus, der eher der traditionellen Psychoanalyse zugeordnet werden kann, berichtet von solchen Einstellungsätzen, die ebenfalls auf eine Geburtsprägung hinweisen, die für spätere Lebensgestaltungen und Handlungsinszenierungen von Bedeutung sind. Einige Beispiele: „Ich muss mich anstrengen", „Alles ist Kampf", „Ich bin schuld", „Ich werde hin und hergezerrt", „Ich bin machtlos", „Ich finde keinen Ausweg" oder „ich werde verletzt".[10] Die Menschen, die in Therapiesitzungen solche oder ähnliche begriffliche Vorstellungen und damit innere Sätze erkennen, sind sich absolut sicher, dass sie ihr Leben mehr oder weniger nach solchen Sätzen, die manchmal auch Glaubenssätze genannt werden, leben oder bis dahin gelebt haben. Ich halte jedoch nichts von dem Begriff Glaubenssätze, da es immer um weitaus mehr geht als um Glauben. Es handelt sich ja vielmehr um sprachliche Auslegungen der neuralen Aktivierungen. Auch hier müssen wir hinzufügen, dass der Schmerz und alle anderen Gefühle des Geburtserlebens zusätzlich eine Funktion erfüllen. Wie schon beschrieben, decken sie die Auflösungs- oder Zerstörungszustände eines gerade am Beginn seiner Entwicklung stehenden Konstrukts Ich-Selbst zu. Wir wissen ja, dass die Erschütterungen umso stärker als Desorganisation wirken, je früher in einer Entwicklungsphase sie geschehen. Dies können wir ja mit der Empfindlichkeit eines zarten Pflänzchens vergleichen, das gerade beginnt ganz sanft aus dem Boden zu sprießen. Die allerersten zarten Ansätze eines Ich-Selbst sind besonders empfindsam, und somit können wir hier wohl die feinen Wurzeln der Scham vermuten.

Pränatale Psychologie

Weitere sehr wichtige Veröffentlichungen zum Seelenleben des Ungeborenen finden wir im Umfeld der Internationalen Studiengemeinschaft für Pränatale und Perinatale Psychologie und Medizin (ISPPM). Besonders herausstellen möchte ich die Schriften von Ludwig Janus,[11] den ich ja bereits erwähnt habe. Hier haben wir es nun nicht mit sogenannten alternativen Forschungen oder alternativen therapeutischen Techniken und Praktiken zu tun, wie bei Grof und Janov, sondern eher mit traditionell psychoanalytischen oder auch mit anderen, klassisch psychotherapeutisch orientierten Beobachtungen und Erkenntnissen. Einige besondere Aspekte will ich hier hervorheben.

So meint Janus beispielsweise, dass in den Arbeiten von Grof und Janov „eine wirkliche Erkenntnis, wie gravierend vorgeburtliche Traumatisierungen sind", eher vernachlässigt wird. Dies bezieht sich ausdrücklich nur auf die vorgeburtlichen Erschütterungen, nicht auf die Geburt selbst. Oder er spricht sehr klar von „katastrophischen Unwertgefühlen, die eine Folgewirkung vorgeburtlicher Traumatisierungen sein können".[12] Hier können wir gleich einen Zusammenhang zu den Schamgefühlen feststellen, denn katastrophische Unwertgefühle sind nichts anderes als das, was ich in Anlehnung an Leon Wurmser als Urscham bezeichne. Ganz allgemein können wir ja diese Scham als eine Art Urzustand betrachten oder als ein Affekt, der immer zum menschlichen Dasein gehört. Diese Scham bedeutet also ein absolutes Ungeliebtsein, und sie ist als Basisscham eine innere Tendenz, die beim Menschen von Geburt an vorhanden ist.[13] Die Scham gehört ja als eine Möglichkeit des Erlebens immer zum bewussten Sein des Menschen. Wie wir schon gesehen haben können wir die Zustände des Erlebens, die wir Scham nennen, als eine Art Zerfallsprodukt verstehen, dass immer zum bewussten Sein des Menschen gehört. Da wo ein Mensch ist, da gibt es auch ein Ich-Selbst, und wo der Mensch sich seines Menschseins bewusst wird, da hat auch die Scham ihren Platz. Sie steht ja am Ursprung des Sich-seiner-bewusst-Seins, wie Kerckhoven es beschreibt und bedeutet eine Art existenzielle Fraktur, die eben immer auf die Verletzlichkeit, ja, letztlich auf die Zerbrechlichkeit des Menschen hinweist.[14] Bei schwereren Erschütterungen vor und während der Geburt kommt es nun zu einer besonders starken Neigung zur Scham und wir können dann von Basisscham sprechen. Bei den vorgeburtlichen Schädigungen geht es vor allem um Einflüsse durch Erschütterungen, die die Mutter erlebt aber auch durch Verhalten der Mutter, welches für das Ungeborene schädigende Folgen haben kann. Hierbei kann es sich beispielsweise um Ernährungsprobleme oder um süchtiges

Verhalten der Mutter handeln, oder auch um allgemeine psychische Leiden, um Unfälle, Gewalterfahrungen oder um Krankheiten der Mutter. Das COEX-System hat also oft schon bei vorgeburtlichen Erschütterungen seinen Anfang, denn die neuronalen Aktivierungen kann es ja auch beim Embryo schon geben.

Wenn wir uns näher mit einer vorgeburtlichen Psychologie beschäftigen und annehmen müssen, dass die Geburt möglicherweise eine große Bedeutung für die Entwicklung der Persönlichkeit hat, dann stoßen wie unweigerlich auf den Begriff des primären Narzissmus. Dieser Begriff, der aus der Theorie der Psychoanalyse stammt, bleibt jedoch auch dort sehr unklar. Was ist also unter primären Narzissmus zu verstehen? Bevor wir dies etwas genauer betrachten können, ist es meiner Ansicht nach sinnvoll, vorerst noch ganz grundsätzlich bei den vorgeburtlichen, also intrauterinen Zuständen zu bleiben und ihre Auswirkung und Bedeutung für das Leben und die Persönlichkeitsentwicklung des Menschen zu untersuchen. Dabei geht es natürlich einerseits um die positive Bedeutung und andererseits aber auch um die negative Auswirkung bestimmter intrauteriner Zustände.

Berühren wir eine Art von Kraftquelle, wenn wir in Therapieprozessen eine Erfahrung des „Stirb und Werde" machen, meist auch nur im symbolischen Erleben oder in Träumen?[15] Egal ob wir von einem Urzustand sprechen, von einer Urkraft ausgehen oder wenn von Urselbst bzw. von einem Embryonalselbst die Rede ist, immer ist tatsächlich so etwas gemeint, wie primäre, absolute Zufriedenheit oder auch ein Zustand der vollständigen und absoluten Liebe. Ein Kontakt mit diesen Zuständen gilt tatsächlich als erlösend, befreiend, aufbauend oder stärkend und die Lebendigkeit fördernd. Dies haben meiner Ansicht nach die Arbeiten von Grof, Janov und Janus sowie dessen Kollegen, und vielen anderen Forschern inzwischen weitgehend belegt. Ich selbst habe in mehreren, für mich außerordentlich wichtigen therapeutischen Prozessen bei Therapeuten mit unterschiedlichem methodischen Hintergrund, diese Erfahrungen immer wieder gemacht, und bin so persönlich zutiefst von diesen Wirkungen überzeugt. Neben meinen persönlichen Erfahrungen in meiner eigenen Selbsterforschung sind mir diese Art von Erlebnissen auch aus vielen Therapiesitzungen gut bekannt, da ich auch einige Zeit als Therapeut mit diesen Methoden gearbeitet habe.

Sprach man in der klassischen psychoanalytischen Theorie allerdings überwiegend noch von einer Wiedergeburtsphantasie, so können wir sicher bei den inzwischen vorliegenden Erfahrungen aus vielen aufdeckenden Therapien und Selbsterforschungen von einem tatsächlichen Wiedererleben ausgehen. In diesem Zusammenhang sei auch das sogenannte „ozeanische Gefühl" genannt, von dem Freud sagte, dass er es bei sich nicht entdecken konnte.[16] Ist nun dieses ozeanische Gefühl identisch mit dem was in der Psychoanalyse „primärer Narzissmus" genannt wird?

Die zweite Frage, die sich daran anschließt, ist natürlich die nach dem Erleben der Transzendenz, dem religiösen oder transpersonalen Erleben, wie Grof es nennt. Sind das ozeanische Gefühl, der primäre Narzissmus und das mystische oder spirituelle Erleben identisch? Im Anschluss an Grof können wir zwar eine enge Verbindung und eine weitgehende Überschneidung der Zustände von einem embryonalen Zustand des ozeanischen Gefühls und einer kosmischen Einheit vermuten, jedoch scheint sie nicht identisch zu sein.

Primärer Narzissmus

Als primärer Narzissmus wird in der Freud´schen Tradition tatsächlich der intrauterine Zustand mit der Mutter als eine Art Einheitszustand verstanden, der jedoch aus der Sicht dieser Theorie später nur noch als Regression, als Sehnsuchtsphantasie oder Paradiesvorstellung eine Rolle spielt. Der Mensch kann sich vorstellen, zurück ins Paradies zu kommen. Der primäre Narzissmus wird also grundsätzlich eher nicht konstruktiv gedeutet oder bewertet. Wir können aus psychoanalytischer Sicht den primären Narzissmus auch als ursprüngliche Umweltverbundenheit oder einfacher als Ungeschiedenheit von Subjekt und Objekt bezeichnen.

Dieser Zustand wird in der modernen Entwicklung der Psychoanalyse allerdings nicht mehr als ein objektloser Einheitszustand verstanden, denn man geht jetzt eher von einer primären Intersubjektivität aus.[17] Diese früheste Intersubjektivität können wir auch als grundsätzlich immer vorhandene Verbundenheit mit der Umwelt oder Bezogenheit auf die Welt und den anderen Menschen verstehen, wie ich es im weiteren Verlauf noch genauer beschreiben werde. In der traditionellen psychoanalytischen Sicht hat man bisher jedoch den primären Narzissmus im Extrem eher als eine Vermeidung oder als Flucht vor der Ebene des weltlichen Lebens, vor der Ebene der Konflikte oder ganz allgemein als Flucht vor dem Dasein im Hier und Jetzt betrachtet. Es sei nur eine Phantasie, eine Paradiesvorstellung, die sich der Mensch macht, um eine Auseinandersetzung mit der Realität zu vermeiden. Geht es um einen konkreten Rückzug des Trieblebens oder um einen Abzug des Triebgeschehens von den sogenannten Objekten wieder zurück zum Subjekt, so ist man bei der psychoanalytischen Theorie des Narzissmus angekommen.

Es ist also dieser sekundäre Narzissmus, um den es in den psychoanalytischen Theorien letztlich geht. Die Zurücknahme der Libido, so nennt man in der Psychoanalyse ein solches Triebgeschehen oder auch diese Energie, von anderen Menschen, den sogenannten Objekten auf das Ich-Selbst, wird also Narzissmus genannt. So können wir nach dieser Auffassung also ganz allgemein den Narzissmus als scheinbare Selbstliebe oder Egozentrik verstehen. Von scheinbarer Selbstliebe gehe ich deshalb eher aus, da dieser Rückzug auf das eigene Ich-Selbst aus Mangel an Bestätigung, Anerkennung und Liebe von anderen Menschen, den sogenannten Objekten geschieht. Diese sogenannte Selbstliebe ist jedoch nicht möglich ohne die Liebe zum anderen Menschen, die wir Bezogenheit nennen. Es ist also grundsätzlich der Mangel an Liebe, an Bindung oder an Verbundenheit und Bezogenheit und nicht eine Selbstliebe, die den Narzissmus ausmacht. Es ist letztlich auch der Mangel an Resonanz. Wirkliche Selbstliebe hat für mich immer mit der Bezogenheit zu anderen Menschen zu tun und nicht mit dem Rückzug aus diesen Begegnungen. Es ist eben so, dass sich Bezogenheit und

Selbstliebe gegenseitig bedingen. Ich werde später zum Narzissmus eigene Überlegungen darlegen.

Hanscarl Leuner sieht schon 1972 das ozeanische Gefühl als eine „Verschiebung auf einen kosmischen Narzissmus“ oder er spricht von einer „rückbezogenen Ich-Ausweitung des ekstatischen und kosmisch-mystischen Erlebens“, wenn es um diese Prozesse geht. Also definiert er eine Art transzendenten Narzissmus, eine Verbindung von Narzissmus und mystischem Erleben. Auch Heinz Kohut, für mich der wichtigste Narzissmusforscher und Begründer der Selbstpsychologie, sprach im Zusammenhang mit dem ozeanischen Gefühl schon von einem kosmischen Narzissmus.[18] Kohut und auch Leuner sehen zwar einerseits die positive Wirkung beim Erleben des ozeanischen Gefühls des Menschen, bleiben jedoch andererseits mit ihren theoretischen Erklärungen im Rahmen der Theorie der Psychoanalyse. Besonders Leuner versucht wohl im Anschluss an Kohut beides miteinander zu verbinden, einerseits das Konzept des primären Narzissmus der Psychoanalyse und andererseits mystisches oder religiöses Erleben. In der traditionellen Psychoanalyse hatten die Begriffe ozeanisches Gefühl und primärer Narzissmus allerdings meist nur einen beschreibenden Charakter für den intrauterinen Urzustand der Einheit mit der Mutter. So haben diese beiden Begriffe kaum eine praktische Bedeutung oder eben nur eine negative bzw. nur eine erklärende. Wie ich es schon dargestellt habe, hat man dort lange Zeit überwiegend von einer Regression, einer Paradiesvorstellung, also von Realitätsflucht und von Rückzugsfantasien auf einen absolut konfliktfreien Urzustands des Glücks gesprochen.

Wir haben es aber beim Vorgeburtlichen einerseits mit einem positiven Urselbst zu tun und andererseits möglicherweise auch mit einem oder sogar mehreren pränatalen oder perinatalen verletzenden Erfahrungen, also mit den erschütternden Erfahrungen aus dieser Zeit.[19] Letztlich geht es im Dasein, also im Leben des Menschen immer um diese Gegensätze, die hier erstmal nur also positiv und negativ bezeichnet werden. Primärer Narzissmus, ozeanisches Gefühl und auch mystische Zustände oder Zustände der Transzendenz haben also gemeinsam, dass es um ein Erleben jenseits der Gegensätze geht.

Norman O. Brown schreibt in seiner freudkritischen Arbeit von einer Sehnsucht, einem Wunsch oder einem einzigen, wesensgemäßen Ziel der Liebe, nach Vereinigung oder Eins-Werdung-mit-der-Welt.[20] Er spricht in diesem Zusammenhang auch von einer Wiederherstellung der Einheit der Gegensätze, einer Art Wiedervereinigung und damit einer Harmonisierung auf einer höheren Ebene des Bewusstseins.[21] So betrachtet, und ich schließe mich dieser Sichtweise durchaus an, ist Narzissmus also das Eins-Sein-mit-der-Welt, eine lustvolle Vereinigung mit der Welt wobei dieses Eins-Sein immer auch die Bezogenheit auf den anderen Menschen bedeutet, wie es in dem intersubjektiven Verständnis auch angelegt ist.

Die vier Bestrebungen des Menschen

Auch Arthur Koestler geht in seinem Werk von einem Jenseits von Eros und Thanatos (oder auch Libido und Todestrieb) aus und schlägt die Begriffe Holon und Holarchie vor.[22] Ein Holon ist immer zur gleichen Zeit ein Teil und ein Ganzes, ein Teil und ein Ganzes. In einer Entwicklung nach oben, aufwärts und auch zurück zum Ursprung, nach unten also abwärts, ist alles was existiert immer ein Teil und zur gleichen Zeit immer auch ein Ganzes. Das immer vorhandene Bestreben aufwärts und abwärts, wird nun Holarchie im Gegensatz zur Hierarchie genannt, da Vergangenes, Gegenwärtiges und Zukünftiges als gleichwertig betrachtet wird. Grundsätzlich ist natürlich auch der Mensch und auch das Ich-Selbst des Menschen, ein solches Holon.

Halten wir kurz inne und stellen uns dies einmal vor. Ich bin immer zur gleichen Zeit ein Teil und ein Ganzes. Dies kann schon innerlich zu einer Art Harmonie, zu einem Spannungsausgleich führen. Bei Koestler haben wir es also mit zwei gegensätzlichen Tendenzen des Holons zu tun, und somit hat auch der Mensch immer diese beiden Bestrebungen. Es ist eine integrative Tendenz oder Bestrebung und eine selbstbehauptende Tendenz. Im Dasein des Menschen geht es also immer um die fundamentale Polarität zwischen diesen beiden genannten Bestrebungen, Integration und Selbstbehauptung. Will der Mensch nur Ganzes sein, so wird sein Bestreben nach Selbsterhaltung bzw. seine Selbstbehauptung stark ausufern. Will er hingegen nur Teil sein, so ist seine integrative Tendenz besonders ausgeprägt. Beide Bestrebungen werden also im Extrem zur Pathologie oder zu Schattenanteilen. Hier geht es nicht um die kulturell oder gesellschaftlich definierten Krankheiten, sondern nur um die bei allen Menschen vorhandenen Schattenanteile. In der Psychoanalyse wird dieser Konflikt zwischen diesen gegensätzlichen Bestrebungen auch als Grundkonflikt zwischen Autonomie und Abhängigkeit bezeichnet.

Ken Wilber hat diese Theorie des Holons von Koestler weiterentwickelt und beschreibt nun vier sogenannte Grundvermögen, also Tendenzen eines jedes Holons, die immer gleichzeitig vorhanden sind: **1. Selbsterhaltung, 2. Selbstanpassung, 3. Selbstauflösung, 4. Selbsttranszendenz.**[23] Gleichzeitig bedeutet natürlich nicht, dass sie immer gleich ausgeprägt sind. Normalerweise kommt es jedoch immer wieder zu einem gewissen Ausgleich, zu einer Balance oder eine Art Harmonisierung zwischen allen vier Bestrebungen. Um diese Balance geht es meiner Ansicht nach immer im Leben des Menschen. Die Polarität die hier eine ganz besondere Bedeutung für den Menschen hat, ist die zwischen Selbsterhaltung oder wie Koestler sagt der selbstbehauptenden Tendenz einerseits und der Selbstanpassung oder der integrativen Tendenz andererseits.

Dies genau sind die zwei entscheidenden Pole des Narzissmus, oder wie ich in diesem Buch immer häufiger sagen werde, die beiden Seiten der Egozentrik des Menschen. Wer besonders nur Ganzes sein will, stärkt seine Egozentrik ganz deutlich, und das wird traditionell Narzissmus genannt. Die beiden Pole der gegensätzlichen Bestrebungen bilden eine horizontale Achse des Holons. Koestler sah eine selbsttranszendierende Tendenz innerhalb der integrativen Bestrebung und Wilber spricht von einem eigenen Vermögen des Holons aufwärts, das er Transzendenz nennt. Auch ein Zurück-zum-Ursprung, eine Tendenz zur Auflösung dieses Holons, zurück zu einem vorausgehenden, gibt es bei Wilber, das Vermögen der Selbstauflösung. Aufwärts und abwärts wird als vertikale Achse des Holons bezeichnet.

Man kann diese vier Bestrebungen nun in einer Kreuzanordnung darstellen und so sehen wir die Selbsterhaltung in einer Bewegung nach links, die Selbstanpassung in einer Bewegung nach rechts, die Selbstauflösung nach unten und die Selbsttranszendenz nach oben. Alle vier Bestrebungen sind immer vorhanden und so lange sich keine Blockaden oder Fixierungen und dadurch extreme Ausbildungen einer Bestrebung einstellen, gelten sie als natürliche Bestrebungen des menschlichen Daseins. Ein sich immer wieder einstellender Ausgleich, eine gewisse Balance zwischen den vier Bestrebungen gehört also zu jedem Holon und somit auch zum menschlichen Holon des Ich-Selbst.

Erregung, Irritation, rasender Stillstand

Störungen, Verletzungen also Schädigungen dieses Ausgleichs oder dieser Balance können einerseits im Holon zu Erstarrungen, Lähmungen oder Blockaden führen und andererseits kann es zu schnellen, heftigen und impulsiven Wechseln der Bestrebungen kommen. Charakteristisch sind die reflexhaften, unkontrollierbaren und nicht oder kaum beeinflussbaren Zustandserfahrungen. Bevor es also zu den gerade genannten Blockaden kommt, zeigen sich die Folgen der Erschütterungen oder Schädigungen erst als heftige und extreme Verstärkungen einzelner Bestrebungen. So kommt es im Extremfall beispielsweise zu ausgesprochen heftigen Reaktionen der Selbsterhaltung oder in einer anderen Situation zu einem plötzlichen sehr ausgeprägten Selbstauflösungsprozess.

Es sind also auch die durch Erschütterungen des Holons ausgelösten Erstarrungen, Lähmungen oder Blockaden, die letztlich dann unter bestimmten Voraussetzungen Scham genannt werden. Üblicherweise wird die Scham jedoch abgewehrt, da sie ja als Zerfallsprodukt so schrecklich schmerzhaft wäre. Die Schädigung oder der Zerfall des Ich-Selbst darf nicht wahrgenommen werden und muss also durch Masken zugedeckt werden. Stattdessen kommt es zu den Verhaltensmustern, die als Extreme der vier Bestrebungen dann die Egozentrik bilden. Gleichzeitig können wir sie immer auch als Masken der Scham bezeichnen. Noch einmal in einer Zusammenfassung.

Die Schädigungen des Ich-Selbst führen zu Zuständen des Zerfalls, die wir Scham nennen. Diese Scham ist so extrem schmerzhaft, dass sie in der Regel nicht oder kaum wahrgenommen werden kann. Es bilden sich Muster des Verhaltens, Gefühlszustände oder Denkmuster, die die Scham zudecken. Ich nenne sie Masken der Scham. Diese Masken der Scham bilden den Narzissmus.

Das embryonale Holon kann also eine Verletzung, Schädigung oder Erschütterung erleben und diese führt zu einer Erstarrung oder zu einer Blockade. Solche Erfahrungen sind biochemische Prozesse und werden als Körpererinnerungen gespeichert und bilden dann die neuronalen Aktivierungen. Sowie sich das Bewusstsein des Holons Ich-Selbst entwickelt, der Mensch sich also seines Seins bewusst wird, können sich aus diesen gespeicherten Erfahrungen Schamzustände ergeben. Die Erschütterungen des Holons sind also die eigentliche Ursache der Scham. Der Mensch kann sie als Verwirrung oder als Irritation, als Erregung, Reizbarkeit oder als innere Lähmung bzw. als Orientierungslosigkeit und Unklarheit erleben. Auch Heftigkeit und Impulsivität oder Erstarrung und Blockade sind Begriffe, die auf diese Erschütterungen hinweisen und die wir Scham nennen können. In einer neueren Arbeit über den wachsenden Narzissmus in unserer Kultur wird auch schon von einem rasenden oder erregten Stillstand gesprochen. Erregte oder rasende Beschleunigung auf der einen Seite und blockierter Stillstand, als die andere Seite der Medaille.

Ruhiges Gleiten

Die Folgen dieser Erschütterungen des Holons Ich-Selbst sind auch das, was dann die Schattenanteile der Entwicklung ausmachen. Wenn ich von Integralem Narzissmus spreche, sind grundsätzlich die Spannungsprozesse im Holon Ich-Selbst gemeint. Diese können vom ruhigen Gleiten bis zum erregten Stillstand reichen. Integraler Narzissmus ist also immer der Spannungsprozess im Holon Ich-Selbst. Die Erschütterung des Holons stört die sonst üblicherweise ruhigen Ausgleichsbewegungen, also die ständige Wiederherstellung der Balance der vier grundsätzlichen Bestrebungen. Dieser Integrale Narzissmus entsteht also einerseits immer im Holon Ich-Selbst und andererseits auch auf jeder Stufe des Bewusstseins, wie wir sie auf der Spirale finden. Auf diese Zusammenhänge werde ich in dieser Arbeit immer wieder zurückkommen und sie auch genauer beschreiben.

Urzustand und Transzendenz

Fassen wir noch einmal zusammen, was bisher diskutiert wurde. Ein ozeanisches Gefühl ist in etwa gleichzusetzen mit dem Primären Narzissmus bzw. es gehört zum primären Narzissmus. Der Begriff primärer Narzissmus wird allerdings obsolet, wenn wir eine andere Sicht als die traditionell psychoanalytische einnehmen. Beides, primärer Narzissmus und ozeanisches Gefühl, ist auch der intrauterine Urzustand des Menschen der direkt verbunden ist mit dem biologischen System der Mutter. Dieser Urzustand ist also keineswegs ein Zustand von „allein", „isoliert" oder „absolut getrennt" sondern im Gegenteil, es ist ein Zustand der Verbundenheit. Denken wir auch an Hartmut Rosa, der diesbezüglich von einem intrauterinen Resonanzraum spricht. Es ist immer auch ein Zustand scheinbar jenseits der Gegensätze, die ja erst wahrgenommen werden können, wenn sich ein Ich-Selbst, besonders eben das Vernunft-Ich bis zu einem gewissen Grad entwickelt hat. Scheinbar sage ich nur deshalb, weil die Gegensätze natürlich als gegensätzliche Bestrebungen im embryonalen Holon ebenfalls vorhanden sind, wie grundsätzlich in jedem Holon. Es ist natürlich eine andere Qualität des intrauterinen Holons. Dieser Urzustand des intrauterinen Holons lässt sich nun je nach theoretischem Hintergrund manchmal als Einheitserleben, als Verbundenheit mit Allem oder als mystischer bzw. spiritueller Zustand der Transzendenz beschreiben. In jedem Fall ist der Mensch von Anfang an im Zustand der Verbundenheit.

Für solche erfahrbaren Zustände gibt es sehr klare Erlebniskategorien, wie sie Pahnke als mystische Bewusstseinszustände beschreibt,[24] und auch Grof sie als Eigenschaften von sogenannten Gipfelerfahrungen auflistet.[25] Da gibt es erst einmal die Erfahrung von grellem Licht mit enormer Leuchtkraft, die alles umfasst und die manchmal blitzartig erlebt wird. Als nächstes wird dann immer wieder über die Erfahrung von Eins-Sein berichtet, die auch als Alles-ist-Eins beschrieben wird. Immer geht es auch um grundsätzlich positive Stimmungsveränderungen und das Erleben von äußerst positiven Gefühlen. Solche Gefühlserlebnisse sind oft tiefste Freude und allumfassende Liebe oder absoluter Friede und ein reinstes und unendliches Glücksgefühl. Es können auch plötzlich Gefühle der Heiligkeit auftreten, und das Gefühl des Absoluten, also ein endgültiges Gefühl von „so ist es", kann sich plötzlich ergeben. Besonders wichtig sind die Erfahrungen der Transzendenz von Raum und Zeit sowie die Aufhebung aller Grenzen und jede Art von Teilung und von Dualität.

Dieses Erleben des Absoluten oder der Nondualität wird letztlich als die mystische Erfahrung betrachtet, die dann auch so wirkt, als sei sie unaussprechlich. Also man kann sie eigentlich nicht wirklich in Worte fassen, denn Begriffe sind nur da vorhanden, wo dieses Verstandes-Ich, oder wie ich es hier nenne, ein Ich-Selbst existiert. Auch ich persönlich habe Erfahrungen dieser Art gemacht und kann ausdrücklich bestätigen, wie schwer es mir immer gefallen ist und auch weiterhin noch fällt, darüber zu sprechen. Dennoch besteht die Gewissheit, dass das Erlebte „absolut wahr" ist. Diese Erfahrungen, über die ich hier berichte, können auch als Zustände der Transzendenz, wie Ken Wilber sie in seiner Integralen Theorie immer wieder beschreibt und als das Vermögen Selbsttranszendenz des Holons Ich-Selbst, bezeichnet werden. Als Letztes können wir sagen, dass die hier dargestellten Erfahrungen auch den Beginn des sogenannten transpersonalen Bereichs darstellen, wie wir ihn bei Grof finden.

Der intrauterine Urzustand, zu dem wir über die Begriffe ozeanisches Gefühl und primärer Narzissmus gekommen sind, ist also alles Erleben jenseits der Gegensätze, ein Erleben der Nondualität. Diese Erfahrung eines Jenseits-der-Gegensätze können wir jedoch nur jenseits des Denkens des Ich-Selbst ansiedeln. Da, wo sich noch kein Ich-Selbst entwickelt hat, da gibt es kein Denken, also können auch keine Gegensätze gedacht werden. Ein Holon mit den vier Bestrebungen gibt es aber auch schon im embryonalen Zustand. Menschliches Sein ist also immer gleichzeitig, ein Bestreben zurück zum Eins-Sein mit der Natur oder Umwelt und eine Bewegung zum anderen Menschen hin. Diese Bewegung zum anderen Menschen hin gehört allerdings auch schon zu der intrauterinen Erfahrung, denn schon als Embryo gibt es die Intersubjektivität und die Resonanz mit dem Muttersystem. Die Tendenz zum Ursprung kann sich also aufteilen in die Bestrebungen des Holons zur Selbstauflösung und zur Selbsttranszendenz. Beides wäre eine Art Herausfallen, ein bewusstes Herausgehen, ein Verlassen oder Überwinden des kognitiven Konstruktes Ich-Selbst.

Das Bestreben zum anderen Menschen hin, können wir vor allem in den beiden Tendenzen Selbsterhaltung und Selbstanpassung erkennen. Alle vier Bestrebungen machen beim Menschen, also dem Holon Ich-Selbst, den Narzissmus aus. Um diese neue Sichtweise, nicht nur eines intersubjektiven Narzissmus, sondern eines Narzissmus für den ich den Begriff „Integraler Narzissmus" vorschlage, wird es nun in den weiteren Kapiteln des Buches gehen. Integraler Narzissmus ist also die fortlaufende Bewegung und das ständige Fließen, oder es sind die ununterbrochenen Wellen zwischen den vier triebartigen Bestrebungen des Holons Ich-Selbst. Diesen Integralen Narzissmus nenne ich ruhiges Gleiten, wenn es sich um gering bis gar nicht gestörte Bewegungen handelt. Ist dieses ruhige Gleiten jedoch durch Erschütterungen erstarrt oder blockiert oder umgekehrt kommt es zu absolut heftigen Reaktionen des Wechsels der Bestrebungen, dann haben wir es immer mit dem Zerfallsprodukt Scham zu tun. Die Störung der Balancefindung, des Ausgleichs oder des ruhigen Gleitens ist also einerseits schamauslösend und gehört andererseits auch zum Integralen Narzissmus. Wir können sogar sagen, die Erschütterung selbst, ist der Zustand den wir Scham nennen. Die Zustände des Zerfalls des Ich-Selbst, sind also immer gleichzeitig als Störung der Balancefindung im Holon Ich-Selbst zu verstehen.

Das Holon Ich-Selbst hat, wie jedes Holon, durch das immer vorhandene Bestreben nach Selbsttranszendenz, die Fähigkeit zu emergieren. Dieses über sich hinauswachsen, kann als das eigentliche Ziel jedes Holons betrachtet werden. Dies ist dann gewissermaßen ein qualitativer Sprung auf eine neue Ebene, eben in eine neue Qualität, so dass ein neues Holon entsteht, das aber immer das alte in sich trägt. Das Holon Mensch ist vor der Geburt ein anderes Holon, als später, wenn sich nach der Geburt ein Ich-Selbst entwickelt hat. Noch später, wenn sich im späten Kindesalter ein vollständiges Ich-Selbst entwickelt hat, haben wir es wieder mit einem anderen Holon zu tun. Durch den Prozess des Emergierens kommt es dann auch irgendwann zu einer höheren Stufe des Bewusstseins. Vorsicht, Achtsamkeit, Demut und Bescheidenheit sind hier allerdings dringend geboten, denn allzu leicht kann das Erleben eines augenblicklichen Zustands oder auch ein etwas länger anhaltender Zustand der Transzendenz mit einer höheren Stufe des Bewusstseins verwechselt werden. Will ich zu sehr nur Ganzes sein, kann es sehr schnell zu diesen Verwechslungen kommen, da ich mein Teil-Sein dann ignoriere.

Ob jedoch die Erfahrungen eines vorgeburtlichen Einheitszustandes und die Erfahrung eines höheren Bewusstseins immer oder überhaupt miteinander identisch sind oder sein können, dazu gibt es in den Bewusstseinstheorien unterschiedliche Ansichten. Ken Wilber spricht hier oft von den Prä-Phänomenen, wenn es um Erlebnisse aus der Zeit vor der Entwicklung eines Ich-Selbst geht, und von Trans-Phänomenen, wenn es um Zustände von tatsächlicher Transzendenz eines voll entwickelten Ich-Selbst geht. Er führt an dieser Stelle den Begriff der Prä-Trans-Verwechslung ein und kritisiert häufig bestimmte Entwicklungen im Bereich der Spiritualität im Sinne solcher Verwechslungen. Oft würden seiner Meinung nach also Prä-Phänomene irrtümlich für Trans-Phänomene gehalten. Obwohl ich grundsätzlich auch der Ansicht bin, dass es diese Art von Verwechslungen immer wieder gibt, sehe ich dieses Phänomen nicht so absolut und kann mich eher Grofs Auffassung dazu anschließen. Er sieht die Psyche des Menschen „ihrem Wesen nach multidimensional oder holographisch“ und die Trennung von Prä- und Trans-Phänomenen hat für ihn paradoxen Charakter. „Sie sind weder vollkommen voneinander verschieden, noch sind sie vollkommen miteinander identisch“, meint er auch.[26]

Mir geht es ja in diesem Buch in erster Linie um die Pathologien, die durch die Erschütterungen des Holons Ich-Selbst entstehen. Wie haben jetzt gesehen, dass ein Eintauchen in vorgeburtliche Zustände, oder ein Wiedererleben solcher Zustände jenseits der Gegensätze des kognitiven Ichs, heilende, „erlösende" oder bescheidener ausgedrückt, vitalisierende, kraftspendende Wirkungen haben können. Schon Otto Rank hat sehr früh über das Trauma der Geburt geschrieben, und er ging dabei wohl schon damals von einer enormen Prägekraft für das ganze menschliche Leben aus. Negatives wie Positives bzgl. der Geburt hat er sehr deutlich erkannt, dieses auch für außerordentlich bedeutend gehalten und sich aus diesem Grund später auch von Freud getrennt. Jeder Mensch sei nach seiner Meinung selber einmal „Gott" gewesen und kann es wieder werden, wenn bzw. soweit er sich wieder in diesen Urzustand zurückversetzen kann.[27] Grof ist nun der Ansicht, und ich teile seine Ansicht, dass Menschen, die sich umfassend weiterentwickeln wollen, die Faktoren identifizieren und integrieren müssen, die den negativen Konstrukten, also den Pathologien im Unbewussten, zu Grunde liegen. Ein Eintauchen in diesen vorgeburtlichen Urzustand kann also erst einmal unangenehm sein, und zwar dadurch, dass mögliche Erschütterungen aus dieser Zeit, mit allen Gefühlen erneut angestoßen werden. Dieses Wiedererleben führt dann jedoch zu einer Art Reinigung, wenn die Gefühle wirklich bis zum Ende ausgefühlt werden. Der Betreffende erlebt in der Regel dabei befreiende oder gar erlösende innere Zustände.

Kommt es direkt zu den Erfahrungen der Nichtdualität, zu den beschriebenen mystischen Zuständen, dann kann manchmal sogar dauerhaft von positiver Stimmungsveränderung ausgegangen werden. Eine solche Dauerhaftigkeit, die manchmal auch „erwacht sein“ genannt wird, und zu der es auch nur sehr selten kommt, ist jedoch immer mit größter Achtsamkeit und Vorsicht zu betrachten, denn allzu oft kann es dabei zu gravierenden Täuschungen und Irrtümern kommen. Ein besonders herauszustellender Grund für solche Verwechslungen sind immer wieder die Schamgefühle oder noch genauer ausgedrückt, der durch die Beschämungen entstandene egozentrische Schatten.

Wie nun die genannten Erlebnisse mystischer Zustände konkret empfunden werden, hängt sehr stark davon ab, welche Erschütterungen in dieser ersten Zeit des Lebens der betreffende Mensch erfahren hat. Ob allerdings für eine bewusstseinsverändernde Erfahrung von Transzendenz oder Transpersonalem immer die eigene Geburt entsprechend der perinatalen Matritzen durchlebt werden muss, darüber gibt es ebenfalls deutlich unterschiedliche Auffassungen innerhalb der Bewusstseinstheorien. Ich möchte an dieser Stelle jedoch klar die Meinung vertreten, dass die ganz frühen Schädigungen des Ich-Selbst zur notwenigen Schattenarbeit gehören, um den Integralen Narzissmus zu erreichen. Ziel ist ja immer, das ruhige Gleiten zu ermöglichen. Es geht darum, die früher erlebten Erschütterungen, die letztlich die Ursache von allem Leid und besonders von Scham und Egozentrik sind, zu erkennen, erneut zu durchleben und sie dann zu integrieren. Dies gilt natürlich in erster Linie für besonders schwere Erschütterungen aus der vorgeburtlichen Zeit, der Zeit der Geburt selbst und der Zeit, sehr kurz nach der Geburt. Ich möchte es noch einmal so formulieren. Für eine wirkliche, wahrhaftige und vollständige Weiterentwicklung oder Wandlung des Menschen zu höherem Bewusstsein oder zu höheren Ebenen des Bewusstseins ist meiner Ansicht nach eine Bearbeitung des Schattens, also der früheren Blockaden und geschlossenen Zustände unbedingt erforderlich, da sonst immer eine Aktivierung egozentrischer Muster möglich ist und sehr häufig auch tatsächlich vorkommt.

Auch für Ken Wilber ist diese Schattenarbeit absolut notwendig, um eine wirkliche Transzendenz zu ermöglichen. In seiner Sprache sind diese Schattenanteile „verborgene Subjekte, verborgene Gesichter des eigenen Ichs“.[28] Diese Anteile werden durch die extrem schmerzhaften Erschütterungen auf jeder Stufe abgewehrt, verleugnet, abgespalten, dissoziiert oder einfach verdrängt. Egal wie wir aus einer tiefenpsychologischen Sicht diese Prozesse benennen, in jedem Fall führen sie dazu, dass Anteile nicht mehr zum Ich-Selbst gehören, sondern nach außen verlagert werden. Sie gehören dann scheinbar zum Du, zum anderen oder zu einer Sache, zum Es. Vereinfacht ausgedrückt können wir solche Prozesse unter anderen auch Projektionen nennen. Wilber betont immer wieder die Vereinfachung seiner Beschreibungen, dennoch will ich sie hier erwähnen, da sie zur Integralen Theorie gehören. Es geht also darum, sich die nach außen verlagerten, sogenannten Es-Aspekte wieder anzueignen und daraus wieder Mir/Meiner/Mich zu machen, bevor sie wirklich transformiert werden können.[29] Also es ist mein Schmerz, meine Scham oder meine Wut bzw. mir geht es so schlecht oder mir ist dies oder jenes passiert und ich fühle mich hilflos, verzweifelt oder voller Angst und Panik. Ich will es hier bei diesen kurzen Beschreibungen belassen, denn in meiner Arbeit werde ich dies für jede Stufe immer wieder sehr genau herausarbeiten und möglichst deutlich aufzeigen. Wenn also diese Gefühle und sonstigen Erlebensanteile und Erfahrungen des Ich-Selbst wieder zurückgenommen worden sind, ist die Transformation erst möglich.

Es tut so weh

Als ich kurz nach der Geburt meiner ersten Tochter eine Primärtherapie begann, zu der vor allem sehr heftiges Atmen gehörte, wie es beim Holotropen Atmen von Stanislav Grof angewendet wird, kam es als erstes zu einem ganz besonderen Erlebnis, welches ich jetzt beschreiben möchte.[30]

Da ich jedes Weinen oder auch mal das Schreien des Babys nur sehr schwer aushalten konnte, ging ich wenige Tage nach der Geburt in eine solche Therapie, denn ich wollte dieses Problem so schnell wie möglich beseitigen. Nach einiger Zeit des heftigen Atmens wurde ein Bauchschmerz immer schlimmer, den ich schon auf der Fahrt zur Therapie bemerkt hatte. Bis dahin hatte ich selten in meinem Leben einen derartigen Schmerz erlebt und einen Bauchschmerz dieser Art noch nie. In der Sitzung wurde ich immer wieder angehalten, den Schmerz zuzulassen und gleichzeitig weiter zu atmen. Es kam dann irgendwann zu einem Ton, den ich einfach zulassen konnte. So bildete ein immer stärker werdender Bauchschmerz, das Herausschreien des Schmerzes und immer wieder heftiges Atmen, das einzige Erleben im weiteren Verlauf dieses Prozesses. Der Schmerz wurde schlimmer und schlimmer, wobei ich weiter atmen und den Schmerz gelten lassen musste. Irgendwann bekam ich das starke Gefühl, ich müsse erbrechen. Es wurde ein Eimer gebracht und ich versuchte mich mehrmals zu übergeben, wobei der Schmerz im Bauch nicht nachließ. Aber es kam auch nichts heraus. Dieser Ablauf wiederholte sich immer wieder, Schmerz, Versuche zu Erbrechen, schmerzerfülltes Schreien und immer wieder weiteratmen sozusagen in den Schmerz hinein mit dem Ziel den Schmerz ganz auszufühlen.

Mir schien es ein unendlicher Bauchschmerz zu sein, der sich immer wieder mal etwas abschwächte um dann wieder stärker zu werden. Das Ganze dauerte sehr, sehr lang, obwohl ich natürlich kein wirkliches Zeitgefühl hatte. Langsam wurde der Schmerz irgendwann weniger und ich wurde ruhiger und es kam zu einem langsamen Ausklingen der Sitzung. In der Erinnerung dieses Erlebens gibt es natürlich große Lücken, denn es liegt jetzt 39 Jahre zurück. Ich hatte jedoch in insgesamt drei Sitzungen diesen fürchterlichen Schmerz, bis er sich endgültig und total auflöste. Dieses Auflösen erlebte ich als eine riesige Befreiung, als ein Art Erlösung, und ich hatte das Gefühl eine Art Panzerung im Bauch hat sich aufgelöst, von der ich jedoch vorher nie etwas bemerkt hatte und deshalb natürlich schon gar nicht gewusst hatte, was es mit diesem Schmerz wohl auf sich hätte. Die therapeutische Begleitung bei dieser Erfahrung empfand ich immer als äußerst einfühlsam, unterstützend, im Sinne davon, zu lernen, alles gelten lassen was geschieht, alles zuzulassen und annehmen, wie auch, wenn der Atem zu sehr stockte, immer wieder zum Atmen zurückzukehren. Diese Mischung aus alles Sein-Lassen und Geschehen-Lassen, was passiert, sowie im Atem zu bleiben, war sehr wichtig. Der Schmerz konnte noch so schlimm sein, ich wurde immer sehr sanft aber ganz klar und eindeutig unterstützt und angeregt, das Gefühl vollends zuzulassen und zu durchleben, also auszufühlen.

Nach diesem Erleben wusste ich überhaupt nicht, um welche Erschütterung in meinem Leben es sich dabei handeln konnte. Erst einige Tage nach dieser Gruppe konnte ich meine Mutter fragen, was das wohl für ein Erlebnis aus meiner frühen Kindheit gewesen war. So erfuhr ich erstmals in meinem Leben von einer schrecklichen Erfahrung in den ersten Tagen nach meiner Geburt. Ich hatte einen sogenannten Pförtnerkrampf, einen Krampf des Mageneingangs, der sich über Tage hingezogen hatte. Nichts konnte ich beim Stillen bei mir behalten, alles kam oben wieder heraus. Meine Mutter hat dann einige Tage immer wieder alles versucht, mir mit Fläschchen oder Löffelchen Nahrung zuzuführen, die ihr und dem Krankenhauspersonal zur Verfügung standen. Die Gefahr eines Verhungerns hätte sich wahrscheinlich ergeben, wenn es nicht nach vielen Versuchen und nach längerer Zeit dann doch irgendwie geklappt hätte, dass ich etwas von der Nahrung bei mir behalten konnte.

Ich verstand später, als ich mich mit dem Konzept theoretisch auch in der Ausbildung auseinandersetzte, dass dies wohl eine besonders gravierende Erschütterung in meinem Leben gewesen war, die im COEX-System von sehr großer Bedeutung war. Ganz kurz will ich hier nur festhalten, dass ich seit dieser Primärtherapie zwar immer mal wieder leichten Bauchdruck oder auch Bauchschmerz empfand und immer noch manchmal empfinde, ich dies jedoch als Signal in Krisenzeiten oder Stresszeiten sehe und so immer die Möglichkeit habe, zu prüfen, was mir da gerade wieder mal Schwierigkeiten machte und was ich tun musste um diese Situation positiv zu verändern. Meist gelingt mir dies inzwischen recht gut, wenn auch nicht immer sofort klar wird, welches Zeichen ein solcher Bauchdruck konkret ist.

Ich hatte dann später in dieser Therapie die verschiedensten Erlebnisse, wie Grof sie beschrieben hat und wie ich sie auch oben dargestellt habe. Außer der Primärtherapie hatte ich dann auch wichtige Erfahrungen im holotropen Atmen bei Stanislav Grof selbst, und auch persönliche Begegnungen mit ihm. Neben sensorischen Erlebnissen kam es dabei zu einer Reihe von biographischen Ereignissen, die ich wiedererlebte und die ich meist auch gut verstehen und einordnen konnte. Da waren natürlich auch die verschiedensten Gefühle in mehr oder weniger starker, manchmal sehr heftiger Ausprägung beteiligt. Außerdem kam es noch zu einigen sogenannten mystischen Erlebnissen und transpersonalen Erfahrungen, auf die ich hier jedoch nicht näher eingehen werde. Bevor ich noch über ein für meinen Lebensplan besonders wichtiges Geburtserlebnis berichten werde, möchte ich mich etwas genauer mit der ersten Stufe der Spirale der Wandlung beschäftigen.

Überleben und Schutz

Kommen wir nun also zur Spirale der Entwicklung zurück und betrachten die Stufe **Beige** (SD) mit all dem Wissen über Scham, das Holon und den Integralen Narzissmus. Das Embryo im Mutterleib und auch das Baby während der Geburt, sind natürlich beide Holons und haben selbstverständlich auch die vier Tendenzen oder grundsätzlichen Bestrebungen, die allen Holons eigen sind. Das embryonale Holon ist natürlich ein ganz anderes als das Holon Ich-Selbst. Mein Interesse liegt jedoch besonders bei der Scham und der Egozentrik sowie der Bedeutung von beidem für die Spirale der Wandlung. Deshalb müssen wir uns wieder dem Narzissmus und dem Ich-Selbst zuwenden.

Wir können Narzissmus auch innerhalb der psychoanalytischen Theorie als ein Modell mit zwei gegenläufigen Tendenzen des menschlichen Daseins oder als die zwei grundsätzlichen menschlichen Bestrebungen verstehen. Das Bestreben nach Individualisierung oder nach Selbsterhaltung, mit der Entwicklung des Ich-Selbst einerseits, und eine Urverbundenheit, Ureinheit oder eine ursprüngliche Weltverbundenheit andererseits. Die Entwicklung und Erhaltung eines Ich-Selbst mit seinen Beziehungen zum Objekt und die Verwurzelung im Urzustand gehören also immer zusammen.

Hartmut Rosa spricht davon, dass sich Subjekt und Welt nicht gegenüberstehen, sondern eins sind. Beide werden durch wechselseitige Bezogenheit erst ins Leben gerufen. Weiter betrachtet er den Embryo und die Mutter als ein Resonanzsystem und spricht hier von Resonanzraum zwischen ihnen. Im Resonanzraum vor der Geburt gehe es also nicht um eine Beziehung von Subjekt und Objekt, sondern in Anlehnung an Sloterdijk und Martin Buber, um eine zunächst untrennbare, bipalore

Einheit.[31] Allerdings können wir in der heutigen Postmoderne bei diesem Urzustand zwar von einer Einheit oder einer Weltverbundenheit und dennoch auch von einer primären Intersubjektivität ausgehen.

Manche Autoren sprechen bei diesem Zustand der Einheit auch von Essenz und gehen davon aus, dass das Kleinstkind in dieser Essenz lebe und dadurch eine tiefe Spiritualität schon oder noch in sich trage.[32] Ken Wilber spricht in diesem Zusammenhang jedoch von einer Prä-Trans-Verwechslung, und ich stimme ihm in diesem Punkt weitgehend zu. Dennoch orientiere ich mich ja eher an Grofs Auffassungen und sehe auch eine solche Essenz weder als einen reinen Prä-Zustand, noch als einen reinen Post-Zustand.[33] Ist es nun ein Einheitszustand oder eine Intersubjektivität, mit der wir es im embryonalen Zustand zu tun haben? Ich meine, es ist beides, ein Zustand der biologischen Verbundenheit, also der Einheit und ein Zustand der Intersubjektivität. Noch anders ausgedrückt handelt es sich um die Begegnung zweier Holons. Das Holon des Ich-Selbst der Mutter und das embryonale Holon des Kindes im Mutterleib.

Zurück zur psychoanalytischen Narzissmustheorie. Martin Altmeyer zeigt neben den verschiedenen anderen psychoanalytischen Modellen des Narzissmus auch ein spezielles Modell der Doppelrichtung mit den zwei Tendenzen, der Individualisierung und der Weltverbundenheit, das auf Lou Andreas-Salome zurückgeht.[34] Allerdings hat auch schon Freud in seinem klassischen Artikel *Zur Einführung des Narzißmus* zwei Tendenzen gesehen und damit eine Doppelrichtung angedeutet. Er spricht dort über den primären Narzissmus und den sekundären, der sich darüber aufbaut, wenn der Trieb, der Libido genannt wird, aus Frustration von den Objekten auf das eigene Selbst zurückgezogen wird. An anderer Stelle schreibt er über die „uranfänglichen autoerotischen Triebe", die wohl den primären Narzissmus ausmachen.[35] Auch in einem ganz neuen Werk der Psychoanalyse beziehen sich die Autoren auf eine solche ganzheitliche Sicht des Narzissmus.[36] Es ist also eine noch undifferenzierte seelische Ganzheit in Entwicklung, die primärer Narzissmus genannt wird und der Narzissmus allgemein, der auch als sekundärer

Narzissmus bekannt ist, wird als eine in sich bewegliche Ordnung verstanden.

Eine solche in sich bewegliche Ordnung besteht erst einmal zwischen dem Urzustand und der Orientierung des Ich-Selbst zum anderen Menschen hin. Aus Sicht der integralen Theorie handelt es sich bei dem Urzustand jedoch nicht um eine Ganzheit, sondern um eine andere Art von Holon, bei der immer auch die vier Bestrebungen vorhanden sind. Der fötale Holon im Mutterleib ist jedoch in einer Verbundenheit mit dem biologischen System Mutter, und diese Verbundenheit können wir als Urzustand bezeichnen. Es ist also eine immer vorhandene Bewegung zwischen dem grundsätzlichen Eins-Sein in sich, der Verbundenheit mit dem biologischem System Mutter und der Beziehung oder Bezogenheit zum Mitmenschen.

In einem Entwurf des intersubjektiven Verständnisses des Narzissmus geht Altmeyer auch von einer Umwelt- und Objektbezogenheit des Narzissmus aus. Er sieht also keinen objektlosen seelischen Urzustand im sogenannten primären Narzissmus, sondern geht dabei von einer primären Intersubjektivität aus. Er sieht also bereits im embryonalen Zustand die Bewegung hin zum Anderen.[37] Ein solch intersubjektives Verständnis der Selbstbezogenheit ist meiner Auffassung nach durchaus positiv zu sehen, jedoch fehlt mir dabei die Tatsache, dass es sich ja beim embryonalen Urzustand auch um eine absolut versorgende, biologische Verbundenheit handelt. Eine Sicht dieses Ganzheitszustands als Resonanz scheint mir hier passender zu sein.

Eine solche Bewegung einerseits zu einem Urzustand der absoluten Versorgung und des Eins-Seins hin, die als Sehnsucht nach dem Allen verstanden werden kann und andererseits immer auch zu anderen Menschen hin, ist eben auch das was wir als Bedürfnis nach Resonanz verstehen können. Das Bedürfnis nach einem solchen Urzustand kann man eben auch als ein Bedürfnis oder eine Sehnsucht bzw. eine Suche nach einem übergeordneten Ganzen verstehen. Wie immer wir ein solches übergeordnetes Ganzes bezeichnen, es ist die spirituelle Sehnsucht oder das Streben nach Transzendenz, so wie Wilber es als ein Bestreben des

Holons sieht. Auch der Wunsch des Menschen über sich hinaus zu wachsen, das Streben nach Emergenz, können wir hier einordnen. Die immer vorhandene innere Bewegung des Menschen kann sich also aufteilen in die zwei Tendenzen des Holons nach Selbsttranszendenz und nach Selbstauflösung und es zeigt sich auch in den Bestrebungen nach Selbsterhaltung und Selbstanpassung. Bei den beiden letzten Bestrebungen geht es um die Intersubjektivität die Altmeyer beschreibt.

Intersubjektivität

In der modernen Psychoanalyse gibt es einen Diskurs darüber, ob es vom embryonalen Urzustand an eine Intersubjektivität gibt, oder ob durch eine solche Theorie der Intersubjektivität nicht das Negative im Menschen, ein scheinbar immer vorhandener aggressiver Kern oder das Konflikthafte verlorengeht.[38] Ein primärnarzisstischer Ursprungszustand wird durch die Säuglingsforschung zurückgewiesen und auch eine Art natürliche Aggressivität, die sich prinzipiell als feindselige Haltung gegenüber den Mitmenschen äußert, eine sogenannte Wolfsnatur, wird durch die Intersubjektivitätstheorie als nicht gegeben betrachtet. In dieser Auseinandersetzung tendiere ich eher zu der Haltung der Intersubjektivisten, hier vertreten durch Axel Honneth, obwohl ich das Konzept der Holontheorie als darüber hinausgehend und entscheidend betrachte. So halte ich die Auffassung, dass es immer einen negativen Kern in der menschlichen Psyche gibt, eher für fraglich und vermute eben eine Art Bindung, also eine Intersubjektivität von Anfang an.

Auch der Psychohistoriker Lloyd deMause schlägt eine fötale Psychologie vor, in der er schon eine Beziehung zwischen dem Fötus und „seiner Plazenta" annimmt. Diese Plazenta kann entweder nährend oder vergiftend sein, und entsprechend sind die Reaktionen des Fötus positiv oder angstvoll und aggressiv.[39] Ohne diese Ansichten hier zu diskutieren oder zu werten, können wir sie jedoch als Hinweis auf eine früheste Bindung oder Bezogenheit verstehen.

Es gibt neuere Forschungen, die sehr wichtige Auslöser für eine Ich-Selbst-Entwicklung bereits im embryonalen Zustand aufzeigen. Mütter die während der Schwangerschaft starkem Stress ausgesetzt waren, brachten beispielsweise Kinder zur Welt, deren sogenanntes Angstzentrum des Gehirns, die Amygdala, deutlich vergrößert war. Der Hippocampus hingegen, war bei Kindern aus armen Familien deutlich kleiner, was zu der vereinfachten Aussage führte: „Armut macht dumm".[40]

Aus meiner Sicht lässt sich nun all das, was Freud mit Aggressionstrieb oder Todestrieb beschrieben hat, wie auch das sexuelle Trieberleben (Libido), mit den vier triebartigen Bestrebungen des Holons gut erfassen. So gibt es bei dem fötalen Holon neben den zwei horizontalen Bestrebungen *Selbsterhaltung* und *Selbstanpassung* auch die zwei vertikalen Bestrebungen *Selbstauflösung* und *Selbsttranszendenz*. Also die Bestrebungen nach Selbsterhaltung und nach Selbstanpassung sind immer im mitmenschlichen Kontakt, im Dialog oder in der Beziehung zum anderen Menschen bzw. zu einem Objekt angesiedelt, sie können als Intersubjektivität angesehen werden. Noch einmal, da ich diese Aussage so bedeutend finde: Die Intersubjektivität setzt sich immer zusammen aus den beiden Bestrebungen Selbsterhaltung und Selbstanpassung. Natürlich schließt das nicht aus, dass es im Kontakt oder in der Intersubjektivität auch die Bestrebungen nach Selbsttranszendenz und Selbstauflösung geben kann. Sie dürften jedoch in der tatsächlichen Begegnung eine geringere Rolle spielen als Selbsterhaltung und Selbstanpassung. In dem Kapitel zur Stufe **Rot** (SD), bei der es um Macht und Integrität geht, werde ich auf die letzten beiden Bestrebungen zurückkommen, da es in diesem Zusammenhang auch um Anerkennung geht. Die entsprechende innere Bewegung des Menschen die wir als Narzissmus verstehen, lässt sich meiner Ansicht nach als die Bewegung zwischen den vier Bestrebungen des Holons Ich-Selbst gut erklären.

Diese niemals wirklich endende Bewegung oder auch dieses Fließen oder Gleiten, diese Wellen oder Ströme sind das immer währende Spiel zwischen den vier Tendenzen des Holons Ich-Selbst. Genau dieses fortlaufende, ruhige Gleiten zwischen den vier Bestrebungen nenne ich ja

Integralen Narzissmus. Es kommt allerdings immer wieder mal zu einer Art Stillstand dieses Fließens oder zu Extremen in einer der Tendenzen. Solche vorübergehenden Blockaden oder Pausen im ruhigen Gleiten, sowie heftige Ausschläge können geschlossene Zustände in jeder Stufe des Bewusstseins bilden. Noch einmal zum besseren Verständnis eine Darstellung der vier Bestrebungen.

Das Bestreben zur **Selbsterhaltung** kann beispielsweise im Extremfall Eroberung, Machtausübung oder Dominanz und Herrschen-Wollen bedeuten und somit deutlich als expansiver Narzissmus oder als Egozentrik verstanden werden. Der betreffende Mensch will zu sehr Ganzes sein.

Ein deutlich zu starkes Bestreben nach **Selbstanpassung** hingegen, bedeutet möglicherweise Abhängigkeit, Unterordnung oder Selbstaufgabe oder sich klein, weniger wert oder wertlos und nicht liebenswert fühlen. Manchmal wird dies auch Opferhaltung genannt. Dies ist dann einfach die Kehrseite der Medaille der Egozentrik, die auch als Komplementärnarzissmus oder als vulnerabler Narzissmus bezeichnet wird, da sich darin grundsätzlich die menschliche Verwundbarkeit zeigt. Der Mensch, dessen Selbstanpassungsbestreben zu stark ausgeprägt ist, will zu sehr Teil sein. Beide Extreme gehören ja, wie die Bestrebungen selbst, immer zusammen. Sie können auch häufig wechseln, was in Krisensituationen sehr oft und besonders schnell oder impulsiv geschehen kann.

Auch eine besonders ausgeprägte Neigung oder eine übermäßig starke Aktivität zur **Selbstauflösung** hin, ist ja ein Auflösungsprozess oder ein Zusammenbruch des Ich-Selbst, die zu starker Spannung im Holon führt. Somit haben wir es wieder mit starker Scham zu tun und möglicherweise auch mit einer Art Chaos im inneren Erleben. Hier sehen wir diese Auflösung eher im Sinne einer Zerstörung oder einer Zerschmelzung bzw. Schrumpfung des Ich-Selbst. Schamattacken[41], Dissoziationen heftige und sehr schmerzhafte Gefühle von Panik, Verzweiflung, Wut oder Hass können zum Erleben solcher innerer Auflösungsprozesse gehören. Wobei hier meiner Ansicht nach sehr deutlich wird, wie Scham als Zerfallsprodukt wirken kann und auch wie diese „Zustände des Zerfalls" durch andere Gefühle und Zustände maskiert werden können. Wir können also erkennen, dass die Selbstauflösung des Ich-Selbst erneut zu den Aufrüstungen, also wieder zu Verhaltensmustern des Kampfes und der Verteidigung führen kann und häufig auch führen muss. Es ist wieder das verstärkte Selbsterhaltungsbestreben, das sich auch oft in der Qualität eines übermäßigen Selbstbehauptungsverhaltens oder einer extremen Selbstdurchsetzung zeigen kann. Also auch wenn der Mensch in seiner Tendenz zur Selbstauflösung stecken bleibt, kann es im Sinne von kurzzeitigen Unterbrechungen immer auch zu Verstärkungen oder Intensivierungen des Selbsterhaltungsbestrebens kommen. Auch wenn die Selbstauflösungstendenz besonders lange anhält, betrachte ich sie in meiner Definition als zur Egozentrik gehörend, da sie ja in der Regel das ruhige Gleiten empfindlich beeinträchtigt.

Als letztes das Bestreben nach **Selbsttranszendenz**. Auch diese Tendenz des Holons Ich-Selbst kann deutlich zur Egozentrik gehören, besonders dann, wenn beispielsweise ein solches Bestreben zu schnell, zu früh oder auch zu stark, also extrem wird. Anders ausgedrückt, ein zu starkes oder betontes Wollen der Transzendenz kann wie ein Habenwollen im buddhistischen Sinne zur Egozentrik gehören. Es kann auch die Funktion als Schutz oder Abwehr der Selbstauflösung bekommen und somit auf eine andere Art zur Egozentrik gehören. Überhaupt lässt sich die Transzendenz nicht herstellen oder machen und man kann sie nicht bewusst wollen oder erreichen. Dieses extreme Habenwollen, dieser zwanghafte Drang zur Selbsttranszendenz, kann wieder eher ein zu starker Wunsch sein, nur ein Ganzes zu sein. Dann versteckt sich ein Selbsterhaltungsbestreben hinter der Suche nach Transzendenz. Ein Phänomen, das wir heute nach meiner Auffassung nicht selten beobachten können. Wir haben allerdings gesehen, dass es eine solche Ganzheit nicht gibt und somit gehört auch dieses Bestreben nach Transzendenz in bestimmten Situationen zum Integralen Narzissmus, eben wenn es das Gleichgewicht oder die Balancefindung empfindlich stört. Zusätzlich führt diese zu frühe, zu heftige oder zu absolute Suche nach Transzendenz fast immer dazu, dass andere oder ein anderes Bestreben des

Holons total vernachlässigt oder abgewehrt bzw. vermieden wird. Es ist also immer auch die Bewegung zum Absoluten, die den integralen Narzissmus ausmacht. Genau das damit zusammenhängende Vermeiden der anderen Bestrebungen macht eben diesen Drang nach Transzendenz zum Bestandteil der Egozentrik.

An dieser Stelle will ich zusammenfassend nur feststellen, dass immer, wenn sich ein Bestreben ganz besonders ausgeprägt zeigt und dadurch ein oder mehrere der anderen drei Bestrebungen blockiert, gebremst oder verhindert werden, ein Ausmaß von Egozentrik vorliegen kann, dass möglicherweise auch als pathologisch angesehen wird. Jede extreme Ausprägung eines der vier Bestrebungen, vor allem wenn sie längere Zeit anhält, kann dadurch andere Bestrebungen lähmen oder verhindern und damit ein ruhiges Gleiten stören. Ruhiges Gleiten wird allerdings auch dann noch nicht gleich pathologisch, wenn ein Bestreben mal etwas länger andauert oder es hin und wieder auch zu schnelleren Bewegungen des Wechsels kommt. Die äußeren Umstände erfordern manchmal ein ausgedehnteres Verweilen in einem Bestreben oder eine extreme Ausprägung einer Tendenz bzw. auch manchmal relativ schnelle Wechselbewegungen. So wird ein Mensch mal eine längere Zeit sehr deutlich im Bestreben nach Selbsterhaltung verweilen. Oder es kommt plötzlich zu einem schnellen Wechsel, zu partnerschaftlichem Verhalten, also zu Selbstanpassung. Ausschlaggebend für das Ausmaß einer möglichen Pathologie ist immer die Zwanghaftigkeit oder Starrheit des Verweilens bzw. die Heftigkeit und Impulsivität des Wechsels bzw. dessen Häufigkeit.

Fassen wir, sehr vereinfacht, noch einmal kurz zusammen. Ein starres, zwanghaftes Suchen nach Transzendenz kann durchaus integraler Narzissmus sein. Eine abhängige oder unterwürfig Haltung bzw. eine Co-Abhängigkeit kann ebenfalls als verstärkte Selbstanpassung zum Integralen Narzissmus gehören. Auch die machtorientierte oder eine deutlich verstärkte Selbstdurchsetzung ist selbstverständlich Integraler Narzissmus. Als viertes ist auch die Regression im Sinne einer Selbstauflösung als Integraler Narzissmus zu betrachten. Menschen, die ständig sehr impulsiv ihre Bestrebungen wechseln, handeln auch eher aus einem

Schattenanteil und dies ist nach meiner Auffassung ebenfalls Integraler Narzissmus. Ich werde in jeder Stufe der Spirale der Wandlung versuchen, diese Zusammenhänge mit Beispielen etwas genauer zu erklären. Bevor ich nun am Schluss des Kapitels noch einmal zur eigentlichen Spirale komme, will ich noch eine sehr wichtige Erfahrung aus meiner Selbsterforschung berichten.

Ich komm nicht durch

In meiner Primärtherapie und dem Holotropen Atmen bei Stan Grof hatte ich einige Erlebnisse, die mit meiner Geburt und dem Tod-Wiedergeburtsprozess zu tun hatten, wie er immer wieder beschrieben wurde. Von einem solchen Erlebnis, das mit der Geburt zusammenhing und das für mich und meine Persönlichkeitsentwicklung eine besondere Bedeutung hatte, will ich nun berichten.

Ich begann diesen Prozess wieder mit dem etwas stärkeren Atmen und der inneren Haltung, alles einfach geschehen zu lassen, was ist, oder auch was ganz von selbst geschieht. Egal, ob der Körper irgend eine Reaktion zeigt oder sich ein Ton entwickelte, so galt es, einfach alles gelten lassen, alles zu lassen, ohne etwas Bestimmtes zu wollen oder zu fördern. Schon gar nicht etwas zu machen oder zu tun. Dies war die innere Haltung, die ich einnahm. Irgendwann nach einer gewissen Zeit begann sich ein leichter Schmerz im Kopf zu entwickeln, und zwar vorne bei der Stirn und den Augen. Ich atmete weiter und versuchte immer wieder den Schmerz vollkommen zuzulassen. Es kam immer wieder auch zu einigen Körperbewegungen, die ich auch aus anderen Sitzungen schon kannte. Zuerst ein Zucken hier und da, völlig ohne irgendeinen Gedanken dazu, oder ohne etwas zu fördern, oder zu unterstützen, ganz von selbst. Dann zogen sich plötzlich die Beine zum Oberkörper hin, bis sie ganz angewinkelt waren und die Oberschenkel direkt an der Brust lagen. Ich kam mir dabei irgendwie vor wie ein Embryo im Mutterleib. Ich atmete immer weiter mit der Haltung, den Schmerz im Kopf ganz anzunehmen und den Körper immer wieder und immer weiter machen zu lassen, was von ganz alleine geschieht. Die

Beine winkelten sich an, und streckten sich wieder aus, im Kopf war der Druck als würde der Kopf gegen einen Widerstand stoßen und es tat sehr weh, und dann kam es auch immer wieder mal zu bestimmten Tönen, die ich einfach zuließ, so wie sie kamen. Alles gelten lassen, was war und was geschieht, war immer weiter meine innere Haltung. Dieser Prozess setzte sich fort, wie ich ihn jetzt beschrieben habe, mal mehr der Schwerpunkt auf dem Druck und dem Schmerz im Kopf, mal mehr die Bewegung des Körpers im Zentrum meines Erlebens, und mal waren die Töne, die ich ausstieß, sehr zentral.

Dies ging einige Zeit, bis plötzlich innerlich einige Worte oder eine Art Überzeugung immer deutlicher wurden. Ja es war eine tiefe und absolute Erkenntnis, die ich als äußerst schlimm, beängstigend und bedrohlich erlebte. Sie lautete etwa so: „Ich komme nicht durch", „es geht nicht weiter" oder „ich schaff es nicht". Diese absolute Überzeugung war weiterhin verbunden mit Gefühlen wie Schmerz, Ängste, Ohnmachtsgefühlen oder auch Verzweiflung, die sich immer wieder abwechselnd ergaben oder mit dem Kopfdruck oder den Körperbewegungen vermischten. Wieder nach einiger Zeit, in der sich kaum etwas veränderte, ich aber immer weiter atmete und sich in mir die Erkenntnis ausbreitete, dass ich nicht weiter kam, gab es plötzlich innerlich eine Art Bewegung, und alles was bis dahin meine Erfahrung ausmachte, ging sehr schnell zu Ende. Es war so, als würde etwas mit mir gemacht; ich hatte weniger die Empfindung, gestoßen oder gedrückt zu werden, sondern irgendwie passierte es einfach. Wichtig war, dass es nicht irgendwie Druck oder Schmerz auslöste, sondern dass „von außen" einfach etwas mit mir geschah, ohne mein eigenes Dazutun. Im Gegenteil, Kopfdruck, Schmerz und Körperbewegungen waren nicht mehr da und auch die etwas intensivere Atmung lies langsam nach. Immer mehr kam ich zur Ruhe und so endete langsam die ganze Sitzung durch entspanntes Ruhen auf der Matte. Erwähnen möchte ich noch, dass die ganze Erfahrung, wie meistens in dieser Arbeit, etwa 1, 5 Std. bis 2 Std. gedauert hat. Wie ich schon gleich nach der Erfahrung relativ sicher der Überzeugung war, und wie es in einer Nachbesprechung in der Gruppe und mit Stan Grof nochmal deutlich wurde, handelte es sich bei diesem Erleben um eine Geburtserfahrung mit der entsprechenden psychischen Prägung.

Ich wusste bis dahin auch überhaupt nichts über meine eigene Geburt und schon gar nichts von irgendwelchen Komplikationen währenddessen.

Wieder konnte ich einige Tage nach diesen therapeutischen Sitzungen meine Mutter nach meiner Geburt befragen. Es stellte sich heraus, dass bei meiner Mutter die Wehen etwa am Abend so gegen 20.00 Uhr begannen. Sie kam dann ins Krankenhaus und erlebte einen sehr langen Prozess der Geburt, der sich insgesamt über sechzehn Stunden hinzog. Der Ablauf wurde mir so geschildert, dass immer wieder mal Wehen einsetzten, die unterschiedlich lang anhielten und immer wieder aufhörten. Dieser Prozess wiederholte sich immer wieder und verlief über viele Stunden. Erst am folgenden Tag gegen Mittag wurde die Geburt dann medikamentös eingeleitet und verlief dann ohne Komplikationen sehr, sehr schnell. Meine persönliche Einschätzung war natürlich die, dass dieser Verlauf ganz eindeutig und klar zu meinem Erleben in der Therapiesitzung passte. Das Bedeutende dieser Erfahrung, war für mich natürlich die Erkenntnis, dass sich hier eine Prägung ergeben hat, die mein ganzes Leben bis zu diesem Zeitpunkt sehr stark beeinflusst hat. Die Erschütterung dieses Prozesses ließ eine innere Haltung entstehen, die durch einen speziellen „Einstellungssatz" gekennzeichnet werden konnte, der etwa lautete: „Ich schaff`s nicht" oder „Ich komm nicht durch" oder auch „ich kann`s nicht". Es kam zu einem großen Erschrecken, da ich ganz plötzlich begriff, dass ich mein ganzes Leben bis dahin, mehr oder weniger mit einer solchen inneren Einstellung gelebt hatte, eingeschränkt, verhalten, zurückhaltend und mich oft klein oder als Versager fühlend. Eine starke Selbstwertproblematik zog sich bis dahin durch mein Leben.

Diese innere Einstellung bildete in unterschiedlichsten Ausprägungen mit den dazugehörigen Gefühlen, eine Art Basis meines COEX-Systems. Das ganz spezielle Geburtserleben und der Mageneingangskrampf bildeten mit den verschiedenen daraus sich ergebenden Einstellungen die Basis meines Lebensplans. Die unterschiedlichsten Einstellungen wie: „Ich schaff`s nicht", „es geht nicht", oder auch „ich kann`s nicht", haben immer etwas mit dieser Geburtsprägung zu tun und eine grundsätzliche Abspaltung oder Dissoziation von Schmerzgefühlen, sowie damit zusammenhängend, eine Missachtung oder gänzliche Vernachlässigung meiner persönlichen (nährenden) Bedürfnisse, ergaben sich aus dem Erleben des Mageneingangskrampfes. Dies war auch mit einem fast völligen Unvermögen, Hunger wahrzunehmen, verbunden. Stattdessen kannte ich eine sehr starke Reizbarkeit verbunden mit Ungeduld und häufiger Wutauslösung. Auch gehört zu diesen Prägungen noch eine sehr deutlich eingeschränkte Entwicklung von Frustrationstoleranz. Zur Einstellung „es geht nicht" kommt die Abspaltung von Schmerz, die mangelnde Fähigkeit der Selbstsorge, sowie eine Neigung zur genannten Reizbarbarkeit und Ungeduld hinzu. Dies alles war bis dahin das Gerüst meines Lebensskriptes.

Zusätzlich zu diesem Erlebnis sei noch angemerkt, das sich ein Wiedererleben der Geburt in verschiedenen Sitzungen jeweils teilweise zeigen kann. So hatte ich in einer Sitzung besonders extreme Hass- und Wutgefühle, die wie ein ewig langer innerer Kampf wirkten, der sich absolut existenziell anfühlte. Es war ein Kampf um Leben und Tod, den ich sehr klar als den extrem heftigen Übergang von der dritten zur vierten PGM verstand oder genauer gesagt ein Erleben der dritten PGM kurz vor diesem Übergang.

Die Arbeit mit inneren Einstellungen

Auf dieser ersten Stufe der menschlichen Entwicklung, um die es in diesem Kapitel geht, steht in erster Linie die Befriedigung biologischer Bedürfnisse im Vordergrund des Erlebens. Es geht vor allem ums Überleben, und ein Ich-Selbst ist höchstens in ersten Ansätzen vorhanden. Somit gibt es auch noch kein Bewusstsein von sich selbst als selbstständigem Wesen. Die schon beschriebene Einheitserfahrung, die natürlich nicht bewusst sein kann, herrscht in diesem **Beige**-Mem noch vor. In dieser Zeit kann es allerdings durch die unterschiedlichen Erschütterungen zu den ersten neuronalen Aktivierungen und den damit zusammenhängenden Gefühlsreaktionen kommen, die dann das COEX-System bilden. Keinen Hunger oder Durst zu empfinden, es angenehm warm zu haben und sich grundsätzlich geschützt und sicher zu fühlen sind die vorrangigen Bedürfnisse auf dieser Stufe des Bewusstseins. Bei dieser Ebene der Entwicklung, oder bei dieser Stufe wird in anderen Entwicklungsmodellen auch von reaktiv, von archaisch, von prä-sozial, von instinktiv oder symbiotisch gesprochen.[42] Der Entwicklungsforscher Robert Kegan, dessen Auffassungen auch für die Integrale Theorie als wichtig angesehen werden, spricht hier von einer Stufe 0 und bezeichnet die Entwicklung in dieser Stufe als einverleibend.[43] Ihm geht es in seinem Entwicklungsmodell um die Integration von kognitiver und emotionaler Entwicklung. Dabei bezieht er sich vor allem auf Piaget (der hier von einer sensomotorischen Phase spricht) und auf den Psychoanalytiker Erikson. Um meinen Text jedoch nicht unnötig kompliziert werden zu lassen, werde ich jedoch meist Beschreibungen und Begriffe benutzen, die zu den Stufen, Ebenen oder Memen gehören und dazu auf die entsprechenden Farben von Spiral-Dynamics zurückgreifen.

Im Umgang mit dem Neugeborenen geht es dann vor allem um Fürsorge und zärtliche, liebevolle Pflege oder die ausreichende Grundversorgung. Aus meiner therapeutischen Arbeit mit Menschen, bei denen sich Schwierigkeiten mit der sogenannten Ichstruktur zeigen, kann ich feststellen, dass mir die Begriffe Wärme, Rhythmus und Konstanz als therapeutische Haltungen sehr wichtig waren, die auch für diese Stufe der kindlichen Entwicklung durchaus bedeutend sind. Schutz kann also als eines der dringendsten Bedürfnisse auf dieser Stufe der Entwicklung betrachtet werden, und eine Missachtung dieses Grundbedürfnisses stellt eine ernsthafte Würdeverletzung dar. Gleichzeitig löst diese Würdeverletzung immer auch Scham aus. Die Scham gilt ja immer auch als Hüterin der Würde, und bei solchen starken Erschütterungen, die die Verweigerung oder eine Störung dieses geschützten Raumes für das Baby bedeuten, geht die Bedeutung als Hüterin der Würde verloren. Die Beschämung führt zum Leiden. In der Zeit vor einer Ich-Selbst-Entwicklung und in der sogenannten vorsprachlichen Zeit zeigt sich dies immer als physiologisches Erschrecken oder als eine Art physiologischer Schock. Etwas anders ausgedrückt handelt es sich dabei ja um biochemische Körperprozesse, die als Körpererinnerungen gespeichert werden. All die vorgeburtlichen Erschütterungen, sowie die verschiedensten bisher schon beschriebenen traumatischen Erfahrungen der Geburt und die Erschütterungen kurz nach der Geburt, sind somit die ersten Erfahrungen, die eine Prägung bilden, die später beim Erwachsenen zu einer Schamanfälligkeit oder zu einer Neigung zu Schamgefühlen führt. Es sind ja die neuronalen Aktivierungen, die zu den inneren Einstellungen und zu den dazugehörigen Schamprozessen führen. Diese sehr früh entstandenen Leidenszustände, deren Ursachen vor allem in den Erschütterungen vor, während und kurz nach der Geburt liegen, sind oft nicht eindeutig festzulegen, denn die üblicherweise guten Sozialisationserfahrungen in der Zeit danach, vor allem in der Phase der Entwicklung des Ich-Selbst, kompensieren häufig diese Erschütterungen oder decken sie zu. Es ist allerdings manchmal so, dass die ganze Ich-Selbst Struktur empfindsam, fragil und besonders verwundbar bleibt und als Ganzes die Funktion der Maske der Scham erhält.

Einige sehr allgemeine Angaben über das sich in dieser frühen Lebenszeit entwickelnde Leid, lassen sich natürlich schon machen. So habe ich bereits auf gravierende Auswirkungen der verschiedenen intrauterinen Erschütterungen und der häufigen Geburtstraumatisierungen aufmerksam gemacht. Grundsätzlich können besondere Neigungen zu Ängsten, Hilflosigkeitsgefühlen oder Verwirrungen, Desorientierungen und Irritationen ihren Ursprung in diesem traumatischen Erleben haben. Auch Basisscham und Basisschuld sowie eine mögliche Neigung zur Selbstauflösung oder zu Hoffnungslosigkeit, Verzweiflung, Gleichgültigkeit und zur Passivität können in dieser Stufe der Bezogenheit ihren Ursprung haben. Halten wir noch einmal fest, dass sehr oft eine normale Bewältigung der Stufe **Beige**, der reaktiven Ebene oder des Drehpunktes 0 möglich ist und es sich bei den hier genannten Folgen um die Auswirkungen von traumatischem Erleben handelt. Dennoch sind solche Belastungen und Leidenszustände häufiger anzutreffen als dies bisher innerhalb der psychologischen Theorien und der Psychotherapie angenommen wurde, da auch weniger traumatisierende Erschütterungen Auslöser dafür sind.

Bewältigung bedeutet ja, in allen Ebenen einen dreistufigen Prozess, von *Verschmelzung, Differenzierung* und *Integration* erfolgreich zu durchleben.[44] Es erfolgt also zuerst eine Identifizierung mit der Ebene, dann eine Endidentifizierung, und zuletzt die Integration von einer neuen Ebene aus. Es kann in den Phasen dieses Prozesses durch die Erschütterungen zu Hindernissen oder Blockaden kommen, die sich auch als geschlossene Zustände des Mems zeigen und im Extremfall zur Pathologie werden. Wenn die Endidentifizierung nicht gelingt, kann dies zu einer Fixierung oder Erstarrung der Verschmelzung in der Stufe führen. Man kann dann später bei entsprechenden Reizen oder Erschütterungen häufig in die katastrophalen Verzweiflungsgefühle des Geburtstraumas zurückfallen, also regredieren. Gesellschaftliche oder kulturelle Ursachen, die als Reize wirken, können dann solche frühen „Traumagefühle" auslösen und führen dann leider oft zu merkwürdigen bis falschen politischen Ideologien. Die entsprechenden inneren Zustände und Gefühle können sehr unterschiedlich sein und reichen beispielsweise von Schrecken über Ängste und Panik bis hin zu Verzweiflung, Schmerz und schwersten Schamattacken. Es handelt sich dabei immer auch um sehr tiefgehende existenzielle Verunsicherungen.

Kommt es nicht zu einer gelungenen Integration, sind solche spezifischen Traumagefühle aber eher abgespalten, also dissoziiert bzw. fragmentiert, und werden im Alltag nicht wahrgenommen. Durch relativ geringe Reize können sie jedoch jederzeit wieder ausgelöst werden. Sie sind dann jedoch meist noch nicht wieder angeeignet und zeigen sich nicht verbunden mit den alten Erschütterungen, sondern sie stehen im bewussten Erleben nur im Zusammenhang mit den aktuell auslösenden Reizen.

Beispielsweise kann der verstärkte Zuzug von Flüchtlingen und Migranten bei vielen Menschen in unserem Land verschiedene Ängste und Unsicherheitsgefühle auslösen. Dieses Auslösen von Gefühlen ist dann jedoch oft auch ein Anstubsen oder Triggern von alten „Traumagefühlen". Der Zusammenhang zu möglichen frühen Erschütterungen ist den Menschen jedoch nicht bewusst, und so können politische Überzeugungen und Ideologien entstehen, die teilweise immer von frühen Schreckenserlebnissen mitbeeinflusst sind. Politisch betrachtet, müssen solche Ängste, Bedrohungsgefühle und Verunsicherungen natürlich ernst genommen werden, jedoch sollte ihre Intensität dann auch kritisch analysiert oder oft auch infrage gestellt werden. Eine kritische Betrachtung politischer oder kultureller Ansichten, auch in der Funktion als Masken der Scham, könnte sich so deutlich verbessern.

In dieser Funktion können alle Einstellungen, Charakterhaltungen oder Persönlichkeitseigenschaften sehr massiv, starr oder zwanghaft und unumstößlich wirken. Neben den emotionalen Folgen dieser nicht gut bewältigten Ebene, oder des Drehpunktes 0, die auch das COEX-System des sich gerade entwickelnden Ich-Selbst bilden, kommt es eben auch zu kognitiven Strukturen, die sich durch sogenannte innere Einstellungen zeigen.

In der von mir entwickelten Arbeit mit inneren Einstellungen habe ich gemeinsam mit den Betroffenen für alle Stufen sinnvolle und hilfreiche Sätze gefunden mit denen gearbeitet werden kann, um mögliche Blockaden aufzulösen.[45] Es sind dies immer Sätze, die eine neue, gesündere und die Entwicklung fördernde Einstellung bilden können, unterstützen oder festigen. Ich werde auf diese Arbeit, die ich seit vielen Jahren mit Erfolg praktiziere, hier nicht genauer eingehen, verweise deshalb aber ausdrücklich auf meine frühere Veröffentlichung. Einige erklärende Worte dazu sind aber dennoch notwendig. Gerade bei den Blockaden des Mems **Beige** sind die sogenannten Einstellungssätze, die ich hier vorstelle, oft nur hilfreich als eine sehr wirksame Unterstützungsmöglichkeit, zur Begleitung oder Ergänzung einer intensiven Psychotherapie. Es sei denn, es handelt sich eindeutig nur um sehr geringe Beeinträchtigungen und um weniger gravierende Leiden. Dann kann diese Arbeit mit inneren Einstellungen auch als Schattenarbeit für alle Menschen gesehen werden. In den intensiven Therapien können die frühen Gefühle vollständig wiedererlebt werden und wenn erforderlich auch ausgefühlt werden. Nur so ist eine Wiederaneignung möglich und es kann zu dem von Wilber sehr vereinfacht ausgedrücktem Meiner/Mir/Mich kommen. Erst wenn dies erreicht ist, wird eine Transformation möglich.

Die Einstellungssätze können sehr sinnvoll sein, als Ergänzung oder Zwischenphase einer verantwortungsvollen und fortlaufenden therapeutischen Arbeit. Hinzufügen will ich auch, dass diese Arbeit mit den inneren Einstellungen, wie ich sie hier darstelle, auch hilfreich sein kann bei schweren Verletzungen oder Traumatisierungen, die in späteren Phasen der Entwicklung oder Stufen der Spirale erlebt worden sind, jedoch eine existenzielle Bedeutung haben und dadurch vergleichbar sind mit den traumatischen Erlebnissen vor oder während der Geburt. Solche Sätze wurden und werden immer wieder von Betroffenen gemeinsam mit einem therapeutischen Begleiter gefunden und als individuell passend erlebt. Sie sind oft nur vorübergehend in bestimmten Phasen der Selbstveränderung und Entwicklung sehr hilfreich und können sich dann auch verändern. Gerade bei den Einstellungssätzen, die für diese Stufe sinnvoll sind, trifft dies besonders zu. Grundsätzlich ist es auch möglich, Einstellungssätze zu erkennen und zu nutzen, die mehr oder weniger genau für eine Veränderung eines Lebensskriptes stimmen, und für eine lange Zeit des persönlichen Wandels hilfreich sein können. So habe ich oft Jahre später noch von Betroffenen gehört, wie wichtig ihr Einstellungssatz war, und für ihr ganzes Leben geworden ist. Hier nun einige beispielhafte Einstellungssätze, die alle schon sehr häufig in Übungen angewendet wurden.

- Ich lebe
- Ich bin da
- Ich bin da und ich lebe
- Ich bin da und ich bin sicher und geschützt
- Ich schäme mich und ich bin da
- Ich schäme mich und ich bleibe da
- Ich lebe meine Kraft und meine Vitalität
- Ich schäme mich und zeige dir meine Kraft
- Ich brauche deinen Schutz und deine Sicherheit

- Ich schäme mich und zeige mich mit meinen Gefühlen
- Ich zeige dir meinen Schmerz, meine Verzweiflung und meine Wut
- Ich bin „Anton“ und ich zeige dir meine Kraft und meine Lebendigkeit

Wenn in einem Einstellungssatz der Begriff Scham vorkommt, dann meist in einer Situation, in der die Scham sehr stark alles Lebendige und die Vitalität blockiert oder gar lähmt. Natürlich auch, wenn die meist unbewusste Scham immer wieder zum Rückzug aus der Kommunikation oder zur Passivität des Betreffenden führt. Der Einstellungssatz, bei dem es um das Bedürfnis nach Schutz und Sicherheit geht, ist oft sinnvoll und passend, wenn es erstmal um das Erkennen solcher alten Muster geht. Manchmal hilft ein solcher Satz allerdings auch, wenn es in der Gegenwart darum geht, etwas in der Art, in der aktuellen Angemessenheit zu fordern oder sich das Bedürfnis zuzugestehen. In jedem Fall ist eine genaue, gemeinsame Prüfung mit dem Übenden notwendig, um einen wirklich passenden und konstruktiv wirkenden Einstellungssatz zu finden. Als letztes noch einmal die Erkenntnis, dass diese Sätze, die zwar in erster Linie für die Leidenszustände aus der ersten Stufe **Beige** gedacht sind, manchmal auch für Leiden aus späteren Bewusstseinsstufen sinnvoll sein können, besonders wenn sie sich aus traumatischem Erleben heraus entwickelt haben.

In dieser ersten Stufe, also auch im Bereich der perinatalen Grundmatritzen (PGM) und des Drehpunktes 0, ist das Ich-Selbst noch kaum entwickelt. Vor allem haben wir es noch nicht mit einem voll ausgebildeten Vernunft-Ich, als kognitives Gebilde oder als Verstandes-Konstrukt zu tun. Dennoch können durch die Speicherung diverser Verletzungen und Traumatisierungen, die ich als Erschütterungen sehe, heftige Gefühle verinnerlicht bleiben, zu deren innerer Abwehr dann eine starke Entwicklung der Egozentrik beiträgt. Also um Schmerz, Wut und Hass oder Verzweiflung und vor allem auch die Basis-Schuld und die Basis-Scham nicht zu erleben, entwickeln sich Denk- und Verhaltensmuster, die der Egozentrik zugerechnet werden können und die immer auch die Funktion haben die Scham zu maskieren. Erinnern wir uns an den Patienten nach der Knieoperation. Also beispielsweise, man denkt, man kann alles, man kann persönliche Grenzen beliebig ausweiten oder überschreiten, man ignoriert seine inneren Begrenzungen, man ist perfekt oder weiß viel oder alles. Es sind also immer grandiose Tendenzen, die der Mensch dann lebt. Neben einer verstärkten Selbstauflösungstendenz das Holons, durch seine Fragilität, sind es vor allem diese Gefühle, die dann eine mögliche egozentrische Entwicklung verstärken oder stabilisieren können. Wenn die sich nun bildende Struktur des Ich-Selbst als Ganzes die Funktion einer Maske der Scham bekommt, dann wird diese natürlich auch die spätere egozentrische Entwicklung fördern oder verstärken.

Die Selbsterhaltungstendenz des sich bildenden Holons Ich-Selbst ist dann von Beginn an in einer speziellen Art besonders deutlich ausgeprägt. Durch die Erschütterungen sind ja Verwirrungen, Irritationen oder Desorientiertheiten und Verunsicherungen aufgetreten, die alle auch Scham bedeuten. Im Bewusstsein bleiben dann aber weder die unterschiedlichen sehr schmerzhaften Gefühle, die kaum ausgehalten werden, noch die Scham, die als Zerfallserscheinung, als Zustand der Auflösung oder des Zusammenbruchs noch weniger auszuhalten ist. Dadurch kann es sehr leicht zu einer Entwicklung kommen, bei der die Selbsterhaltungstendenz des gerade entstehenden Vernunft-Ichs besonders vernünftig, extrem sachlich, kühl und klar oder äußerst intellektuell und auch überfunktionstüchtig wird. Manchmal geht dies bis zu einer zwanghaften Erstarrung oder einer sehr aggressiv getönten inneren Haltung, wobei nach außen eher eine scheinbare Gefühllosigkeit und vor allem auch eine scheinbare Schamlosigkeit wahrzunehmen ist. Dies wird bei einer besonders starken Ausprägung vor allem in der dritten Stufe der Spirale zu einer egozentrischen Entwicklung deutlich beitragen. Häufig liest man in der Literatur, dass eine Psychoseneigung zur Pathologie der ersten Stufe gehört. Ich gehe allerdings nicht davon aus, dass dies die Regel sein muss. Dennoch führen diese frühesten Erschütterungen ja grundsätzlich zu einer starken Fragilität und Verletzlichkeit, die als „fragile Ich-Struktur" bezeichnet wird. Das sich gerade entwickelnde Ich-Selbst bleibt also anfällig, brüchig und besonders empfindsam.

Diese verstärkte Empfindsamkeit, Sensibilität und damit auch eine gewisse Brüchigkeit des Ich-Selbst ist in jedem Fall Merkmal der starken Erschütterungen auf dieser Stufe, die sich jedoch meist unter einer besonders betonten Sachlichkeit, einer extremen Vernunftorientierung oder einer oft zwanghaft wirkenden Intellektualität oder einer Überfunktionstüchtigkeit verbergen. Dies kann so gravierend sein, dass die darunter liegende Vulnerabilität nicht nur für den Betroffenen, sondern auch für andere Menschen, überhaupt nicht wahrnehmbar ist, ja noch nicht einmal zu vermuten wäre. Ich gehe davon aus, dass es sehr viele Menschen gibt, die eine solche rationale oder intellektuelle Überfunktionstüchtigkeit entwickelt haben, unter der sich eine besonders ausgebildete Vulnerabilität verbirgt. Zu einer solchen ausgesprochen starken Vulnerabilität gehört natürlich auch eine ganz besonders ausgeprägte Schamneigung, also eine starke Basisscham. Genau diese Basisscham muss nun aber auch besonders durch Masken der Scham zugedeckt werden und so wird die ganze sich langsam bildende Struktur des Ich-Selbst auch zu einer Art Maske der Scham. Wir sehen also, dass die frühsten Erschütterungen, gerade dann, wenn sie besonders gravierend sind, eine ganz besondere Prägekraft für die Strukturbildung des Vernunft-Ichs haben. Bei extremen Traumatisierungen kann dann die ganze Persönlichkeitsstruktur als Schutz vor Verzweiflung, Schmerz und Scham dienen. Genau dies macht dann die Verletzlichkeit oder Empfindsamkeit und Vulnerabilität der Persönlichkeit aus. Auf der anderen Seite sehe ich sehr viele Menschen in der heutigen Zeit, die ein besonders ausgeprägtes Vernunft-Ich entwickelt haben, zu einer überbetonten Sachlichkeit neigen, stark intellektualisieren, und bei denen sich darunter ganz sicher eine stärkere Verletzlichkeit befindet, die sie nur sehr ungerne wahrnehmen, leben oder gar zeigen würden.

4. Ich-Selbst und der Andere

„Jegliches Lernen und schöpferisches Tun nimmt seinen Ausgang im Bereich der auftauchenden Bezogenheit" – Daniel N. Stern[1]

Im folgenden Kapitel beschäftige ich mich mit Zeit etwa der ersten beiden Lebensjahre, in denen es für das Kind vor allem um Bindung, Bezogenheit und Zugehörigkeit geht. Wichtig sind hier die Themen des menschlichen Grundkonfliktes zwischen Autonomie und Abhängigkeit, der Begriff Resonanz und noch einmal das Konzept des Holons mit dem ruhigen Gleiten sowie den Zuständen von Erregung und Stillstand. Dies wird von mir als Integraler Narzissmus definiert. Das Ich-Selbst beginnt sich mehr und mehr vom Du zu lösen und auf diese Loslösungsschritte, die Schritte aus der Abhängigkeit und die Schritte zum auftauchenden Bewusstsein des Ich-Selbst gehe ich genauer ein. Es sind auch die ersten Schritte hin zu einer eigenständigen Persönlichkeit, in der das Kind lernt sich als Ich-Selbst zu erfahren und den Anderen als einen eigenständigen Menschen, als Du zu erleben.

Als früheste Schwierigkeiten in dieser Entwicklung beschreibe ich dabei die Suche oder zwanghafte Sehnsucht nach dem undifferenzierten Zustand des Selbst und Nicht-Selbst sowie nach Verschmelzung. Weiter zeige ich das Konzept einer gestörten Intentionalität und die sogenannte schizoide Entwicklung. Auch Borderline-Zustände gehören als Pathologie in diese Phase der Entwicklung, und ich werde darauf genauer eingehen. Am Ende des Kapitels geht es, wie in jedem weiteren Kapitel um hilfreiche Einstellungssätze, die für den Wandel der pathologischen Anteile dieser Stufe sinnvoll sind.

In dieser Stufe der Wandlung, die manchmal auch magisch genannt wird, und der man in der Theorie Spiral Dynamics die Farbe **Purpur** gegeben hat, geht es für das Baby vor allem um Sicherheit und Zugehörigkeit. Kegan spricht nun von der Stufe 1, die er auch impulsiv nennt; bei Piaget ist es eine vor-operative Phase. Erikson geht von einem Aufnehmen dessen auf, was sich gut anfühlt, und schlägt in diesem Zusammenhang den Begriff „inkorporierendes Stadium" vor.[2] Es ist dies vor allem die Zeit des ersten und zweiten Lebensjahres, in der die Entwicklung des Ich-Selbst einen wichtigen Schub bekommt. Vereinfacht ausgedrückt können wir feststellen, dass sich der Einheitszustand mit der Mutter, nun wandelt zu ersten Schritten einer Loslösung und Individualisierung. Dabei müssen wir heute feststellen, dass der Begriff Symbiose und auch Einheitszustand nicht mehr sinnvoll sind, denn beide, Mutter und Kind, reagieren schon in dieser frühen Zeit der Entwicklung des Kindes, jeweils mit eigenen Signalen und mit eigenen Antworten auf Signale. Es handelt sich also um Intersubjektivität. Von einer festen und geschlossenen Einheit von beiden wird also grundsätzlich nicht mehr ausgegangen, und man spricht bereits beim Zustand im Mutterleib von Intersubjektivität. Deshalb hat auch eine sogenannte Loslösung und Individuation eine andere Bedeutung als die eines Herausentwickelns aus der Symbiose. Denn da wo es keine Symbiose gibt, kann es auch keine Auflösung der Symbiose geben. Es geht jetzt eher um die Entfaltung oder weitere Stärkung und Stabilisierung des sich gerade entwickelnden Ich-Selbst, und dessen erste Schritte in die Autonomie. Der Schwerpunkt ist also nicht ein Prozess der Loslösung, sondern ein Prozess der Festigung der Autonomie. Wir werden jedoch immer wieder sehen, dass diese Autonomie letztlich relativ bleibt und eine Spannung diesbezüglich für den Menschen auch immer bestehen bleibt.

Neben den physiologischen Grundbedürfnissen nach Nahrung, Flüssigkeit, Luft und Wärme, gibt es ein Bestreben nach Kontakt und Sicherheit sowie nach Selbständigkeit und Expansion.[3] Es sind also Bedürfnisse nach Geborgenheit und mütterlicher bzw. väterlicher Fürsorge und Versorgung einerseits, die noch zu einer Art der engen Verbundenheit mit der Mutter gehören und das Bestreben nach Bezogenheit, Bindung und Kontakt andererseits, das schon mehr vom eigenständigen Ich-Selbst ausgeht. Also haben wir es noch mit einer Art Restgebundenheit an das Mütterliche oder eine Verbundenheit mit der Welt, die wir auch als Abhängigkeit betrachten können, zu tun, und gleichzeitig gibt es, ausgehend von dem sich gerade entwickelnden Ich-Selbst ein Bestreben nach Beziehung oder Kontakt zum Anderen. Die Psychoanalyse spricht hier von Objekt. Es kann auch verstanden werden als eine allmähliche Lösung des Eingebunden-Seins des Organismus.

Narzissmus wird dann bei Kegan auch verstanden als die Emotion, die gekoppelt ist mit dem undifferenzierten Zustand von Selbst und Nicht-Selbst.[4] Die Emotion ist also verbunden mit einem Zustand, bei dem noch kein Ich-Selbst vorhanden ist. Es ist ein Zustand des Alles und Nichts, alles ist beliebig, alles kann sein, alles ist möglich, es gibt eben keine Differenzierungen und keine Unterscheidungen, kein Ich und kein Du, kein Subjekt und kein Objekt. Es ist noch keine wirkliche Identität vorhanden. Dies ist neben möglichen prä- und perinatalen Schädigungen der Beginn des Narzissmus. Hier gleich der Hinweis, dass beim erwachsenen Menschen ein zu starker Drang nach einem solchen undifferenzierten Zustand bestehen kann, der von mir eindeutig als narzisstisch betrachtet wird. Diese Sehnsucht nach einem undifferenzierten Zustand darf nicht verwechselt werden mit dem Bestreben nach Transzendenz. Hier würde es sich um eine klassische Prä-Trans-Verwechslung handeln.

An dieser Stelle ist mir ganz besonders wichtig, herauszustellen, dass diese Verwechslungen in der heutigen Zeit sehr häufig und auch sehr gefährlich sind. Ich gebe zu, dass die Unterscheidung oft nicht ganz einfach ist. Als Psychotherapeut kann ich natürlich sagen, dass zur pathologischen Sehnsucht nach dem undifferenzierten Zustand, also zum Integralen Narzissmus einige andere Merkmale zählen, wie z.B. eine depressive Tendenz, verstärkte Muster der Selbsterhaltung, wie ich sie später näher beschreibe, und auch Muster oder sogar Symptome, die zur verstärkten Selbstanpassung zählen. Oft ist hier dann auch eine gründliche, sogenannte Differenzialdiagnose erforderlich, um das Ausmaß einer Pathologie genauer zu bestimmen. Wichtiger für dieses Buch ist mir allerdings die Feststellung, dass es diese Pathologien ganz allgemein sehr häufig gibt und für jeden spirituell Suchenden die Notwendigkeit besteht, selbstkritisch auf diese Schattenanteile zu achten und sie dann auch zu transformieren.

Wie kommt es zu diesen Schattenaspekten des Holons Ich-Selbst? Wenn in diesem Bereich der Bezogenheit, in dem es um Zugehörigkeit, aber auch um Grenzen und dann um Autonomie geht, Defizite, Mängel und andere Störungen entsprechend stark sind, dann bleibt das Ich-Selbst, dass sich ja gerade erst entwickelt, relativ stark an diese Ebene gebunden. Das Bedürfnis nach Zugehörigkeit bleibt als pathologische Sehnsucht relativ stark. Der Zwang nach Selbstanpassung verstärkt sich und im Wechsel dazu auch das Bestreben nach Selbsterhaltung. Also aus einer Abhängigkeit heraus sucht der Betroffene den Zustand der Undifferenziertheit oder etwas später auch die Verschmelzung. So kann sich z.B. eine Co-Abhängigkeit entwickeln, oder Menschen bleiben abhängig, ordnen sich zu sehr unter oder entwickeln eine Art Opferhaltung. Dann kann es sein, dass die inneren Zustände bei dem betroffenen Menschen zu stark sind, bei denen es noch kein Subjekt und kein Objekt oder kein Ich-Selbst und kein Du gibt. Umgekehrt, können sich auch ein autoritäres Auftreten, machtvolle Manipulationen oder starke Besserwisserei einstellen, die zum Selbsterhaltungsbestreben gehören. Diese ranken sich dann um den falsch verstandenen Drang nach Einheit, Gemeinsamkeit oder Gemeinschaft bzw. nach Zusammengehörigkeit. Hintergrund all dieser Phänomene kann die zu starke oder zwanghafte Sehnsucht nach dem undifferenzierten Zustand oder der Verschmelzung sein. Hier erlaube ich mir die Feststellung, dass in einer sogenannten spirituellen oder auch integralen Szene beide gegensätzlichen Tendenzen möglicherweise sehr verbreitet sind. Eine verstärkte Selbstanpassungstendenz eher bei den Schülern und die Intensivierung des Selbsterhaltungsbestrebens eher bei spirituellen Lehrern oder Gurus.

Wir werden später gut erkennen können, wie häufig eine solche zwanghafte Suche nach Verschmelzung bei Menschen im normalen Leben anzutreffen ist. Klinisch betrachtet bedeutet dies oft ein Leiden, da die Verschmelzungen nicht wirklich zu einer Zufriedenheit führen, sondern sich dadurch eher Schwierigkeiten im Leben ergeben.

Beides, das Eingebunden-Sein und die Suche nach einem Objekt, wie es in dieser Stufe der Entwicklung von Bedeutung vorkommt, können wir auch verstehen als Sehnsucht des Menschen nach Verbundenheit mit Allem, mit der Welt. Es ist, wie wir weiter sehen werden, auch ein Streben nach Resonanz. Das Bestreben nach Kontakt und Beziehung zu einem Objekt, setzt zwar ein vorhandenes oder wenigstens in ersten Ansätzen vorhandenes Ich-Selbst voraus, gleichzeitig gibt es jedoch das Bestreben nach Einheit mit der Welt. Egal von welcher Seite wir dieses Thema betrachten und welche Begriffe wir verwenden, es geht immer darum, ein Ich-Selbst zu sein, und gleichzeitig darum, eine tiefgehende Verbundenheit mit der Welt und den anderen Menschen zu erleben.

Aus psychoanalytischer Sicht wird in diesem Zusammenhang von einem Grundkonflikt des Menschen gesprochen, nämlich dem immer vorhandenen Konflikt zwischen Autonomie und Abhängigkeit. Dies ist eben auch immer der Narzissmus, so wie ich ihn weiter oben definiert habe, eine bewegliche Ordnung zwischen den vier Bestrebungen. Es ist eine Ganzheit im Sinne einer beweglichen Ordnung, zwischen dem Urzustand, der Einheit mit der Welt und der Entwicklung und ständigen Erhaltung eines Ich-Selbst, sowie der Bewegung dieses Ich-Selbst zum anderen Menschen hin. Die Bewegung zu einem Urzustand und die Verbundenheit, die Bindung, die der Mensch als letztes Ziel immer anstrebt, sind identisch. Allerdings führt dieses Streben immer in die zwei Richtungen, wodurch es zu Spannungen und damit auch zu Konflikten führen kann. Verbundenheit mit der Welt oder mit Allem ist die eine Richtung, und die Bezogenheit auf einen anderen Menschen oder auf die anderen Menschen ist die andere Richtung. Beide Richtungen sind in der beweglichen Ordnung, also in dem niemals endenden Gleiten und der ständigen Bewegung zwischen den vier Bestrebungen des Holons, immer enthalten. Kommt es nicht oder kaum zu besonderen Beeinträchtigungen oder Störungen, können wir bei dieser beweglichen Ordnung von ruhigem Gleiten sprechen. Noch einmal die Definition: Narzissmus ist die bewegliche Ordnung zwischen den vier Bestrebungen des Holons Ich-Selbst. Ich nenne diesen Prozess auch Integralen Narzissmus. Allerdings ist es niemals wirkliche Ruhe, sondern es kommt natürlich immer zu Bewegungen, denn manchmal muss sich der Mensch durchsetzen, oder sich behaupten, und zu einem anderen Zeitpunkt gilt es Kompromisse zu finden, also auch sich anzupassen oder eine Gemeinsamkeit herzustellen. Auch kann es manchmal sinnvoll und angemessen oder ganz natürlich sein, einem vorübergehenden Bestreben nach Selbstauflösung nachzugeben oder die Erfahrung der Transzendenz zu erleben. Dennoch handelt es sich meist nicht um heftige oder impulsive und völlig abrupte Bewegungen und auch nicht um Extreme oder um Blockaden, sondern in der Regel um ruhige und bedachte, oder noch anders ausgedrückt, um achtsame Bewegungen, für die eine Bezeichnung wie ruhiges Gleiten, durchaus angemessen scheint. Manchmal kann es natürlich auch zu etwas schnelleren Bewegungen kommen, wenn die äußeren Anlässe es notwendig machen. Dennoch halte ich an dem Grundprinzip fest, in der Regel keine Extreme, nicht heftig oder impulsiv einerseits und nicht blockiert, gelähmt oder zwanghaft-erstarrt andererseits. In der Stufe **Purpur**, um die es hier geht, kommt nun neben der Bezogenheit und Bindung, besonders auch der Resonanz eine große Bedeutung zu.

Zugehörigkeit und Resonanz

Das große Thema Zugehörigkeit, als wichtigste Erfahrung, und als entscheidender Lernschritt für das Baby in dieser Phase der Entwicklung, also die wirkliche Verbundenheit, gibt es nicht ohne Resonanz. In der der Theorie von Hartmut Rosa bedeutet Resonanz eine Antwortbeziehung, also ein Beziehungsgeschehen des Ich-Selbst zu einem Teil der Welt oder einem Weltausschnitt, in der beide von Affekten und Emotionen berührt, betroffen oder ergriffen werden. Beide, Ich-Selbst und Du – als Teil dieser Welt – sind autonom, und beide können aus dieser Autonomie heraus wechselseitig Antworten geben. Eine solche Antwortbeziehung, mit Affekten und Emotionen, ist letztlich das, was der Mensch immer sucht. Es ist sogar so, dass sich Ich-Selbst und die Welt erst durch wechselseitige Bezogenheit, also Resonanz immer wieder neu und immer wieder anders bilden. Das Ich-Selbst und die Welt, sind für Rosa immer schon miteinander „verknüpft und verwoben" und beide prägen und erschaffen sich immer wechselseitig.[5] Auch der Mutterleib wird von ihm als ein Resonanzsystem verstanden und das Ungeborene befindet sich letztlich in einem umhüllenden, tragenden und „bergenden Resonanzraum".[6] Also auch hier haben wir es in erster Linie nicht mit einer Einheit zu tun, sondern mit zwei unterschiedlichen Holons, die sich in Resonanz zueinander befinden. Es ist also die Weltverbundenheit, um die es geht, auch wenn sich das Ich-Selbst noch nicht entwickelt hat, und wir von einer ganz anderen Art von Holon ausgehen müssen, als von einem Ich-Selbst.

In seiner Resonanztheorie bezieht sich Rosa neben vielen anderen auch auf Herbert Marcuse, der im Zusammenhang mit Narzissmus von einer „Verbundenheit mit dem All" und einer „fundamentalen Bezogenheit zur Realität, die eine umfassende existentielle Ordnung schaffen könnte" sprach.[7] Auch für ihn bilden Verbundenheit mit Allem und die Bezogenheit zum jeweiligen, konkreten Leben oder einem aktuellen Weltausschnitt, also den Narzissmus. Es geht aus dieser Sicht also nicht in erster Linie um eine falsche Selbstliebe, im Sinne eines Rückzugs der Libido von den Objekten auf das Ich-Selbst, wie in der traditionellen Psychoanalyse, sondern vor allem um eine Bezogenheit oder um die wirkliche Beziehung des Ich-Selbst zur Welt. Ich hatte ja Narzissmus schon verstanden als eine in sich bewegliche Ordnung zwischen dem Urzustand der Ganzheit und einer Gerichtetheit des Ich-Selbst zum Du hin.

Erregung und Stillstand

Im Zusammenhang mit dieser beweglichen Ordnung des Narzissmus wird ja in der heutigen Zeit und der kulturellen Situation auch schon von „erregtem Stillstand" oder von „rasendem Stillstand" gesprochen und beim menschlichen Erleben wird gar manchmal von einem „Schwanken zwischen Erstarrung und Explosion" ausgegangen.[8] In dieser Art wird also eine Zuspitzung oder eine Eskalation des Narzissmus benannt, wie wir ihn heute immer stärker erleben können. Solche Definitionen weisen aber auch auf die doppelte Gerichtetheit hin: Einerseits auf das immer vorhandene Streben nach mehr, besser, weiter, schneller oder tiefer –

mit Rosa können wir dies auch Beschleunigung nennen. Andererseits auf das Zurück zum Ursprung, zur Einheit mit der Welt. Ersteres ist als Aktivität in der Welt und zum Menschen hin zu verstehen, ein Handeln, ein Verhalten, ein Tun. Die Erstarrung, als zweiter Teil der doppelten Gerichtetheit, kann sich dann eher als Passivität, Lähmung oder Blockade zeigen.

Ist die Bewegung, also die Aktivität und Lebendigkeit gestört, so kann es bei den vier Bestrebungen des Holons eher zu den Extremen kommen. Diese besonders ausgeprägten oder erstarrten Bestrebungen finden wir dann vor allem in der Tendenz der Selbstanpassung oder in der Selbstauflösung. Das bedeutet, besonders in diesen beiden Bestrebungen bilden sich die Blockaden. Kommt es hingegen zu heftigen Beschleunigungen, so entwickeln sich eher Blockaden, und vor allem Extremzustände in der Selbsterhaltung bzw. Selbstbehauptung. Das bedeutet dann weitere Beschleunigung – der Mensch muss immer schneller, besser, weiter, tiefer kommen. Da beides immer zusammen gehört, kann man dann von „erregtem Stillstand" oder „rasendem Stillstand" sprechen. Es sind auch Erregung und Depression als Gegensätze, in denen der Mensch gefangen sein kann. Grundsätzlich können wir auch sagen, je stärker oder extremer die Tendenz zur Bewegung, zur Beschleunigung ist, desto eher kommt es zu den Hindernissen und Blockaden, also auch zur Erstarrung der Vitalität. Sehr vereinfacht können wir auch sagen, je mehr der Mensch will, desto eher auch seine Tendenz zur Depression. Es ist eine Art Teufelskreis, aus dem der Mensch nur sehr schwer herauskommt. Aus Sicht der Holontheorie sind dann eben die Bewegungen innerhalb der vier Bestrebungen in einer bestimmten Art behindert, gelähmt oder blockiert, und das Selbsterhaltungsbestreben muss sich sozusagen als Schutz oder Gegenwehr verstärken. Die Störungen oder Erschütterungen und Schädigungen führen ja zur Scham, und die Gegenwehr und Aufrüstung bilden als Masken der Scham die Egozentrik. Um diesem Teufelskreis zu entkommen ist es erforderlich, der Scham wieder ihren natürlichen Platz zu geben oder zu lassen und sie zu achten und zu würdigen.

Stille, Ruhe und einfach Sein, kann sich aber auch als Tendenz zur Selbsttranszendenz zeigen, beispielsweise wenn dieses als Achtsamkeit und Stille in der Meditation bewusst gesucht wird. Darauf werde ich später etwas näher eingehen. Wir haben es jedoch bei erregtem Stillstand eher mit einem Zustand zu tun, bei dem es nicht mehr zu einer ununterbrochenen, ruhigen oder ausgeglichenen und möglicherweise manchmal auch sanften, fließenden Bewegung zwischen allen vier Bestrebungen kommt. Stattdessen zeigt sich die Beschleunigung, also auch dieses immer-Weiter, immer-Besser oder immer-Mehr, als extrem verstärktes Selbsterhaltungsbestreben. Dies kann dann soweit gehen, dass von erregt, von rasend oder eben einfach von Beschleunigung gesprochen wird. Der Stillstand zeigt sich beispielsweise in bestimmten Verstärkungen der Selbstanpassung, wie Passivität, Erstarrung, Lähmung oder Depression. Auch verstärkte Selbstauflösungstendenzen können als Stillstand angesehen werden, wenn regressive Zustände eintreten oder Dissoziationen und Schamattacken zur Passivität, zu Blockaden oder zu Lähmungen führen. Dies alles, die Extreme und Heftigkeiten aller drei Bestrebungen macht nach meiner Auffassung die Egozentrik aus. Zur vierten Bestrebung, der Tendenz zur Selbsttranszendenz, komme ich wie ich schon angedeutet habe in späteren Kapiteln zurück.

Egozentrik ist also erregte Beschleunigung auf der einen Seite und blockierte Erstarrung auf der anderen Seite. Je mehr ein Ich-Selbst die Egozentrik überwunden hat, desto deutlicher haben wir es dann grundsätzlich eher mit einer Art ruhiger, manchmal fast schwebender, wellenartiger Bewegung oder einem sanften Gleiten zwischen den vier Bestrebungen zu tun. Ruhige, vielleicht wellenartige Bewegungen, eine Art Fließen, mal mehr in die eine Richtung, mal mehr in eine andere sind dann eher üblich. Ich nenne das, wie schon mehrfach erwähnt, etwas verkürzt, ruhiges Gleiten. Somit ist Narzissmus immer die Bewegung des menschlichen Erlebens zwischen einem Urzustand des Eins-Seins, der Individualität des Ich-Selbst und der Begegnung mit der Welt und mit dem anderen Menschen. Die Frage nach gesund oder krank stellt sich erstmal nicht, denn jeder Mensch ist von diesen mehr oder weniger ununterbrochenen Bewegungen betroffen. Ausnahmslos alle Menschen.

Allerdings können wir natürlich feststellen, je heftiger die Bewegungen und je extremer die Ausschläge in eine der vier Bestrebungen des Holons Ich-Selbst sind, oder je stärker bestimmte Lähmungen oder Blockaden dieser Bewegungen sind, desto eher handelt es sich um eine Störung des ruhigen Gleitens, und die Egozentrik bleibt nun weiter bestehen. Denken wir wieder an den Begriff erregter Stillstand. Umgekehrt: Je ruhiger, sanfter und fließender oder schwebender die Bewegungen sind, desto eher haben wir es mit einem ausgeglichenen Menschen zu tun, dessen Egozentrik gut integriert ist. Auch eine ständige Arbeit am Schatten der Egozentrik sehe ich eher als ruhige Bewegungen an. Das Entscheidende an dieser Sicht, stellt für mich jedoch die Tatsache dar, dass jeder Mensch betroffen ist und, dass dies auch für jeden Menschen sofort zu erkennen sein kann. Eine deutliche Unterscheidung zwischen gesundem und krankem Narzissmus, wie es heute oft geschieht, ist also erstmal nicht sinnvoll, denn es geht darum, dass jeder Mensch seine Betroffenheit sofort erkennt und in aller Gründlichkeit wahrnimmt, um an einem notwendigen Wandel zu arbeiten. Natürlich bleibt dann bei einer gründlicheren Sicht, eine Aufteilung in angemessen/natürlich einerseits und Schattenanteil oder pathologisch andererseits möglich, und manchmal auch notwendig. Die Bedeutung einer solchen Aufteilung ist jedoch wesentlich geringer. Die Erkenntnis der Betroffenheit aller Menschen und der dadurch bestehende allgemeine Sinn des menschlichen Daseins, rücken sehr deutlich in den Vordergrund. Dieser Sinn des menschlichen Lebens besteht zu jeder Zeit darin, seine egozentrische Selbst- und Weltsicht zu überwinden. Es geht also bei dem Begriff Narzissmus nicht mehr in erster Linie um gesund oder krank, sondern um die Betroffenheit und den wirklichen Lebenssinn, der Transformation oder des Wandels.

Hartmut Rosa spricht im Zusammenhang mit Identität auch von situativer Identität und vom Modell des Wellenreitens.[9] Auch hier geht es um das Ich-Selbst, das sich mit innerer Ruhe und Gelassenheit den jeweiligen äußeren Anforderungen stellen kann. Es kommt dann eben zu weniger Extremen, zu weniger heftigen Ausschlägen in eines der vier Bestrebungen des Holons und natürlich auch nicht zu längeren Blockaden in einer dieser Tendenzen. Ich werde also in dieser Arbeit möglichst genau aufzeigen, wie sich die ruhige Ausgeglichenheit und Balance in der Entwicklungsspirale immer wieder verändern kann und sich einerseits durch Erschütterungen, Erregung und Beschleunigung entwickeln können. Dann werde ich deutlich machen, wie andererseits die Extreme, die Blockaden und geschlossenen Zustände die zu Erstarrungen führen, damit zusammenhängen.

Trennung und Verlust

In dieser Entwicklungsstufe, um die es jetzt also geht und die in Spiral Dynamics **Purpur** genannt wird (und etwa die ersten beiden Lebensjahre des Kleinkindes betrifft), geht es also um zwei verschiedene Schritte, die der Mensch bewältigen muss. Erstens muss die Trennung von der sogenannten intrauterinen „Einheit“ gut gelingen. Also der Verlust des Zustands, der zwar nicht wirklich ein Einheitszustand ist, sondern eine biologische Verbundenheit, muss bewältigt werden. Diese Transformation oder dieser Wandel und damit auch der Beginn einer Entwicklung des Ich-Selbst, werden in erster Linie durch das Erleben von Zugehörigkeit möglich. Also je stärker die Zugehörigkeit und Bezogenheit, also auch Resonanz wirklich erlebt wird, desto leichter ist der Verlust der biologischen Verbundenheit zu bewältigen. Der zweite Schritt ist dann die behutsame und schrittweise Loslösung aus einer noch gelebten oder teilweise vorhandenen starken Verbundenheit mit der Mutter oder einer anderen wichtigen Bezugsperson, wie z.B. dem Vater. Wobei es sich bei dieser Loslösung nicht um eine vollständige Abtrennung handelt, sondern darum, dass sich eine biologische Verbundenheit (im Sinne einer „absoluten Abhängigkeit“) zu einer Bezogenheit wandelt, die zwischen zwei relativ unabhängigen Individuen immer bestehen bleibt.

Das Kind erlebt sich also nach der Geburt noch in einer Verbundenheit mit seiner Umwelt. Für Ken Wilber liegt hier in der ersten Loslösung der erste deutliche Entwicklungsschritt, den er Drehpunkt 1 nennt. Die langsame Entwicklung einer Identität, die ich ja Ich-Selbst nenne, erfolgt durch angemessene Bemutterung oder Bevaterung, durch liebevolle und ausreichende Fürsorge und Versorgung, durch das Erleben von Wärme, Rhythmus und Konstanz sowie auch von Bindung, Bezogenheit und wie wir letztlich gesehen haben, durch Resonanz. Grundsätzlich ist also all das so wichtig für das Kind, was wir auch Liebe, Zuwendung und Geborgenheit nennen können.

In der vorherigen Stufe, die **Beige** genannt wird, oder beim Drehpunkt 0, konnten wir erkennen, wie Erschütterungen schon zur Bildung von neuronalen Mustern führen und eine erste Prägung des Lebensskriptes stattfindet. Die Störungen, Verletzungen oder mehr oder weniger starken traumatischen Erfahrungen in dieser Phase der Entwicklung, begründen das COEX-System. Vorgeburtliche und Geburtsgefühle bilden und prägen also die ganz spezielle Art des COEX-Systems eines jeden Ich-Selbst. Auch wenn diese prägenden Erfahrungen meist sehr deutlich kompensiert werden, bleiben sie meiner Ansicht nach als Grundlage, als eine Art Gerüst für das Lebensskript entscheidend.

In dieser zweiten Stufe **Purpur** zeigen sich jetzt die Störungen und Erschütterungen des Säuglings häufig als Mängel und Defizite im Erleben von Nähe, Bindung und der Grundversorgung. Auch Vernachlässigungen in der allgemeinen Fürsorge, sowie Verlassenheitserfahrungen und mehr oder weniger starke Erfahrungen der Missachtung und des Ausschlusses sind als Störungen oder Erschütterungen in dieser Zeit zu nennen. Natürlich kommt es auch schon in dieser Entwicklungsphase manchmal zu schweren Missachtungen, Misshandlungen oder zu Gewalterfahrungen und somit also zu heftigen Traumatisierungen. Betrachten will ich aber in erster Linie die etwas weniger gravierenden Erschütterungen und ihre Auswirkungen auf das sich gerade entwickelnde Ich-Selbst, von denen ja sehr viele Menschen in unterschiedlicher Art und Weise betroffen sind. Es geht mir also um die ganz normalen Schattenanteile der Menschen, die ihren Anfang in dieser Stufe **Purpur** haben. Damit wir etwas genauer die frühe Entwicklung und die ersten Ansätzen der Egozentrik in dieser Stufe betrachten können, möchte ich Beispiele von Leidenszuständen oder Pathologien vorstellen, die ihren Anfang in dieser Stufe haben. Dabei geht es mir vor allem um eine Darstellung der durch diese sehr frühen Erschütterungen entstehenden Arten von Persönlichkeit, und um eine Herausarbeitung der für diese Entwicklungszeit typischen Art der Egozentrik. Da ich alle psychischen Leidenszustände als Folge oder Wirkung der Egozentrik sehe, gibt es in meiner Darstellung natürlich auch sehr viele Überschneidungen mit einer traditionellen, klinischen Neurosenlehre oder einer psychoanalytischen Charakterkunde. So werde ich also die Schattenanteile der Menschen beschreiben, die mir in meiner langen beruflichen Tätigkeit, genau im Hinblick auf diese egozentrischen Muster immer wieder begegnet sind. Es sind dies die Pathologien aller Stufen der Entwicklung, deren Entstehung ich ausführlich darstellen werde und deren Charakter als Egozentrik deutlich werden soll.

Bindung, Kontakt und Bezogenheit

Beginnen wir mit der Zeit der ersten Lebensmonate nach der Geburt. Vor allem von der Säuglingsforschung wissen wir heute, dass es schon in dieser Zeit erste Ansätze eines Ich-Selbst gibt und somit nicht mehr von einer normalen autistischen Phase der Babys ausgegangen werden kann, wie es viele Jahre der Fall war. Auch das Konzept der Symbiose gilt inzwischen als widerlegt und man geht heute davon aus, dass Intersubjektivität bereits im Mutterleib beginnt und diese Art einer intensiven Bezogenheit zwischen Mutter und Kind natürlich nach der Geburt weiter besteht. Von einer echten und vor allem dauerhaften Verschmelzung oder einer Einheit kann also in der frühesten Kindheit nicht mehr gesprochen werden, sondern wir können feststellen, dass sich von Beginn an zwei Persönlichkeiten begegnen. Diese Prozesse der Begegnung zwischen Mutter und Kind, oder wie ich hervorheben möchte, auch von Vater und Kind, werden in der Säuglingsforschung auch als Bereiche der Bezogenheit bezeichnet. Ich werde also ebenfalls hin und wieder von den Bereichen der Bezogenheit sprechen. Ein ganz besonderes Konzept, in dem es um diese Begegnungen und diese Bezogenheit geht, ist das Konzept der Bindung, dass auf John Bowlby zurückgeht.[10] Ich werde darauf etwas näher eingehen, wenn ich mich mit den Mangel- und Defiziterfahrungen beschäftige.

Etwa in den ersten zwei Monaten nach der Geburt geht es für das Baby um eine Art Erwachen des Selbstbewusstseins oder um ein Erwachen des Bewusstseins des Ich-Selbst. In der Säuglingsforschung wird dieser Prozess oder diese erste von vier Stufen, das Empfinden des auftauchenden Selbst genannt.[11] Dies bedeutet ja auch, dass genau an diesem Punkt des beginnenden Bewusstseins von Selbst, die Scham ihren tatsächlichen Ursprung hat, denn die Schamzustände sind ja identisch mit einer großen Verunsicherung des bewussten Seins. In dieser vorsprachlichen Zeit ist es allerdings auch noch nicht die voll entwickelte Scham, sondern es handelt sich um ein physiologisches Erschrecken oder ein physiologischer Schock, der auch Protoscham genannt wird.[12]

Hier möchte ich noch einmal kurz auf meine eigenen Schattenanteile zurückkommen. Ich gehe davon aus, dass es zum Mageneingangskrampf etwa in einer Zeit des Übergangs von der ersten zur zweiten Stufe der Bewusstseinsentwicklung kam. Also von **Beige** nach **Purpur**. Es scheint mir so zu sein, dass ein „Empfinden des auftauchenden Selbst" in diesem Bereich der Bezogenheit gestört war, und sich auch die Basisscham als Protoscham in dieser Phase entwickeln konnte. Als autobiographischen Hintergrund will ich noch hinzufügen, dass meine Mutter bald nach der Geburt wieder arbeiten ging und ich einen ein Jahr älteren Bruder hatte. Wir erlebten wohl beide eine Verlassenheit und sicher auch eine Vernachlässigung in dieser Zeit. In diesem Bereich der Bezogenheit begann sich dann auch eine rivalisierende Bruderbeziehung auszubilden, die uns immer im Leben begleitet hat.

Es kommt in dieser Zeit zum ersten Erleben von Verbindungen zwischen Ereignissen und zum Erleben und Eintauchen in sogenannte Vitalitätsaffekte, die beschrieben werden wie anschwellend, explosionsartig, aufwallend oder flüchtig und abklingend. Ich denke in diesen Vitalitätsaffekten sind bereits die Vorgeburtsgefühle und die Geburtsgefühle des COEX-Systems integriert und auch der Affekt der Scham als Basisgefühl. Die schwer bestimmbaren Qualitäten der Vitalitätsaffekte existieren neben den kategorialen Affekten, die auch als Grundgefühle oder Basisgefühle bekannt sind, wie Freude, Traurigkeit, Furcht, Zorn, Ekel, Überraschung, Interesse und eben die Scham. Bei Lichtenberg finden wir neun angeborene Affekte: Interesse, Vergnügen, Überraschung, Furcht, Zorn, Kummer, Scham, Geringschätzung und Ekel.[13] Wir können also feststellen, dass sich in dieser Zeit der Entwicklung das Erleben von Prozess und Resultat einstellt und „ein erstes Gefühl von Regelmäßigkeit und Geordnetheit wird erlebt".[14] Das Kind lernt also, dass es innere Prozesse gibt und sich Resultate dieser Prozesse einstellen können, und es erfährt eine gewisse Regelmäßigkeit.

Auch hier wieder einige Bemerkungen zu möglichen Schattenanteilen dieses Bereichs der Bezogenheit. Viele Menschen erleben in therapeutischen Situationen, in denen Regressionen durchaus üblich sind, körperliche Empfindungen aus der vorsprachlichen Zeit. Sinnliches Erleben wie Kälte, Wärme, Hitze oder Körperspannungen, Erregung oder ein Ziehen und Druck, können genauso dazugehören, wie auch die erwähnten Vitalitätsaffekte. Ich selbst habe eine Neigung zur Reizbarkeit, die meiner Einschätzung nach als neuronale Aktivierung aus der Zeit meines Mageneingangskrampfes stammt. Heute gelingt es mir meist die entsprechenden Gefühle wahrzunehmen, und auch zur Sprache zu bringen und dadurch eine Gereiztheit relativ schnell zu beenden. Diese Gefühle sind bei mir meist Hilflosigkeit, Ungeduld, Scham oder auch eine unklare Wahrnehmung meiner persönlichen Bedürfnisse. Diese vorsprachlichen Reaktionen können also Schattenanteile dieser Stufe sein, und so wie sie in Gefühle umgewandelt sind, und verbalisiert werden, lösen sie sich auf.

Die zweite Phase, oder wie Stern sagt ein zweiter Bereich der Bezogenheit, ist dann das Empfinden eines Kern-Selbst etwa ab dem dritten Lebensmonat. In dieser Zeit zwischen dem dritten und dem neunten Lebensmonat lernt das Ich-Selbst des Kindes immer klarer sich selbst und den anderen als getrennte Wesen zu erleben. Verschmelzung und Symbiose verlieren als Begriffe ja grundsätzlich ihre bis dahin angenommene Bedeutung und hier wird nun ganz deutlich von einer anfänglichen Trennung von Selbst und Objekt gesprochen. Von diesem ‚self-versus-other' ausgehend, werden zwar noch Gemeinsamkeitserlebnisse angenommen, jedoch wird davon ausgegangen, dass die Grenzen zwischen Ich-Selbst und Objekt, die bis dahin schon vorhanden waren, in der Regel bestehen bleiben. Das Gemeinsamkeitserleben oder ein Miteinander wird als ‚self-with-other' bezeichnet. Schattenanteile dieser Phase können vor allem eine Neigung zum Verlust der Ich-Grenzen bzw. ganz besonders die schon erwähnte Verschmelzungsneigung oder die zwanghafte Suche nach dem Zustand der Undifferenziertheit sein.

In diesem Bereich der Bezogenheit geht es vor allem darum ein organisiertes Selbstempfinden zu entwickeln, zu dem neben Urheberschaft auch Selbst-Kohärenz sowie Selbst-Affektivität und Selbst-Geschichtlichkeit gehören.[15]

Zur Urheberschaft können wir drei Arten des Erlebens zählen. Die erste Erlebensqualität ist das Empfinden eines eigenen Wollens für eine ausgeführte Handlung. Als Zweites kommt die Erkenntnis hinzu, dass selbsterzeugte Äußerungen etwas bewirken, und die dritte Art des Erlebens ist die differenzierte Wahrnehmung von Effekten der Handlungen, auf sich selbst und auf den anderen.[16] Es ist klar, dass Schädigungen oder ein Mangelerleben in diesem Bereich, genau beim eigenen Willen, bei der Selbstwirksamkeit und bei der Wahrnehmungsfähigkeit, Entwicklungsdefizite den Schattenanteil bilden können. Der Mensch mit solchen Schattenanteilen hat oft Schwierigkeiten, genau zu spüren und zu wissen, ob er etwas will, und wenn ja, was er will. Es kann dann auch sein, dass er nicht wirklich weiß, was er bewirken kann und er hat vielleicht Defizite darin genau zu erfassen, was sein Verhalten auslösen kann, besonders im Bereich der Gefühle. Letzteres können wir grundsätzlich beim Narzissmus oft beobachten

Neben der Urheberschaft gibt es die Selbstkohärenz, die als das Erleben einer zusammenhängenden physischen Einheit betrachtet werden kann. So erlebt das Baby auf verschiedene Arten und in verschiedenen Qualitäten sich selbst und den anderen. Wichtig ist noch festzustellen, dass es sich um ein Empfinden handelt und nicht um eine Leistung des reflexiven Ich-Bewusstseins. Daraus geht also deutlich hervor, dass Ich-Selbst und Du in einer ganz bestimmten Art von Geburt an, voneinander getrennt und nicht symbiotisch miteinander verschmolzen sind. Sehnsüchte nach Verschmelzung oder Tendenzen sich im Anderen zu verlieren, also eine Neigung zur Auflösung der Ich-Grenzen, können also immer als Schattenanteile dieser Phase betrachtet werden.

Das Erleben der unterschiedlichen Affekte ist eine dritte wichtige Komponente des Kernselbstempfindens, und die Selbst-Geschichtlichkeit bildet die letzte der vier Komponenten. Hinsichtlich des Gefühlserlebens gibt es in der Literatur sehr differenzierte und unterschiedliche Auffassungen, in welcher Art und in welchem Alter dieses konkret erlebt wird. Jedoch können wir feststellen, dass es eine Gemeinsamkeit gibt, es ist dem Säugling grundsätzlich von Geburt an möglich, diese Affekte zu empfinden.

Mit Geschichtlichkeit ist das Erleben von Kontinuität gemeint, zu der natürlich eine Gedächtnisleistung notwendig ist. Zum Kernselbsterleben des Babys, welches sich zwischen dem 2. und dem 8. bis 9. Lebensmonat entfaltet, gehören also Urheberschaft, Selbstkohärenz, Affekte und die Geschichtlichkeit.

In einem dritten Bereich der Bezogenheit geht es dann um das Erleben eines subjektiven Selbstempfindens etwa ab dem 8. Monat bis in die Zeit zwischen dem 15. und 18. Monat. Damit ist gemeint, dass es in dieser Phase immer deutlicher zum Empfinden eines eigenen Selbst und der Unterscheidung zwischen dem Selbst und dem Anderen kommt. Es geht hier jetzt aber erstmals um das Bewusstsein davon, und nicht nur um ein Empfinden. Man kann also davon ausgehen, dass hier der Beginn einer bewussten psychischen Intersubjektivität liegt. Schädigungen in diesem Bereich zeigen sich beim erwachsenen Menschen dann oft als Schwierigkeiten bei der Unterscheidung von Ich-Selbst und dem Anderen.

In der letzten der vier Phasen geht es um den Beginn eines sogenannten verbalen Selbstempfindens. Dieser Bereich der Bezogenheit beginnt etwa mit 15 bis 18 Monaten und ist letztlich nie vollständig abgeschlossen. Beim verbalen Selbstempfinden werden persönliche Erfahrungen und Wissen durch Symbole kommuniziert, d.h. hinter konkretem Erleben gibt es durch Gedanken und Vernunft noch mehr als das Konkrete und über dieses Dahinter ist nun eine Art Austausch möglich.

Erschütterungen in diesem Prozess können dazu führen, dass der Mensch große Schwierigkeiten haben kann, beim Denken über das konkrete Erleben hinaus. Sein Denken wirkt dann immer sehr schlicht und einfach oder immer sehr starr verbunden mit dem Praktischen. Die kognitiven Fähigkeiten bleiben auf der Entwicklungslinie teilweise hängen oder geraten hier ins Stocken.

Zwei Aspekte aus der Säuglingsforschung will ich noch erwähnen. Es wird davon ausgegangen, dass Omnipotenz oder Grandiosität und Allmacht keine Gefühle des Säuglings sein können, sondern, dass er so handelt, als ob er so denken würde. Es handelt sich nach diesen Forschungen also vielmehr um ein Gefühl der Wirkmächtigkeit, d.h. der Säugling empfindet, dass er etwas bewirken kann, ohne dass es dabei zu einer symbolischen Vorstellung kommt.[17]

Das bedeutet dann aber auch, dass die in der psychoanalytischen Theorie üblichen Begriffe wie beispielsweise Grandiosität, Omnipotenz oder Größenfantasien, nichts anderes sind, als eine Fixiertheit an eine solche frühkindliche Wirkmächtigkeit. Also der erwachsene Mensch erlebt, dass er alles könne, oder dass er dieses oder jenes schaffen wird, oder dass er keine Grenzen hat, und dieses Erleben ist letztlich ein Gebundensein an die Wirkmächtigkeit des Säuglings, bevor sich eine symbolische Vorstellung entwickelt hat. Auch hier möchte ich wieder meine Überzeugung festhalten, dass es mehr Menschen mit Schattenanteilen dieser Art gibt, als dies normalerweise wahrgenommen wird.

Hinzufügen können wir hier noch die sogenannte Kontingenz. Der Säugling erlebt bei der Wirkmächtigkeit erstmals, dass er durch eigene Anstrengung etwas bewirken kann. Die Kontingenz bedeutet, dass eine eigene Erwartung durch ein Verhalten bestätigt wird. Zum Erleben, dass etwas bewirkt werden kann, kommt also die innere Erwartung, eine Vorhersagbarkeit hinzu.[18]

Mängel und Defizite

Betrachten wir nun die genannten Entwicklungsprozesse in den ersten zwei Lebensjahren des Kindes noch einmal etwas umfassender im Hinblick auf Mangel- oder Defiziterfahrungen, und werfen einen Blick auf die Schädigungen und Erschütterungen. Zugehörigkeit, Sicherheit und Schutz sind die wichtigsten Aspekte um die es in diesem Bereich der Bezogenheit geht. Schwere Erschütterungen in dieser Zeit der Entwicklung, die wir dann auch frühe Traumatisierungen nennen, können zu extremen Reaktionen mit heftigen Affekten führen. Das Entscheidende bei diesen Traumatisierungen ist die extreme Heftigkeit, die Dauer der Gefühlsreaktionen und das absolute Fehlen von Schutz und Trost. Grundsätzlich kann das Baby natürlich immer mal starke Gefühlsreaktionen entwickeln, die dann in der Regel jedoch durch liebevolle Akzeptanz und Annahme sowie schützende und tröstende Reaktionen der Bezugsperson verarbeitet werden können. Bei den extrem heftigen, durch schwere Erschütterungen oder Traumatisierungen entstandenen Gefühlen kann es sich um Vitalitätsaffekte und natürlich auch um Grundgefühle wie beispielsweise Todesängste, Wut, Hass oder Verzweiflung handeln. Immer ist wegen der Erschütterung des Ich-Selbst, natürlich auch die Scham dabei. In dieser Phase handelt es sich um die sogenannte Basisscham.

Das Vernunft-Ich des Ich-Selbst beginnt sich in dieser Zeit ja gerade zu entwickeln, deshalb kommt es zu einer ganz speziellen Auswirkung auf diese Entwicklung. Vereinfacht können wir sagen, je heftiger und auch je früher die erlebten Erschütterungen in diesem Bereich der Bezogenheit sind, desto deutlicher kommt es zu einer inneren Zerrissenheit zwischen dem Vernunft-Ich und den erlebten Gefühlen. Diese von der Psychoanalyse als Abspaltungen oder Spaltungen bezeichneten Phänomene, können ihren Ursprung, wie wir gesehen haben, bereits vor oder während der Geburt haben und dann natürlich in den ersten Lebensmonaten des Kindes. Was bedeutet dies für die Entwicklung des Ich-Selbst? Die heftigen Gefühle treten nicht ins gerade aufkommende Selbst-Bewusstsein, sondern bleiben gleich im Unbewussten. Es handelt sich hier um das nicht-verdrängte Unbewusste, in dem sich die frühesten Objektbeziehungen, Bindungsverhalten und alle interaktiven Prozesse sammeln. „Sie werden in die Grammatik unseren Ichs eingebaut“ und gehen so „in die Regeln des Seins und der Bezogenheit ein“, meint der Psychoanalytiker Bohleber.[19]

Denken wir hier wieder an das COEX-System, die inneren Einstellungen und das Lebensskript. Da diese Gefühle nicht ins Bewusstsein treten, wird sich allerdings das Vernunft-Ich des Ich-Selbst in einer ganz speziellen Art entwickeln. Es muss nämlich eine ganz besondere Funktion einnehmen. Es wird die Schreckensgefühle, besonders Panik, Wut und Verzweiflungsgefühle vom bewussten Erleben fern halten. Das Verstandes-Ich hat diese Aufgabe zwar grundsätzlich, dennoch haben wir es mit einer anderen Qualität dieses Ichs zu tun, wenn die Schreckensgefühle aus diesem Bereich der Bezogenheit besonders unter Kontrolle gehalten werden müssen. Es wird dann besonders starr, unflexibel, und äußerlich scheinbar stabil und fest, jedoch gleichzeitig brüchig und extrem schnell verletzbar sein. Diese Art von Doppelcharakter, einerseits starre Vernunftorientierung, andererseits extreme Empfindsamkeit kann als die deutlichste Pathologie dieser Entwicklungszeit angesehen werden. Natürlich müssen wir feststellen, dass solche Reaktionen oder Auswirkungen immer erstmal notwendig sind um zu überleben.

Wir haben es hier unter Umständen mit dem Phänomen zu tun, dass es zu einem besonders ausgeprägten Vernunft-Ich kommt, und gerade sehr heftige und schmerzhafte Gefühle bleiben sehr starr im Unbewussten. Ein Vernunft-Ich verfügt also über eine extrem starke kognitive oder intellektuelle Haltung. Unter diesem sehr festen und starren, besonders intellektuell orientieren Ich müssen die heftigen und schwer bedrohlichen Gefühle der Erschütterungen verborgen werden. Die Frage einer möglichen Pathologie wird allerdings erst zu beantworten sein, wenn der Betreffende selbst oder seine Umgebung besonders stark unter diesem Vernunft-Ich und der Abspaltung der Gefühle leiden.

Dennoch will ich diese Art von Schatten etwas deutlicher hervorheben, da dieses vernünftige, intellektuelle Ich heute sehr verbreitet ist und auch sehr geschätzt wird. Es könnte in unserer Wissens- und Informationsgesellschaft der Postmoderne fasst zu einer Art Sozialcharakter werden, denn die Bedeutung als Schattenanteil wird ja gerade wenig gesehen oder verstanden. Bevor ich nun die möglichen Pathologien der ersten zwei Lebensjahre etwas genauer vorstelle, will ich noch einmal auf einige Störungen, Mängel und Defizite dieser Zeit im Einzelnen eingehen.

Bei Mängeln in der Beziehung und Betreuung, also in der Bezogenheit in den ersten zwei Lebensmonaten, können Verbindungen zwischen Ereignissen nur beschränkt oder gestört erlebt werden und so entwickeln sich Störungen beim Wahrnehmen der Zusammenhänge von Prozess und Resultat. Diese Wahrnehmungsstörungen sind dann beim erwachsenen Menschen durchaus anzutreffen. Er versteht dann nur begrenzt oder sehr schwer, welche Prozesse er, mit welchem Ergebnis, selber bewirken kann. Das ist eine Basis für depressive Entwicklungen. Die Störungen oder Erschütterungen sind ja biochemische Prozesse des Körpers, die als Körpererinnerungen und neuronale Aktivierungen im COEX-System festgehalten und gespeichert werden. Auch die Vitalisierungsaffekte bleiben so als Körperempfindungen erhalten. Ein Gefühl von Regelmäßigkeit und Geordnetheit kann dann ebenfalls gestört sein oder sich manchmal sogar kaum entwickeln. Es bleibt also eher bei einer Art innerem Chaos und das Prinzip Ordnung kann sich nicht gut entfalten. Irritationen oder Verwirrungen und innere Verunsicherungen sowie Hilflosigkeitszustände können dann bei Menschen mit diesen Schattenanteilen häufiger vorkommen, deren emotionale Bedeutung aber gerade wieder durch die Kognitionen und Intellektualisierungen überspielt werden.

Vor allem beim Erleben von Gefühlen kommt es nicht zur Resonanz. Ich habe in diesem Zusammenhang von Akzeptanz und Annahme sowie von liebevollem Schutz und Trost gesprochen. Auch hier kann es also zu Schwierigkeiten im Gefühlsleben kommen, genau dann, wenn diese einfühlsamen, schützenden und sorgenden Reaktionen weitgehend fehlen oder äußerst mangelhaft sind. Aus all diesen frühesten Schädigungen, die das sich gerade entwickelnde Ich-Selbst erlebt, ergeben sich

Schädigungen und Beeinträchtigungen, die mit der Strukturbildung des kognitiven Ichs zu tun haben. Das was in der Psychologie ichstrukturelle Störung genannt wird, kann also nicht nur in prä- und perinatalen Schädigungen seinen Ursprung haben, sondern auch ganz besonders in diesem Bereich der Bezogenheit der ersten Lebensmonate. Häufig werden die Ursachen solcher Störungen allerdings erst deutlich später vermutet.

In der nun folgenden Phase etwa ab dem dritten Lebensmonat geht es ja ganz besonders um die Erfahrung eines organisierten Ich-Selbst mit den Bereichen Urheberschaft und Selbst-Kohärenz, sowie Selbst-Affektivität und Selbst-Geschichtlichkeit. Bei Mängel oder Störungen in der Versorgung und Fürsorge also in Bindung, Bezogenheit und Resonanz, können sich in allen vier Bereichen Schädigungen und Defizite zeigen.

Der Säugling lernt zu wenig, dass er selbst etwas verursacht, er entwickelt zu wenig oder kaum ein Gefühl des inneren Zusammenhalts seines Ich-Selbst, oder er entwickelt Schwierigkeiten im Erleben und Zuordnen eigener Gefühle, und ihm fehlt dann letztlich auch die Sicherheit des Zusammenhangs eigener Erfahrungen und Erlebnisse.

Diese Schwierigkeiten sind bei erwachsenen Menschen, die sich in Therapie begeben, sehr häufig zu beobachten. Ich denke wieder an innere Verunsicherungen und Unklarheiten sowie starke innere Zweifel oder Irritationen und Verwirrtheitszustände. Hier kann also das Entstehen, was wir dann fehlende Resilienz nennen und auch die verschiedenen Muster die durch die schwierigen Bindungserfahrungen entstehen können, haben hier bereits ihren Ursprung.

Man spricht in diesem Zusammenhang von Bindungsstörungen, wobei drei solcher schwierigen Bindungsmuster bekannt sind. Unsicher-vermeidend gebunden ist eine Art, unsicher-ambivalent gebunden, ist ein zweites Muster und desorganisiert–desorientiert gebunden, wird die dritte Bindungsstörung genannt. Wir können aber auch unschwer erkennen, dass in diesem Bereich der Bezogenheit sehr frühe Ursachen für eine depressive Entwicklung liegen. Ich spreche in diesem Zusammenhang schon sehr lange von einer Art narzisstischer Depression.

In dem darauf folgenden Bereich der Bezogenheit, der etwa ab dem achten Lebensmonat beginnt, geht es um die differenzierte Wahrnehmung des Ich-Selbst und des Anderen. Besonders in dieser Zeit kann es durch Mängel und Störungen oder Erschütterungen der Betreuung zu schweren Defiziten kommen. Diese zeigen sich dann beim Erwachsenen als Schwierigkeiten zwischen dem Eigenen und dem Fremden klar und deutlich zu unterscheiden. In der Psychotherapie ist hier oft die Rede von Abgrenzungsschwierigkeiten oder von Schwierigkeiten mit den Ich-Grenzen. Oft kommt es in diesem Zusammenhang auch zu einem Prozess der Fragilität des Ich-Selbst, denn das zu dieser Zeit sich gerade erst entwickelnde Konstrukt „Ich", ist natürlich besonders empfindsam und verletzlich, wie ich vorher schon beschrieben habe. Verbunden mit einer Auflösung der Ich-Grenzen, kann es so auch zu einem Zusammenbruch des Ich-Selbst kommen. Genau dies ist ein erstes Zeichen einer sehr frühen Schädigung, die im Zusammenhang mit einem speziellen Leidenszustand zu sehen ist. Ich will an dieser Stelle nur kurz auf dieses Leiden aufmerksam machen, die sogenannte Borderline-Störung, auf die ich etwas später genauer eingehen werde. Ganz allgemein können wir immer deutlicher feststellen, dass die Schwierigkeiten mit den Grenzen des Ich-Selbst in der heutigen Zeit eine ganz besondere Bedeutung haben. Dies hat einerseits mit den Normenunsicherheiten, den schnellen Veränderungen und Relativierungen im Erziehungsverhalten sowie der Flexibilisierung in den Werten der Familien zu tun, und andererseits mit der kulturellen Tendenz der Grenzerweiterungen.

Bei der Entwicklung des sogenannten verbalen Selbst, bei der natürlich auch die angeborenen kognitiven Fähigkeiten eine Rolle spielen, kann es in diesem Bereich der Bezogenheit zu ganz bestimmten Schädigungen kommen, und so wird der betreffende Mensch vielleicht tendenziell eher beim Konkreten bleiben und sich mit Symbolisierungen nicht so leicht tun. Defizite in der Intelligenzentwicklung und allgemein im Denken können hier vermutlich auch einen Ursprung haben, neben den genetisch bedingten Anlagen oder ganz einfach fehlender Begabung.

Bei den Themen Wirkmächtigkeit und Kontingenz liegt es sehr nahe, dass Beeinträchtigungen und Schädigungen sofort zu Erschütterungen des gerade bewusstwerdenden Ich-Selbst führen können. Nichts, oder immer wieder zu wenig zu bewirken, und häufig kaum etwas zu erreichen ist die Grundlage der Scham, die wir hier noch Basisscham nennen können. Dornes zeigt darüber hinaus, wie Nicht-Kontingenz als frühes Trauma aus der präsymbolischen Zeit angesehen werden kann und als eine mögliche Ursache der narzisstischen Störungen gilt.[21] Kaum oder wenig Wirkmächtigkeit und Kontingenz zu erfahren, fördert natürlich auch die starke oder gar extreme Entwicklung des Selbsterhaltungsbestrebens bis hin zu den Mustern, die wie Grandiosität erscheinen mögen. Das Baby will Zustände wieder herstellen oder erreichen, die es vorher als absolute „Versorgung" weitestgehend allumfassend erfahren hat. Ein sogenanntes frühes Trauma in dieser Zeit ist natürlich immer eine Erschütterung, und damit auch ganz besonders stark schamauslösend. Die mangelnde Kontingenz wird auch im Zusammenhang mit fehlender Empathie gesehen und deutlich weniger gravierende Erfahrungen von Nicht-Kontingenz werden als Ursachen phobischer Ängste vermutet. Auch ohne dass wir eine neue Sichtweise des Narzissmus einnehmen, wie ich es hier tue, sind also schon in dieser frühen Phase der Entwicklung, der Stufe **Purpur**, die ersten Ursachen für narzisstische Störungen bzw. Phobien zu finden. Hier sei schon mal festgehalten, dass Angststörungen, also Phobien, wie alle Kategorien psychischen Leidens grundsätzlich zur Egozentrik gehören.

Betrachten wir nun etwas genauer, wie sich die Entwicklung der Egozentrik oder des Narzissmus in diesem Bereich der Bezogenheit zeigen kann. Wie ich schon deutlich gemacht habe, handelt es sich beim Narzissmus um eine in sich bewegliche Ordnung. Diese bewegliche Ordnung kann ich auch als ruhige und fliesende Bewegung des menschlichen Erlebens zwischen der Ureinheit bzw. biologischen Verbundenheit des intrauterinen Erlebens und der Bezogenheit zum anderen Menschen betrachten. Dieses sanfte oder ruhige Gleiten bewegt sich immer zwischen den vier Bestrebungen Selbsterhaltung, Selbstanpassung, Selbstauflösung und Selbsttranszendenz. Ich werde dafür auch hin und wieder eine Kurzform benutzen und von einem ruhigen Gleiten oder von einer ruhigen, fließenden Bewegung sprechen. Die verschiedensten Erschütterungen sowie die Mängel- und Defiziterfahrungen in allen Bereichen der Bezogenheit oder allen Stufen des Bewusstseins führen nun genau dazu, dass ein ruhiges Gleiten gestört wird und es zu Blockaden und geschlossenen Zuständen kommt. Man spricht auf den Stufen auch von blockierten und geschlossenen Memen. Diese Störungen der ruhigen, fließenden Bewegungen auf der Stufe Purpur können also folgendermaßen beschrieben werden.

Aufgrund des noch sehr schwach entwickelten Vernunft-Ichs bleiben die erlebten starken Gefühlsreaktionen im nicht verdrängten Unbewussten und damit sehr deutlich abgespalten vom Ich-Selbst. Es existiert also noch viel zu wenig Ich und so kann es auch keine Verdrängung geben. Diese Gefühle, unabhängig davon, ob es sich um Vitalitätsaffekte oder Grundgefühle handelt, wirken oft so stark, dass es durch die Erschütterungen vermehrt zu sehr deutlichen Einbrüchen in das Selbstauflösungsbestreben geben kann. Andererseits habe ich schon darauf hingewiesen, dass das Vernunft-Ich die besondere Funktion entwickelt alles Gefühlshafte und damit Lebendiges nicht zu integrieren, sondern eher zu kontrollieren oder besser gesagt nicht zuzulassen. Somit ist die Qualität des Selbsterhaltungsbestrebens auffallend intellektuell, so als würde das Kognitive, die Vernunft oder der Verstand grundsätzlich alles im Ich-Selbst bestimmen. Man sagt oft der Mensch ist zu sehr im Kopf. Der Verstand übernimmt die Macht und Kontrolle über die Seele und der betreffende Mensch wird wie zwanghaft vernunftorientiert oder erstarrt, auf den Verstand fixiert, erlebt. Diese Vernunftorientierung ist dann aber auch sehr zerbrechlich und der Mensch ist sehr empfindsam und verletzlich, ohne dass die möglicherweise dazugehörigen Gefühle deutlich werden müssen. Weder der Betroffene, noch sein Gegenüber nimmt diese Gefühle also wahr. Man hat aber oft eine Ahnung oder ein „komisches Gefühl" bzw. eine mehr unbewusste Wahrnehmung dieser Verwundbarkeit. So haben häufig Frauen in Trennungskrisen einfach ein ungutes Gefühl, sich vom Ehemann zu trennen, da sie eine extrem starke Verwundbarkeit ihres sonst extrem rationalen Mannes irgendwie ahnen oder undifferenziert spüren.

Gleichzeitig kann es jedoch auch zu Defizitentwicklungen und Schädigungen des Intellektuellen und der kognitiven Entwicklung kommen, wie ich schon aufgezeigt habe. Blockaden und geschlossene Zustände ergeben sich somit also erst einmal vermehrt im Selbsterhaltungsbestreben und in der Selbstauflösung. Natürlich gibt es durch die Erschütterungen auch hier schon Blockaden oder besondere Neigungen zum Selbstanpassungsbestreben. Mit Blockaden sind je immer die Starrheit, Festigkeit oder auch eine zwanghafte Dauer eines bestimmten Verhaltens gemeint. All diese Fehlentwicklungen oder Störungen, die ja schon den Beginn einer egozentrischen Selbst- und Weltsicht bedeuten, sind in der allgemeinen Psychopathologie als schizoid bekannt.

Resonanz und Intentionalität

In diesem Bereich der Bezogenheit beginnt das Kind langsam zu verstehen, dass Menschen empfindende Wesen sind, und wir haben auch gesehen, dass erste Ansätze des symbolischen Denkens, besonders etwa ab dem 15.-18. Lebensmonat, auftauchen. Sicherheit, Schutz und vor allem Zugehörigkeit sind die Qualitäten des Erlebens um die es hier in erster Linie geht und die das Kind unbedingt benötigt. Bei Störungen in dieser Zeit müssen wir also davon ausgehen, dass das Ich-Selbst große Schwierigkeiten entwickelt, eine gute Selbstwahrnehmung und eine differenzierte Wahrnehmung von Gefühlen zu erreichen. Auch die Entwicklung des symbolischen Denkens kann gestört sein, wenn es in der entsprechenden Zeit, also etwa ab dem 15. Lebensmonat zu Schädigungen gekommen ist. Grundsätzlich kommt es ja bei Erschütterungen und deutlichen Mangelerfahrungen in der Fürsorge und der Bezogenheit zu einem Vernunft-Ich mit der besonderen Funktion der Kontrolle über die erlebten, mehr oder weniger heftigen Gefühle. Bleibt ein Mensch relativ stark blockiert in diesem Bereich, so wird er möglicherweise sein Leben lang besonders ausgeprägte Bedürfnisse oder Sehnsüchte nach Sicherheit, Schutz und Zugehörigkeit in sich tragen. Solche Sehnsüchte sind dann jedoch meist wieder unter einer Überbetonung der Vernunft und des Verstandes verborgen. Allerdings sei hier gleich erwähnt, dass besonders politische Haltungen, Meinungen und Ideologien oft von solchen tiefer liegenden Sehnsüchten und Bedürfnissen bestimmt sein können.

Die davon betroffenen Menschen zeigen sich dann eher besonders intellektualisierend und mit einer sehr zwanghaften und starren Ausprägung ihrer kognitiven Fähigkeiten. Die Entwicklung von möglicherweise autoritären und dogmatischen Ideologien kann hier manchmal ihre Ursachen haben, aber ganz besonders auch die Neigungen zu Besserwisserei oder Bescheidwisserei. Wobei die Ängste, die Zugehörigkeit zu verlieren und die Sehnsüchte nach Sicherheit und Schutz zwanghaft und extrem werden können, und sich aber häufig auch unter solchen Ideologien oder Intellektualisierungen verbergen. In unserer heutigen Wissens- und Informationsgesellschaft sind solche Menschen allerdings meist sehr unauffällig und wirken eher gut angepasst. Gleichzeitig mit der Betonung der Kognition spürt man, oder besser gesagt, ahnt man bei diesen Menschen darunter allerdings oft eine ausgeprägte Feinfühligkeit, Empfindsamkeit oder Verletzlichkeit. Diese sehr ausgeprägte Sensibilität erinnert auch an das Konzept der „Hochsensibilität", wobei ich keineswegs sagen möchte, dass die hier beschriebenen frühen Schädigungen immer identisch sein müssen mit dem Erleben einer sogenannten Hochsensibilität. Die ganze Struktur des Ich-Selbst, die sich in dieser Zeit bildet, kann jedoch die Funktion einer Maske der Scham erhalten, wenn die Erschütterungen entsprechend stark sind. Das bedeutet, dass diese Menschen dann unter ihrem vernünftigen Verhalten eine besonders ausgeprägt Neigung zur Scham haben. Es handelt sich dabei immer um Basisscham.

Schizoid oder intentional gestört

Ein erster Leidenszustand auf den ich hier etwas näher eingehen möchte, wird schizoid genannt. Dieser Begriff wurde ursprünglich zur Bezeichnung eines Charaktertyps benutzt, der der Schizophrenie ähnelt. So wie ich hier schon festgestellt habe, dass sich nur bei extremen Pathologien aus diesem sehr frühen Bereich der Bezogenheit, der Stufe Beige, Psychosen entwickeln können, so hat auch ein schizoider

Zustand in der Regel absolut nichts mit einer Schizophrenie zu tun. Im Gegenteil, sehr viele Menschen können unter solchen Zuständen leiden, ohne jemals eine Schizophrenie zu entwickeln, und man sprach ja auch schon von einer schizoiden Gesellschaft. Allerdings müssen wir festhalten, dass die meisten Menschen, die schizoide Muster entwickelt haben, nicht unter diesen Persönlichkeitsanteilen leiden, denn diese wurden in den letzten Jahrzehnten in unserer Wissensgesellschaft immer mehr zu akzeptierten und anerkannten Mustern. Deshalb wurden diese auch schon seit längerer Zeit als eine Art bestimmender Sozialcharakter betrachtet.[22] In einer schizoiden Gesellschaft ist der schizoide Charakter eben normal.

Schizoide Menschen wirken distanziert, isoliert, ungesellig und introvertiert. Sie strahlen meist keine Wärme aus und neigen besonders deutlich zu Intellektualisierungen und betont abstraktem Denken. Hinter einem schizoiden Charakterpanzer und einer häufig vorhandenen Kontaktvermeidung, verbirgt sich eben die schon erwähnte ausgeprägt Empfindsamkeit.[23] Der schizoide Mensch erlebt sein Ich-Selbst noch nicht wirklich als getrennt vom Objekt oder er sehnt sich nach einer verschmelzenden Harmonie. Dies habe ich im letzten Kapitel bereits als Verschmelzungsneigung bezeichnet. Gleichzeitig gibt es jedoch beim schizoiden Muster eine besondere Angst vor einer solchen Nähe und der Betreffende erlebt andere Menschen meist als eindringend, grenzverletzend und oft existenziell bedrohlich.[24] Schon in der Theorie des Narzissmus von Heinz Kohut wird die schizoide Persönlichkeit der Problematik des Narzissmus zugeordnet. Er sieht die schizoide Abwehr bei Menschen, die eine vorbewusste Wahrnehmung davon haben, dass sie besonders „narzisstisch“ verwundbar sind und durch die entsprechenden Erschütterungen in eine unkontrollierbare Regression geraten können.[25]

Aus meiner Sicht der egozentrischen Entwicklung des Holons Ich-Selbst haben wir es dann mit einer verstärkten Selbstauflösungstendenz zu tun und zur Abwehr dieser Neigung und zum Schutz vor solchen „Auflösungszuständen" und Zusammenbrüchen, kommt es zu der sehr spezifischen Entwicklung einer Selbsterhaltungstendenz, bei der alles

Kognitive besonders herausragt. Dies kann dann zu einer Art Erstarrung oder Blockierung des Selbsterhaltungsbestrebens führen, und eine Bewegungsmöglichkeit wird deutlich verringert. Eine Blockade verhindert oder stört natürlich das ruhige Gleiten, und genau dies ist dann die Egozentrik oder wie wir jetzt sagen können, der Integrale Narzissmus. Wie es schon mehrfach beschrieben wurde, haben wir es in unserer Kultur sehr oft mit diesen schizoiden Mustern zu tun, die ja auch gefördert und manchmal gefordert werden. Frühe Erschütterungen in der Stufe **Purpur** führen also sehr oft zu gesellschaftlich sehr anerkannten Mustern des Denkens und Verhaltens, obwohl sie als Schattenanteile zu betrachten sind.

Es gibt nun einen Leidenszustand der als deutliche Kontaktschwierigkeit mit einer Störung der Intentionalität angesehen werden kann. Auch nach diesem Konzept ist die Beziehung der Betroffenen zur Welt und zu den Menschen eher diffus, locker und unklar, sowie zwiespältig und unverbindlich. Sie wirken distanziert und misstrauisch und statt emotionaler Beziehungen kommt es eher zur intellektuellen Erforschung der Welt und wohl auch der Menschen.[26] Es kommt bei ihnen zu einer Störung des sogenannten „Intentionalen Antriebserlebens“. Dieses wird beschrieben als „die allgemeinste, neugierige Zuwendung zu allem Wahrgenommenen, als dranghafte, emotionale Gerichtetheit auf die Welt hin.“[27] Ein Leidenszustand, den ich in den vielen Jahren meiner Tätigkeit immer wieder bei Menschen erlebt habe, ist also eine sogenannte Intentional-kommunikative-Störung. Dabei kommt es zu einer Schwierigkeit, eine emotionale Bezogenheit zum Gegenüber herzustellen und umgekehrt eine solche Bezogenheit auch auszuhalten. Ein solches Leiden scheint mir noch deutlicher mit Traumatisierungen in der frühsten Lebenszeit zusammenzuhängen, als die allgemeinen schizoiden Lebensmuster, obwohl ich es zu den schizoiden Mustern zähle. Die Störung in der Bezogenheit erinnert deutlich an das Konzept der fehlenden oder mangelnden Resonanz. Dabei kommt es immer wieder schnell zu Kontaktabbrüchen und ganz allgemein fehlt die Fähigkeit, Kontakte oder Beziehung und Bindung zu erleben. Menschen können zwar kommunizieren, oft intellektuell sehr ausgeprägt, sie werden aber völlig kontaktlos erlebt. Es ist niemand zu Hause, könnte man bei einer

Begegnung mit diesem Menschen, salopp sagen. Es ist sogar so, dass zwischenmenschliche Kontakte meist zu den inneren Krisen führen, und genau deshalb werden Kontakte nicht weitergeführt, oder oft gar nicht wirklich zugelassen. Die zusätzlich auch häufig vorkommenden Kontaktabbrüche bedeuten auch eine Art Verlust des inneren Objektes und die Folge ist ein Erleben von Irritation, Verwirrung oder Leere. Die Menschen wirken nicht bezogen oder wie innerlich abgeschaltet, Blickkontakt ist ihnen kaum möglich und andere Menschen bleiben ihnen fremd, blass und unverständlich. Es ist oft auch so, dass jeder Kontakt zu anderen Menschen als schwierig und belastend, sowie ermüdend oder irritierend und verunsichernd erlebt wird. Häufig sind Kontakte für die Betroffenen grundsätzlich auch bedrohlich oder sehr stark ängstigend.[28] Diese Menschen sind meist auch sehr betroffen von starken und sehr häufig auftretenden Schamgefühlen.

Das Holon Ich-Selbst zeigt sehr deutliche Tendenzen zur verstärkten Selbstauflösung und zu häufigem oft auch sehr plötzlichem Wechsel in die verstärkte Selbstanpassung. Bei dem extremen Selbstauflösungsbestreben können wir es beispielsweise mit Dissoziationen, Schamattacken, starken Irritationen und Zuständen von Desorientierung oder dem Gefühl einer inneren Auflösung zu tun haben. Man spricht auch oft von Instabilität, Destabilisierung oder Fragilität bzw. Strukturverlust und Dekompensation des Ichs. Bei der verstärkten Selbstanpassung kann es unter anderem zu abhängigem Verhalten, zur Co-Abhängigkeit oder zur Unterwerfung und einer Opferhaltung kommen. Bei Blockaden in beiden Bestrebungen kann sich natürlich auch eine Depression entwickeln. Ein ruhiges Gleiten ist durch die beschriebenen Störungen in der Selbstauflösung und in der Selbstanpassung empfindlich beeinträchtigt. Wie sieht es nun aber mit den Bestrebungen nach Selbsterhaltung und Selbsttranszendenz aus?

Das Selbsterhaltungsbestreben kann sich durch Überbetonung des Vernünftigen oder einer Art Erstarrung des Kognitiven zeigen. Der Betroffene kann in seiner Vernunftorientierung oder in seinem intellektuellen Handeln irgendwie künstlich wirken. So als würde man unter dem Denken und dem Wissen des Betreffenden eine Brüchigkeit oder totale Empfindsamkeit wahrnehmen. Das vernünftige Verhalten wirkt aber auch oft sehr zwanghaft, starr und unumstößlich. Man bekommt eine Ahnung vom Schrecken unter dem Denken. Der Mensch klammert sich gewissermaßen an die Vernunft. Menschen mit diesen Schattenanteilen mangelt es ja auch deutlich an einer Kohärenz der Identität und genau aus diesem Grund ist manchmal der Drang nach Selbsttranszendenz übermäßig ausgeprägt. Ich kann mich an einen jungen Mann erinnern, der jahrelang meditierte und auch längere Zeit in einem buddhistischen Kloster verbrachte, bevor er dann in psychotherapeutische Behandlung kam. Dort zeigten sich gravierende Störungen und Blockaden in den anderen drei Bestrebungen des Holons Ich-Selbst. In der psychischen Arbeit ging es vor allem um Beeinträchtigungen auf der horizontalen Ebene, mit schweren Störungen in der Selbsterhaltung und Selbstanpassung und natürlich auch mit sehr heftigen Störungen im Bereich der Selbstauflösung. Ich habe den jungen Mann dann aus den Augen verloren, jedoch hörte ich nach einigen Jahren davon, dass er sich später suizidiert habe. Neben der verstärkten Suche und einem Drang nach Selbsttranszendenz, aufgrund der erwähnten schwachen Kohärenz der Identität, kann natürlich auch eine Fixierung an die erste Matrix der vier perinatalen Grundmatritzen vorliegen. Beides können wir als wenig stabiles Ich-Selbst betrachten.

Diese mangelhafte Stabilität des geschädigten und erschütterten Ich-Selbst in dieser frühesten Zeit des menschlichen Lebens, in der zweiten Stufe der Spirale der Entwicklung, ist also bereits als egozentrische Entwicklung anzusehen. Die sogenannte schizoide Entwicklung und die Beeinträchtigung der Intentionalen Kommunikation sind ganz frühe Formen der egozentrischen Selbst- und Weltsicht, die ihren Höhepunkt allerdings erst in der folgenden Stufe haben. Ein ruhiges Gleiten des Bewusstseins zwischen den vier Bestrebungen kann also ganz empfindlich gestört sein und wir können dies auch als individuelle Variante des Beginns eines „erregten Stillstandes“ ansehen. Wir haben es also hier schon mit dem Integralen Narzissmus zu tun.

Entweder Ich oder Du

Ein weiterer Leidenszustand der im Zusammenhang mit dieser zweiten Stufe des Bewusstseins große Bedeutung hat, ist die sogenannte Borderline-Persönlichkeitsorganisation.[29] Zu dieser Problematik gehören grundsätzlich immer zwei ganz existenzielle Schwierigkeiten.

Einerseits ist es die Unfähigkeit oder zumindest die mangelhafte Fähigkeit, innerseelische Gegensätze zu verbinden. Liebe und Hass, Freude und Traurigkeit oder Gut und Böse können nicht miteinander vermischt oder gar gleichzeitig erlebt werden. Diese sehr allgemeinen Begriffe wähle ich deshalb, weil es um das grundsätzliche Erleben der Gegensätze im Leben, also der Dualität geht. Das Ich-Selbst schafft es also nicht, mit den Dualitäten des Lebens angemessen umzugehen. Der Mensch liebt total oder er hasst total, er ist entweder absolut traurig oder absolut glücklich, er erlebt einen anderen Menschen nur gut oder er erlebt ihn nur schlecht. Er erlebt sich also immer in einem Entweder-Oder, bzw. er neigt zum Schwarz-Weiß-Denken und zu ständigen Absolutsetzungen. Wir können auch sagen, er idealisiert oder entwertet den anderen Menschen und sich selbst. Oft kann dies in einem sehr plötzlichen und unerwarteten Wechsel geschehen. Jemand war ein absoluter Freund und wurde als nur guter Mensch wahrgenommen und dann wird dieser plötzlich als ganz schlimm und absolut schwierig erlebt. Man will dann nichts mehr mit ihm zu tun haben und bricht den Kontakt völlig ab. Man nennt dieses heftige und impulsive Wechseln des inneren Erlebens und des dazugehörigen äußeren Verhaltens auch manchmal Switch.

Der zweite herausragende Aspekt dieses Leidens ist der Umgang mit innerseelischen Grenzen. Der Mensch kann oft nicht gut zwischen dem eigenen Erleben und dem Erleben des Gegenübers differenzieren. Was spürt er wirklich selbst oder was gehört zum anderen? Diese Unterscheidung fällt ihm grundsätzlich sehr schwer und er ist zusätzlich auch noch oft von seiner falschen Einschätzung zwanghaft und sehr starr überzeugt. Auch hier handelt es sich ja meist um Absolutsetzungen. Es kommt oft zu einer sogenannten projektiven Identifizierung bei der der

Mensch sich zu sehr mit seinem Gegenüber identifiziert und gleichzeitig seine „bösen" Anteile projiziert. Also man ist nicht genügend abgegrenzt vom Anderen und immer nur dieser wird als aggressiv, verletzend, angreifend oder eben als „böse" erlebt. Die mangelnde Abgrenzung ist allerdings in der Regel überhaupt nicht bewusst. In Kontakten kommt es dann sehr häufig und auch sehr schnell zu Verstrickungen oder sogar zu inneren Verschmelzungszuständen. Diese Zustände, und die daraus sich entwickelnden Irritationen, Verwirrungen und die absoluten Verunsicherungen und Konflikte führen dann wieder zu einem Wechsel ins Gegenteil und der Kontakt oder die Beziehung wird abgebrochen.

Beides, der gute Umgang mit den inneren Gegensätzen sowie der angemessene Umgang mit den psychischen Grenzen des Ich-Selbst betrachte ich als ein herausragendes Ziel der menschlichen Entwicklung und damit auch als die lebenslange Aufgabe des Menschen. Die Ursachen der Störungen in diesen zwei grundsätzlichen menschlichen Fähigkeiten, können meiner Auffassung nach in den ganzen ersten Lebensjahren liegen und teilweise auch schon bei prä-, peri- und postnatalen Erschütterungen. Wir haben es hier wieder mit dem COEX-System zu tun und weniger mit Erlebnissen aus ganz bestimmten Zeiten oder festgelegten Bereichen der Bezogenheit. Alle Störungen oder Erschütterungen, also Schreckenserfahrungen die ja auch als Beschämungen zu verstehen sind und die in den Stufen des auftauchenden Selbstempfindens, des Kernselbstempfindens sowie des subjektiven Selbstempfindens und des verbalen Selbstempfindens erlebt werden, sind dann oft weiter an der Entstehung solcher Borderline-Zustände beteiligt.

Betrachten wir nun wieder die Entwicklung des Ich-Selbst im Hinblick auf die Egozentrik. Ein Erleben der inneren Gegensätze, die sich nicht oder kaum vereinigen oder vermischen lasen, führt dazu, dass die Bewegungen zwischen den vier Bestrebungen des Holons Ich-Selbst sehr heftig und impulsiv oder auch schnell wechselnd, extrem und sehr starr sein können. Der Mensch will sich plötzlich mit Wut und Macht durchsetzen, im nächsten Moment ordnet er sich passiv und devot unter, und in einem dritten Augenblick erlebt er Gefühle von innerer Auflösung, Irritation oder völliger Verwirrung. Jedes Mal ist sein Erleben sehr massiv, starr und absolut und die Wechsel sind impulsiv und heftig. Die Hauptschwierigkeit ist also der häufige oder auch sehr impulsive Wechsel und das jeweilige absolute Erleben. Also einige Zeit wird irgendetwas als absolut erlebt und dann ganz plötzlich wird das Gleiche absolut gegenteilig erlebt. Manchmal gibt es dann überhaupt keine Erinnerung daran, dass es vorher noch genau gegenteilig war. In zwischenmenschlichen Beziehungen wird beispielsweise jemand als wunderbarer Freund erlebt, der einfach ganz toll ist und absolut keine Fehler hat. Dann geht von diesem idealisierten Freund eine mehr oder weniger kleine Verletzung aus, die der Betreffende jedenfalls als „böse" oder schrecklich erlebt und dann wird dieser Freund sofort absolut entwertet. Ein anderes Beispiel kann sein, ein kurzzeitiges Erleben, ein Augenblickserleben aus dem Bereich der Transzendenz, also eine mystische Erfahrung, wird sofort absolut gesetzt. Also ein überwältigendes Glücksgefühl wird als immer während absolute Wahrheit betrachtet und dies wird oft auch machtvoll und streng vertreten. Diese meist völlig starre und heftige Absolutsetzung, die zu einer Art Ideologie werden kann, darf nicht verwechselt werden mit der Wirklichkeit oder Absolutheit des Transzendenzerlebens. Letzteres wird eher auf eine bescheidene und ruhige Art, sehr selbstverständlich und einfach als absolute Gewissheit erlebt, voller Demut und Dankbarkeit, während ein Borderline-Zustand heftig, impulsiv und starr wirkt. Natürlich ist das dann eine egozentrische Selbst- und Weltsicht oder in der frühen Kindheit der Beginn der Entwicklung einer solchen. Eine ruhige fließende Bewegung kann also auch in den ersten beiden Lebensjahren massiv beeinträchtigt werden und so kann sich das COEX-System in einer bestimmten Richtung weiter entwickeln und festigen.

Sowohl als auch

Wenn wir die Leiden oder die Schattenproblematik zusammenfassen, die in dieser Entwicklungsstufe Purpur entstehen können, dann können wir sagen, es geht um die unterschiedlichen Schwierigkeiten des Ich-

Selbst, sich im Kontakt mit dem Anderen als Ganzes zu erleben. Stephen Mitchell sagt es, wie ich finde sehr klar und verständlich, mit folgenden Worten: „Der zentrale, das ganze Leben währende Kampf ist der zwischen dem mächtigen Bedürfnis, intime Beziehungen zu anderen aufzubauen, aufrechtzuerhalten und zu schützen, und den diversen Versuchen, den Schmerzen und Gefahren dieser Bindungen zu entfliehen, dem Gefühl der Verletzlichkeit oder der Gefahr, enttäuscht, verschlungen, ausgenutzt zu werden oder einen Verlust zu erleiden".[30] Ein Ich-Selbst konnte sich so wenig stabil entwickeln, dass eine Art innerer Kampf zwischen den vier Bestrebungen des Holons stärker ist als ruhige Bewegungen oder ein ruhiges Gleiten. Erlebenszustände, innere Gefühlstendenzen oder Haltungen sind selten von Bestand oder Dauer. Sie sind eher impulsiv, oft wechselnd oder wenn dauerhaft, dann wie blockierter Stillstand oder gar Erstarrung. Eine deutliche Überbetonung des Kognitiven vor jeder Art von Gefühlshaftem herrscht oft vor, besonders bei den schizoiden Mustern und Zuständen. Es wirkt etwa so, als würde der Mensch sich an dieses Vernünftige regelrecht klammern. Das Selbsterhaltungsbestreben kann sehr ausgeprägt sein, wirkt jedoch nicht ruhig und sicher oder gar sanft und gelassen, sondern wird immer irgendwie starr, heftig und absolut erlebt. Wutausbrüche, Machtverhalten und extrem dominantes Verhalten sind hier nicht selten. Nach häufigem oder plötzlichem Wechsel wirkt auch das Selbstanpassungsbestreben eher erstarrt und wie gelähmt. Beispielsweise ist dann Unterwürfigkeit, abhängiges Verhalten oder eine sogenannte Opferhaltung nicht unüblich. Schnell kann es auch zu einer depressiven Reaktion kommen. Das Selbstauflösungsbestreben kann sich auch wieder sehr impulsiv zum Beispiel durch heftige Schamattacken oder Gefühle der inneren Auflösung und des Zusammenbruchs zeigen. Hier kommt es dann oft zu extrem starken Gefühlen von Panik, Verzweiflung oder absoluter Ohnmacht und Hilflosigkeit. Eine Suche nach Transzendenz oder ein Bestreben oder eine Neigung in dieser Richtung wirkt dann oft wie künstlich aufgesetzt und von jedem anderen Erleben abgespalten.

Die Arbeit mit inneren Einstellungen

In der von mir entwickelten Arbeit mit inneren Einstellungen geht es bei der Transformation der Schattenanteile dieser Stufe also einerseits vor allem um das Erleben, Annehmen und Integrieren von oft sehr schmerzhaften Gefühlen, die sich um Wut, Verzweiflung oder Leere und Verlassenheit ranken. Aus Es, Deiner oder Du wird Meiner, Mir oder Mich, um es wieder mit Wilbers Worten zu sagen. Hier gehört natürlich besonders auch die heftige Scham dazu. Solche Gefühlsinhalte tauchen meist bei Menschen auf, die unter den schizoiden Mustern oder einer Intentional-Kommunikativen Störung leiden. Allerdings hat auch das Thema Kontakt hier eine besondere Bedeutung, denn Bindung und Zugehörigkeit ist ja letztlich das Thema dieses Bereichs der Bezogenheit oder dieser Stufe **Purpur**. Bei einem sehr starken Leiden im Zusammenhang mit Kontakt wird also zuerst dieses Thema bearbeitet.

Weitere Themen sind die Integration von gegensätzlichem Erleben und die Fähigkeit zwischen Ich-Selbst und Du gut oder besser unterscheiden zu können. Die große Schwierigkeit innere Gegensätze zusammenzubringen ist ja eines der zwei entscheidenden Probleme der sogenannten Borderline-Zustände. Ich spreche gerne von innerer Zerrissenheit oder seelischer Zerrissenheit um deutlich zu machen, dass es um ein absolutes Erleben geht und nicht so sehr um ein bewusstes oder gar absichtliches Tun oder Handeln, wie man bei dem Begriff Spaltung leicht annehmen könnte. Der Satz den man leider bei diesem Leiden manchmal in der Therapie hören kann, lautet: „Du spaltest". Der Mensch erlebt aber einen inneren Zustand als absolut und das bedeutet, dass ein gegenteiliges Erleben zur gleichen Zeit eben nicht möglich ist. Er spaltet also nicht, wie es ausgehend von der psychoanalytischen Theorie manchmal den Menschen direkt gesagt oder sogar vorgeworfen wird, sondern seine Schwierigkeit ist genau dieses absolute Erleben.

Ähnlich ist es bei dem zweiten Thema Grenzen. Der Betreffende kann nicht oder nicht gut differenzieren, welche Gefühle und welches Erleben zu ihm selbst oder zu seinem Gegenüber gehören. Auch hier wird die Wahrnehmung oder eine entsprechende Einschätzung oft sehr absolut erlebt.

Ich werde jetzt wieder einige Beispielsätze auflisten, die für eine Veränderung innerer Einstellungen, die aus der Stufe **Purpur** stammen, sehr hilfreich sein können. Als erstes einige Einstellungssätze, die eher sinnvoll und hilfreich sind für die Arbeit mit Menschen, die unter sogenannten schizoiden Zuständen oder einer Intentional-Kommunikativen Störung leiden.

- Es tut so weh
- Ich zeige dir meine Wut
- Ich gehe in Kontakt zu dir
- Ich hätte dich so gebraucht
- Ich fühl mich so verletzt von dir
- Ich will von dir gesehen werden
- Ich schäme mich und zeige dir meine Gefühle
- Ich brauche deine Zuverlässigkeit und deinen Halt
- Ich brauche deine Zuwendung und deine Verlässlichkeit
- Ich bleibe im Kontakt mit dir und zeige dir meine Gefühle
- Ich will, dass du meinen Schmerz und meine … siehst und annimmst

Wie ich schon in meiner früheren Arbeit ausführlich beschrieben habe, kann jeder Satz, individuell sehr unterschiedlich sein und zu jeder Zeit auch etwas anders formuliert werden. Es kommt immer auf die einzelne Person mit ihrem genauen biographischen Hintergrund und auf das aktuelle Erleben dieser Person an. In der gemeinsamen Arbeit wird immer ein zu diesem Zeitpunkt wirklich passender Satz gesucht.[31] Den Begriff Scham mit in einen Satz hineinzunehmen, ist oft dann sinnvoll, wenn Schamgefühle direkt oder überwiegend schambedingte Unsicherheit, Hilflosigkeit, Irritation, Verwirrung, Lähmung oder ähnliches erlebt werden. Solche Erlebniszustände werden von vielen Menschen mit Pathologien aus dieser Stufe sehr häufig erlebt. Blockaden sind also im Erleben des Menschen in diesem Augenblick vorherrschend. Als letztes noch einige sehr hilfreiche Einstellungssätze für Menschen, die häufig unter den sogenannten Borderline-Zuständen leiden, wodurch die innere Zerrissenheit besonders deutlich im Erleben wird.

- Ich schäme mich UND zeige mich
- Ich brauche Kontakt zu dir UND bleibe bei mir
- Ich brauche deine Liebe UND zeige dir meine Wut
- Ich brauche deine Nähe UND zeige dir meine Grenzen
- Ich brauche deine Liebe UND ich lass mich nicht benutzen
- Ich brauche deine Liebe UND ich bin für dich nicht verantwortlich

Die Betonung des Wortes UND weist sehr deutlich auf den Umgang mit den Dualitäten im Leben hin. Letztlich geht es dabei immer um eine Synthese gegensätzlicher Gefühle, Zustände sowie Bedürfnisse und Befindlichkeiten. Diese Synthesebildung geschieht meist sehr unspektakulär, ruhig und ohne die sonst meist vorhandene Heftigkeit und Impulsivität. Manchmal wird der Mensch beim Erleben dieser Synthese, die er vielleicht erstmals wirklich in sich erfährt, ausgesprochen ruhig und es kommt zu einem Gefühl der inneren Entspannung und einer Art Gelöstheit. Dieses Erleben kann auch schon mal einer sogenannten mystischen Erfahrung sehr ähnlich sein, denn es handelt sich ja oft um eine völlige Auflösung der inneren Zerrissenheit, also um eine erstmalig erlebte Gleichzeitigkeit gegensätzlicher Gefühlszustände. Obwohl diese Erfahrung auch eine innere Befreiung darstellt und manchmal sehr erlösend erfahren wird, ist sie jedoch nicht mit der spirituellen Erfahrung der Nondualität identisch.

5. Macht und Ohnmacht

„Im narzisstischen Doppelphänomen wäre sowohl die Bezugnahme auf uns selbst ausgedrückt als auch unsere eigene Verwurzelung mit dem Urzustand, dem wir entsteigend, dennoch einverleibt blieben, wie die Pflanze dem Erdreich, trotz ihres entgegengesetzt gerichteten Wachstums ans Licht." – Lou Andreas-Salome[1]

In der ersten Stufe **Beige** geht es für das Baby um die reine Existenz, also ist die Bedeutung und Überleben besonders wichtig. Im 3. Kapitel habe ich diese Ebene des Bewusstseins, die auch instinktiv, reaktiv, archaisch oder prä-sozial genannt wird, ausführlich behandelt. Die Begriffe symbiotisch oder autistisch sollten hier nicht mehr benutzt werden, da es von Beginn an um Intersubjektivität, also auch um Bezogenheit und Resonanz geht. Schutz muss als ein besonders wichtiges Bedürfnis dieses Bereichs der Bezogenheit betrachtet werden, in dem ja das reine Überleben von vorrangiger Bedeutung ist. Als Folge der Erschütterungen des Ich-Selbst, welches hier allerdings nur in ersten Ansätzen entwickelt ist, kann sich die sogenannte Basisscham oder Protoscham ergeben. Man kann in dieser Stufe auch von einem instinktiven Selbst sprechen, da instinktives Leben noch vorherrschend ist

Die zweite Stufe **Purpur**, in der es vor allem um Zugehörigkeit und Sicherheit geht und in der ebenfalls Schutz noch besonders wichtig ist, wurde im Kapitel Ich-Selbst und der Andere besprochen. Diese Stufe wird auch magisch, naiv, impulsiv oder prä-operational genannt. Der Begriff symbiotisch, der hier auch schon verwendet wurde, ist aus den schon genannten Gründen wirklich obsolet geworden. Im Zusammenhang mit der Sprachentwicklung werden hier die Worte „nein" oder auch „meins" besonders wichtig und so etwas wie unbegrenzte Macht und Impulsivität sind zentrale Themen in dieser Entwicklungsphase. Das Kind ist hier sprachlich allerdings noch deutlich undifferenziert.

Auch in diesem Bereich der Bezogenheit ist die Basisscham oder Protoscham die Folge von erlebten Erschütterungen

Es geht in diesem jetzt folgenden Kapitel um die dritte Stufe von Spiral Dynamics, **Rot**, in der die Festigung und Stabilisierung des Ich-Selbst im Zentrum der Entwicklung steht. Macht und Eroberung, also das eigene Wollen und der Wille sowie die Integrität des Menschen werden zu herausragenden Themen in dieser Zeit. Im Rahmen der kollektiven Bewusstseinsentwicklung der Menschheit wird das Bewusstsein dieser Stufe auch Kriegerbewusstsein genannt. Für die individuelle Entwicklung finde ich den Begriff jedoch sehr unpassend. Es geht um die Zeit, etwa ab dem dritten Lebensjahr und die folgenden Jahre, wobei ich immer wieder betonen möchte, dass die zeitlichen Begrenzungen nicht so starr zu sehen sind. Es kommt also besonders in dieser Phase zur Entwicklung der Persönlichkeit, der Individualität und auch der Integrität. Es wird also erst mal um das Thema Anerkennung gehen und dann auch um die wechselseitige Anerkennung, oder Dialektik der Anerkennung. Bei diesem Prozess, können wir sehr gut erkennen, wie es zur traditionellen Sicht der Scham und zum klassischen Konzept des Narzissmus kommt. Ich gehe dann weiter auf die zwei Möglichkeiten ein, die zur Bildung des Schattens dieser Stufe führen, bevor ich die wichtigsten Kommunikations- und Verhaltensmuster beschreibe. Diese narzisstischen Beziehungsmuster, denn so können wir sie nennen, übernehme ich zwar von der Selbstpsychologie, sie sind jedoch ganz allgemein gültig für die zwischenmenschliche Kommunikation. Anschließend beschreibe ich sehr ausführlich das weit verbreitete Grundmuster: „Wir zwei gegen den Dritten".

Allerdings stehen erstmal die schnelle Befriedigung der Bedürfnisse, schnelle Aktion und heftiges Wollen, sowie manchmal auch noch die Impulsivität im Vordergrund des kindlichen Handelns. Alles muss sofort und vollkommen erreicht und befriedigt werden. Es wird bei dem Bewusstsein dieser Stufe oder bei diesem Mem auch von selbst-zentriert, selbstschützend oder egozentrisch gesprochen, und für das Kleinkind geht es also in diesem Bereich der Bezogenheit besonders um das Erleben und vor allem Annehmen von Begrenzungen neben anderen speziellen Erfahrungen, die mit Macht und Ohnmacht oder den Grenzen des Ich-Selbst zusammenhängen. Es ist eine Zeit, in der das Ich-Selbst nun so sicher und stabil entwickelt ist, dass das Selbsterhaltungsbestreben auch einen deutlichen Schub der Festigung und Stabilisierung erfährt. Wie in der mythischen Erzählung, in der bei Narcissus der Durst, das Bedürfnis nach Selbsterhaltung erwacht und es gleichzeitig das Liebesbedürfnis gibt.[2] Auch hier erkennen wir wieder eine Doppelrichtung des Narzissmus, die von Selbsterhaltung und Selbstanpassung. Wobei in diesem Verständnis in der Selbstanpassung auch das Bestreben nach Transzendenz enthalten ist, wie Koestler es gesehen hat. Ein besonders starkes Erwachen oder auch Wachsen des Selbsterhaltungsbestrebens hat in diesem Bereich der Bezogenheit auch mit der sich nun stark entwickelnden Identität und auch der Individualität des Menschen zu tun. Wir können dies auch umgekehrt sagen, die sich langsam entfaltende Persönlichkeit des Ich-Selbst führt zu verstärkten Aktivierungen des Selbsterhaltungsbestrebens.

Betrachten wir dieses Erwachen oder die Entfaltung der Identität nun etwas genauer. Das Selbstgefühl oder auch die Selbst- und Weltsicht des Kindes ist nun erstmals wirklich getrennt von anderen und von der Welt. Diese Trennung ist jedoch niemals absolut, denn immer bleibt eine Bindung als Bezogenheit bestehen und somit handelt es sich auch immer um Intersubjektivität. Im günstigen Fall können wir auch von Resonanz sprechen, wie Rosa sie versteht. Allerdings lässt sich die Resonanz – bei der Begegnung zweier Erwachsener – nicht einfach herstellen, und man kann sie auch nicht einfordern oder einklagen. Es bleibt die Frage, ob Bezogenheit oder Intersubjektivität bzw. Resonanz zwischen Mutter – oder Vater – und Kind hergestellt werden kann. Ich denke, in dieser Situation ist das Kind von Anfang an in einem Zustand der Resonanz und es kommt auf die Resonanzfähgkeit und -möglichkeit von Mutter und Vater an, ob sich tatsächliche Resonanz entfalten kann. Allerdings kann auch beim Baby die Resonanzfähigkeit durch die ganz frühen Erschütterungen schon beeinträchtigt sein und ist es wohl auch relativ häufig.

Bindung oder Bezogenheit und somit auch Intersubjektivität ist meiner Auffassung nach immer nur im Zusammenhang mit Resonanz möglich. Ohne echte Resonanz sind Bindung oder Bezogenheit immer in irgendeiner Art und Weise gestört oder einfach mangelhaft. Zur Persönlichkeitsentwicklung, die wir auch als Selbstorganisation des Menschen bezeichnen können, kommt es also immer gleichzeitig in der Verbundenheit mit der Welt, also im Zustand des Eins-Seins mit der Welt und in den Beziehungen zu anderen Menschen.

Diese Selbstorganisation des Ich-Selbst oder des Holons Ich-Selbst will ich nun etwas genauer beschreiben. Die Voraussetzung für eine gelingende Ich-Selbst Entwicklung ist Bezogenheit und Resonanz, oder wie wir es aus einer anderen theoretischen Perspektive auch beschreiben können, eine positive Selbstbeziehung ist eine Verinnerlichung oder eine Internalisierung der intersubjektiven Erfahrung von Anerkennung.[3] Also das Kind braucht und bekommt die Anerkennung, wodurch eine gute Selbstbeziehung möglich wird. Da aus dieser Sicht schon bei einem embryonalen Urzustand heute eher von primärer Intersubjektivität ausgegangen wird, ist gerade die mit dieser Intersubjektivität verbundene wechselseitige Anerkennung ganz besonders bei der nun deutlich fortschreitenden Individualisierung in dieser Stufe **Rot** von herausragender Bedeutung. Halten wir noch einmal fest: Anerkennung wird nun ganz besonders wichtig. Erstmals in der Entwicklung des Kindes geht es also darum, dass sich das Kind und sein Gegenüber, als zwei mehr oder weniger autonome Individuen wechselseitig anerkennen. Je stärker also der Prozess der Individualisierung voranschreitet, desto offener und deutlicher werden die Mechanismen der Anerkennung.

Die Entwicklung des Ich-Selbst erreicht hier gewissermaßen eine Art Höhepunkt bei dem nun auch die Scham eine besondere Bedeutung bekommt. Es beginnt nun die Zeit, in der die fehlende oder eine zu geringe Anerkennung die Schamentwicklung verstärkt. Das Kind bekommt keine Anerkennung und erlebt sich als nicht wert oder nicht liebenswert. Auch die Scham als eine Folge des Normverstoßes wird nun stärker, obwohl dieser Prozess erst in der folgenden Stufe seinen Höhepunkt erreicht. Das Kind beginnt zu erleben, dass es wenig Anerkennung bekommt, oder sogar bestraft wird, wenn es den Normen der Mutter oder des Vaters nicht entspricht. Ich tue etwas nicht oder falsch oder zu wenig, was die Eltern von mir wollen, und ich bekomme das Gefühl, ich bin nicht in Ordnung, nicht liebenswert usw..

Wechselseitige Anerkennung

Grundsätzlich können wir sagen, dass eine hinreichend gute Bemutterung und/oder wie ich hinzufüge, eine hinreichend gute Bevaterung, die Voraussetzung dafür bildet, dass es zu einer solchen wechselseitigen Anerkennung kommen kann. Ich gehe heute davon aus, dass Väter eine ebenso liebevolle, fürsorgliche, versorgende und wertschätzende Beziehung zum kleinen Kind eingehen können, und oft auch eingehen, wie die Mütter. Viele Jahre, in denen ich selbst mein Vatersein reflektiert habe und ich mich auch besonders mit den Mustern von Muttersöhnen und Vatertöchtern beschäftigt habe, galt mein Engagement und meine Unterstützung oft dem sogenannten neuen Vater. Unter ‚hinreichend gut' ist immer ein Verhalten zu verstehen, dass sich ausbalancierend zwischen optimaler Einfühlung und optimaler Versagung bewegt. Genau um diese sehr feine Balance geht es dabei, wenn man beispielsweise auch von optimaler Frustration spricht. Es ist ein Spiegeln, Achten, Wertschätzen und Bestätigen so oft und so viel wie möglich, und auch ein Begrenzen, Einschränken oder Versagen, aber eben nur so stark um immer wieder einen angemessenen und gesunden Ausgleich, also eine natürliche Balance zu finden. Ich benutze hier manchmal die Worte ‚liebevoll Grenzen setzen' und meine damit auch, nicht mehr als das Kind oder der andere Mensch vertragen kann.

Vergleichbar ist diese Balance für mich mit dem therapeutischen Verhalten bei Menschen mit schweren Schamkonflikten. Es gilt, so oft und viel wie notwendig, die Scham zu erkennen, zu benennen und dann auch sich mit seiner Verwundbarkeit und Verletzlichkeit zeigen, jedoch nicht mehr als gerade verkraftet werden kann. Auch hier geht es um diese sehr feine Gratwanderung, die ich manchmal auch als Kunst bezeichne. Wir können hier auch das Gemeinsame erkennen. So wie das Kind in dieser

Phase der Entwicklung immer sehr feinfühlig, sensibel und empfindsam ist, so ist auch der Mensch mit starken Schamkonflikten und schwerer Schamprägung besonders verwundbar. In beiden Situationen geht es ja um die Feinheit, Zerbrechlichkeit und Zartheit des Ich-Selbst. Beim Kleinkind ist das Ich-Selbst ja gerade in der ersten Entwicklungsphase oder Stabilisierungsphase, wie eine zarte Pflanze, die gerade dem Boden entsprungen ist und beim schamgeprägten Menschen ist das Ich-Selbst durchaus in einer vergleichbaren Situation. Es ist durch die Erschütterung in den Zustand der Zartheit, Feinheit und Zerbrechlichkeit zurückgeworfen. Anerkennung ist also in diesem Bereich der Bezogenheit das besonders herausragende Thema. Da es jedoch genau in dieser Zeit der kindlichen Entwicklung zu einem Bewusstsein von einem selbst als Objekt für andere kommt, kann das Anerkennungsthema auch äußerst schwierig werden.

Das Ich-Selbst ist in dieser Phase ja noch teilweise impulsiv, machtorientiert und es will alles und zwar sofort. Sofortige Wunscherfüllung und absolute Befriedigung stehen an erster Stelle des Verhaltens des Ich-Selbst, und somit ist auch das Selbsterhaltungsbestreben ganz besonders ausgeprägt. Genau aus diesem Grund wird diese Stufe ja egozentrisch genannt. Bis jetzt war die sogenannte Selbstwirksamkeit oder Wirkmächtigkeit des kleinen Kindes immer noch ein alles bestimmendes Merkmal dieser Stufe des Bewusstseins, und somit muss das Selbsterhaltungsbestreben immer deutlicher auch mal begrenzt oder gestoppt werden, um diese reine Egozentrik zu überwinden bzw. sie differenzieren und integrieren zu können. Anders ausgedrückt, das Kind muss jetzt lernen die egozentrische Selbst- und Weltsicht zu erkennen und sie dann aber zu integrieren um eine neue Sicht entwickeln zu können.

Selbstlosigkeit der Eltern und Grenzenlosigkeit

Anerkennung für Selbstbehauptung wird also einerseits notwendig bleiben für eine gesunde Entwicklung der Selbsterhaltung und andererseits muss es auch Anerkennung geben für die Schritte und Bestrebungen der Selbstanpassung, oder diese müssen direkt gefördert werden. Genau diese Phase der Entwicklung kann sehr schwierig sein, denn es gilt jetzt für Erziehungspersonen ganz besonders mit den seelischen Gegensätzen angemessen umzugehen. Wenn die Anerkennung für die Selbsterhaltung zu extrem wird, haben wir es mit einer Förderung der Egozentrik zu tun. Wird hingegen die Selbstanpassung zu sehr belohnt und unterstützt, so kann des Ich-Selbst des Kindes vielleicht zu sehr angepasst oder gar devot und unterwürfig werden. Bei zu starken Erschütterungen der Selbsterhaltung, zum Beispiel durch Missbrauch, Missachtung oder Misshandlungen und fehlender Anerkennung, kann es zu größten Verletzungen oder Traumatisierungen kommen. Diese führen zu Verstärkungen der Selbstanpassung oder gar zu Selbstauflösungstendenzen.

Einerseits können sich in dieser Phase durch Verwöhnung oder Verhätscheln Störungen ergeben, denn dieses Verhalten von Eltern hat immer den Charakter von mangelnden Begrenzungen oder sogar von Grenzenlosigkeit. Diese Haltung von Eltern ist übrigens heute sehr verbreitet, denn sie hat mit dem Bewusstsein der SD-Stufe **Grün** zu tun, welches derzeit in unserer Kultur sehr viel Einfluss hat. Hier tauchen dann Begriffe auf wie Überfürsorglichkeit, Helikoptereltern oder Grenzenlosigkeit und tyrannische Kinder, die natürlich mit aller Vorsicht zu betrachten sind. Zu diesem Verhalten von Eltern, bei dem meist das eigene Selbsterleben oder genauer gesagt, das Selbsterhaltungsbestreben von Mutter oder Vater völlig vergessen oder ignoriert wird, kommt es meist um das Kind vor Einschränkungen oder Enttäuschungen und damit auch vor Spannungen oder Konflikten zu bewahren.

Ich selbst habe als Vater sehr stark Einstellungen dieser Art gehabt und sehe dies nachträglich sehr kritisch. Nach meiner Einschätzung ist dies ein Problem, welches sich in der Zeit der Postmoderne immer weiter ausbreitet. Ich komme darauf zurück, wenn ich über den Schatten der **grünen** Stufe berichte. Andererseits, und dies dürfte bei schweren Leidenszuständen natürlich häufiger der Fall sein, kommt es zu den Erschütterungen beim Kind durch Zurücksetzungen, Missachtungen oder Entwertungen und Demütigungen, sowie durch Vernachlässigungen und Misshandlungen. Emotionaler Missbrauch, sexuelle Grenzüberschreitungen oder andere Arten von Gewalterfahrungen sind hier oft die Spitze des Eisbergs. Verwöhnung oder Überbehütung ist das eine Modell des elterlichen Verhaltens und Versagungen, Vernachlässigung, Verlassenheit oder Missachtung und Misshandlung das Andere.

Was bewirken nun diese Verhaltensmuster beim kleinen Kind und welche Folgen ergeben sich für das Holon Ich-Selbst? So wie wir zwei Modelle des Erziehungsverhaltens beschreiben können, so sind auch die Folgen dieser Muster besonders auf zwei verschiedene Arten zu sehen.

Doch beginnen wir erst mal bei der Entstehung von Scham. Alle Erlebnisse von Missachtung, Demütigung oder Vernachlässigung und Misshandlung sind in jedem Fall als Erschütterungen des kognitiven Konstruktes Ich-Selbst zu verstehen, und sie sind damit grundsätzlich schamauslösend. Da die Stabilisierung des Ich-Selbst in dieser Stufe erst wirklich geschieht, kann es gerade in dieser Phase auch besonders viele Erschütterungen geben, die ja jeweils Scham auslösen. In vielen gravierenden Fällen, besonders von schweren Misshandlungen und Traumatisierungen wird die Scham allerdings gerade nicht direkt erfahren. Durch die fehlende Dosierung oder Begrenzung in den Frustrationen, also durch ein Übermaß und enorme Heftigkeit der Erschütterungen, kommt es gar nicht dazu, dass sich die Scham entwickeln kann, d.h. es kommt gewissermaßen nicht zur Aneignung der Scham. Menschen mit diesen Schädigungen können dann später keine Scham wahrnehmen und empfinden. Sie kennen oft keine Scham und finden dies meist auch sehr positiv. Stattdessen haben sich meist eine Wutneigung oder andere Deckgefühle und Zustände als Masken der Scham entwickelt.

Aber auch die Erfahrungen, die sich dem Modell der Verwöhnung zuordnen lassen, führen zur Entwicklung von Scham. Hier bleibt eine Fixierung an die Grenzenlosigkeit des Alles und an die absolute Versorgung und Fürsorge der frühesten Mutter-Bindung oder Bezogenheit bestehen. Auch ist dies eine Fixierung an eine scheinbar absolute Wirkmächtigkeit. Also das Kind erlebt es etwa so: „Ich bewirke alles". Jede spätere Begrenzung und die kleinste Einschränkung oder Frustration kann dann eine Kränkung mit Schamgefühlen auslösen. Auch hier kommt es dann jedoch eher zum Deckgefühl der Wut als Schamabwehr oder zu anderen Masken der Scham.

Aus Sicht des Holons Ich-Selbst führen viele der sehr unterschiedlichen und auch besonders heftigen Erschütterungen zu starken Aktivierungen der Selbstauflösung. In der Psychoanalyse wird dann von fragilem Selbst oder von fragiler Ich-Struktur gesprochen. An dieser Stelle will ich kurz auf die Scham-Attacke eingehen, zu der es als Folge dieser Erschütterungen im späteren Leben immer mal wieder kommen kann. Zu diesem Syndrom gehören: 1. Augenkontakt bricht zusammen, 2. Denkstörung, 3. Sprachstörung und 4. ein inneres Schrumpfen, welches auch als Regression in einen frühkindlichen Zustand bezeichnet werden kann. Eine verstärkte Neigung zur Selbstauflösung kann also grundsätzlich bei gravierenden Erschütterungen bestehen bleiben, und diese ist dann auch als pathologisch anzusehen. Die zwei viel häufigeren Arten der Folgen für das Kind, die auch nicht immer pathologisch sein müssen, sind jedoch eine Verstärkung der Neigung zur Selbsterhaltung und/oder eine Verstärkung der Neigung zur Selbstanpassung. Beides ist also immer der ganz normale menschliche Schatten und nur bei besonderer Intensität sollte man von Pathologien ausgehen.

In einer früheren Arbeit habe ich sehr ausführlich darüber geschrieben und bei diesen Zuständen von der seelischen Zerrissenheit gesprochen.[4] Die egozentrische Selbst- und Weltsicht bleibt also sehr häufig in der Art bestehen, dass der betreffende Mensch zu extremen Zuständen der Selbsterhaltung neigt und diese oft sehr starr, zwanghaft oder aggressiv wirken. Manchmal kommen Menschen nur sehr schwer oder erst nach längerer Zeit aus solchen Zuständen heraus.

Eine zweite mögliche Auswirkung ist eine starke Neigung zur extremen Selbstanpassung, die ich ja ebenfalls dem integralen Narzissmus zuordne, da in der Regel das Gleichgewicht der vier Bestrebungen massiv gestört ist. Verhaltensmuster oder Zustände dieser Tendenz sind dann beispielsweise Minderwertigkeitsgefühle und häufige Selbstwerteinbrüche mit einer verstärkten Schamanfälligkeit. Es kann dann auch zu besonders starkem Anpassungsverhalten kommen, das dann bis zur Unterwürfigkeit führen kann. Abhängigkeitsverhalten und die sogenannte Co-Abhängigkeit oder eine sogenannte Opferhaltung gehören auch meist dazu.

Diese klassischen egozentrischen inneren Haltungen und Zustände können nun aber auch abwechselnd auftreten und es kommt zu häufigem Wechsel, oder nach längeren und sehr langen Phasen in die eine Richtung kommt es zum Wechsel in die andere Richtung. Wenn Menschen besonders häufig die Zustände von extremer Selbsterhaltung erleben und dies als starre innere Haltung in sich tragen, wird auch manchmal von offenem oder expansiven Narzissmus gesprochen und man geht von Grandiosität oder einem Größen-Selbst aus, und das ist letztlich nur die Fixierung an die fälschlicherweise angenommene absolute Wirkmächtigkeit des kleinen Babys.

Bei besonders häufigem und sehr starkem Selbstanpassungsbestreben kann man von verstecktem Narzissmus ausgehen, und dieser Zustand wird auch Kleinheits-Selbst, vulnerabler Narzissmus oder sogar Größenklein genannt.[5] Ich persönlich ziehe den Begriff Kleinheits-Selbst vor, da sich ein Betroffener wohl eher klein fühlt und sich deshalb vielleicht besser mit dem Begriff identifizieren kann.

Die dritte Möglichkeit einer pathologischen Entwicklung, kann ein sogenanntes fragiles Selbst sein, bei dem es auch immer wieder mal zu Zusammenbrüchen oder einem „Zerfall" des Ich-Selbst kommt. Hier haben wir es dann mit einer verstärkten Neigung zur Selbstauflösung zu tun. Manchmal kann es auch zu Zuständen der inneren Zerrissenheit kommen, die wir eher der vorherigen Stufe Purpur zuordnen müssen. Es ist dann also deutlich mehr eine Egozentrik der mangelnden Trennung zwischen Ich-Selbst und dem Anderen, die eher zur Borderline Problematik gehört. In der klinischen Diagnostik spricht man dann auch eher von Borderline-Strukturniveau. In dieser Stufe **Rot** haben wir es dagegen stärker mit einer Aufspaltung zwischen Macht und Ohnmacht, zwischen herrschen und beherrscht werden oder zwischen Groß und Klein zu tun.

In meiner Sichtweise kann ich natürlich alle drei Muster als Narzissmus bezeichnen, denn die Balance oder ein immer wieder möglicher Ausgleich zwischen den vier Bestrebungen des Holons können gravierend gestört sein und stattdessen kommt es zu starken Spannungszuständen. Die Folge sind heftige, impulsive Ausschläge, also auch häufige schnelle Bewegungen und gegenteilig auch Blockaden oder starre Haltungen und Absolutsetzungen. Hier haben wir wieder den erregten oder rasenden Stillstand statt einem ruhigen Gleiten. So kann ein Mensch beispielsweise extrem machtorientiert handeln und andere Menschen demütigen, entwerten und diskriminieren, oder zu einem anderen Zeitpunkt erlebt er sich als Versager voller Minderwertigkeitsgefühle und Scham. Ein anderer Mensch zeigt überwiegend co-abhängiges Verhalten und fühlt sich oft depressiv, bis er plötzlich aggressiv und wütend auf andere Menschen reagiert. Menschen können auch manchmal dissoziieren oder Verzweiflung mit Panik und Schamattacken erleben, aus denen sie ohne Unterstützung nur sehr schwer wieder herauskommen.

Auch eine zu schnelle, zu heftige oder absolutsetzende Suche nach Transzendenz kann sich einstellen, die ja dann oft verbunden ist mit einer deutlichen Vernachlässigung der anderen drei Bestrebungen. Manchmal sind Menschen auch gleichzeitig in zwei unterschiedlichen Bestrebungen. Ich erinnere mich an einen Mann, der mir seine Not mitteilte, in dem er von Schmerz und Verletzungen sprach und mir aber gleichzeitig sehr heftig vermittelte „und du musst mir helfen". Wichtig war auch, dass seine Gefühlssituation nicht authentischer Schmerz oder Verletzung war, sondern aggressives Machtverhalten. Es handelte sich hier um das gelichzeitige Erleben des Strebens nach Selbstanpassung (Hilfe suchen) oder sogar der Tendenz der Selbstauflösung (absolute Hilflosigkeit) und der Selbstdurchsetzung (Machtverhalten), die zum Selbsterhaltungsbestreben gehört. Auch das übliche co-abhängige Verhalten ist in dieser Art vermischt. Der selbstanpassende Wunsch sich hilfreich zu verhalten, wird zu einem machtvollen Zwang der Selbsterhaltung im Sinne von „ich muss dir helfen" oder der machtvollen Haltung „du musst dir helfen lassen". Dies sind nur wenige ganz kleine Beispiele von möglichen Spannungen und Störungen eines ruhigen Gleitens zwischen den vier Bestrebungen.

Wir können nun deutlich sehen, dass die egozentrischen Verhaltensweisen immer Reaktionen auf die Erschütterungen des Ich-Selbst sind. Dieser Narzissmus wird also auch immer zwischen Ich-Selbst und dem anderen Menschen angesiedelt. Er ist eine Selbstbeziehung, die reflexiv, im Spiegel der Beziehungen zu anderen Menschen erworben wird.[6] Im günstigen Fall oder besser noch im Idealfall ist er als ruhiges Gleiten zwischen den vier Bestrebungen des Holons anzusehen. Da vor allem die horizontale Achse, also Selbsterhaltung und Selbstanpassung, eine besondere Bedeutung für die zwischenmenschliche Kontakte der Intersubjektivität hat, können wir auch den Narzissmus in erster Linie hier verorten. In diesen Kontakten geschieht auch die sogenannte Selbstwertregulation durch die wechselseitige Anerkennung. Indem wir in der Interaktion mit anderen Menschen mal etwas deutlicher aus der Selbsterhaltung reagieren oder zum anderen Zeitpunkt wieder etwas stärker aus der Selbstanpassung, können sich die Momente der Anerkennung ergeben. Jemand kann beispielsweise aus seiner Rolle als Lehrer seinem Gegenüber Hilfe und Unterstützung anbieten, und kann dies wohlwollend und anerkennend tun. Er tut dies jedoch aus seinem Streben nach Selbsterhaltung. In einer anderen Situation dankt jemand seinem Lehrer oder Ausbilder für die gute und hilfreiche Unterstützung. Dies gehört eher zum Selbstanpassungsbestreben. Auch ein Lehrer, Therapeut oder Coach kann manchmal seine eigene Betroffenheit oder seine schmerzlichen Gefühle zeigen, und dies gehört zu einem Akt der Anerkennung des Anderen, obwohl er damit im Selbstanpassungsbestreben ist.

Eine Art harmonisches Fließen, bei dem es nicht zu Extremen oder zu starren Blockaden und heftigen Ausschlägen in eine der beiden Richtungen kommt, ist Voraussetzung für die wechselseitige Anerkennung. Natürlich ist dieses harmonische Fließen oder dieses ruhige Gleiten bei beiden Partnern des Kontaktes erforderlich, um wirklich Resonanz zu ermöglichen. Bei beiden kann es so zu Reaktionen kommen, die vom Anderen als wohlwollend, akzeptierend oder gar wertschätzend und anerkennend erlebt werden.

Erlebt das Kind jedoch zu viele und zu starke Erschütterungen in diesem Bereich der Bezogenheit, dann bleiben Anteile dieses Mems erhalten und werden nicht transformiert und integriert. Eine Blockade von **Rot** oder geschlossene Zustände dieser Stufe sind dann die Folge. Das ist der Schatten von **Rot** oder auch die Pathologie von diesem Bereich der Bezogenheit. Menschen neigen dann häufiger oder auch zu verstärkten Reaktionen aus diesem Mem und diese Reaktionen können aus allen vier Bestrebungen kommen, wie ich es schon beschrieben habe. Halten wir hier noch einmal fest, dass diese nicht integrierte Egozentrik, ich nenne sie manchmal Restegozentrik, vor allem durch Mängel in der Befriedigung des Bedürfnisses nach Anerkennung entstanden sind. Grundsätzlich neigt der Mensch dann zu starken Schamgefühlen – „ich bin nicht wert“ –, oder er hat sich im Extremfall die Scham gerade nicht angeeignet und es kommt in beiden Fällen eher schnell zur Wut oder zu anderen Masken der Scham. Welche Bedeutung und Auswirkungen diese Defizite in der Bestätigung, Spiegelung, Wertschätzung und Anerkennung für die Gestaltung der zwischenmenschlichen Beziehungen haben, darum soll es im folgenden Abschnitt gehen.

Ich und Du

Menschliches Verhalten ist immer als Beziehungsverhalten zu sehen, denn das Ich-Selbst oder das Selbsterleben konstituiert oder entfaltet sich durch die intersubjektive Anerkennung erst in der Resonanz. Das Ich-Selbst ist sozusagen immer eingebettet in den Dialog und damit niemals losgelöst von der Ich-Du-Beziehung. Auch die Regulation des Selbstwerts oder des Selbstwertgefühls ist ein Leben lang ganz selbstverständlich abhängig von der Ich-Du-Beziehung. Hier möchte ich noch einmal die Dialektik der Anerkennung erwähnen wie Jessica Benjamin sie in Anlehnung an Hegel beschreibt.

In dem Augenblick, da wir unsere Unabhängigkeit erreichen, sind wir davon abhängig, sie uns gegenseitig zu bestätigen. In dem Augenblick, da wir begreifen, was es heißt, >Ich selbst< zu sagen, müssen wir auch die Grenzen dieses Selbst erkennen.[7]

Kommt es in dieser Stufe **Rot** zu bedeutenden oder gravierenden Schädigungen und Beeinträchtigungen, dann bleibt ein zu stark ausgeprägtes Anerkennungsbedürfnis bestehen. Die Frage nach der Intensität dieses Bedürfnisses ist gleichzeitig auch die Frage nach dem Ausmaß einer möglichen Pathologie. Ein grundsätzliches Bedürfnis nach Anerkennung oder das Streben nach Anerkennung gehört zur Existenz des Menschen und ist bei jedem Menschen immer vorhanden. Als Schatten oder als pathologisch können wir dieses Bedürfnis nach Anerkennung nur dann ansehen, wenn es sehr stark ausgeprägt ist und zu einer Art Drang oder Zwang wird. Aus der Selbstpsychologie die Heinz Kohut entwickelt hat, sind uns fünf verschiedene Verhaltens- oder Beziehungsmuster bekannt, bei denen es um die Suche nach Anerkennung geht. Ich kann sie gut für mein Konzept übernehmen und will sie kurz vorstellen.[8] Grundsätzlich müssen wir jedoch festhalten, dass den Betroffenen das Muster oft nicht bewusst ist, oder – was sehr, sehr häufig der Fall ist – das Muster ist ihnen bekannt, jedoch ist ihnen das tatsächliche Ausmaß nicht bewusst. Letzteres zeigt sich dann oft als scheinbare Einsicht, bei der aber möglicherweise die Intensität der Pathologie nicht klar ist.

1. **Ich brauche deine Anerkennung.** Bei diesem ersten Muster geht es darum, dass der Betreffende ein zu starkes Bedürfnis nach Spiegelung und Anerkennung hat, also ein extremes und zwanghaftes Bedürfnis. Als Spiegelung können wir die grundsätzlich einfühlsamen und anerkennenden Reaktionen verstehen, die auf alle Äußerungen und Signale des Menschen erfolgen und die wir auch Resonanz nennen. Menschen die dieses Beziehungsverhalten besonders ausgeprägt entwickelt haben, suchen besonders intensiv nach Bestätigung, Bewunderung und Anerkennung. Sie unterliegen beispielsweise einem Drang oder Zwang sich so darzustellen, dass sie die Aufmerksamkeit anderer bekommen. Dadurch soll eigenen Gefühlen der Wertlosigkeit und der Leere sowie einem Selbstwertmangel entgegengewirkt werden. Natürlich sind auch besonders die Scham und vor allem die Schamangst Gefühle die drohen, wenn die ständige Spiegelung verloren geht. Wie ich schon festgestellt habe, gibt es dieses Muster bei jedem Menschen und nur das Ausmaß des Zwangs bestimmt den Grad einer möglichen Pathologie.

Menschen, die dieses Muster leben, haben meist ein zu starkes oder extremes Selbstanpassungsbestreben, welches sich dann oft als abhängiges Verhalten, Co-Abhängigkeit oder auch als sogenannte Opferhaltung zeigen kann. Grundsätzlich können Menschen, die in der Rolle des Schülers, des Lernenden, des Mitarbeiters, des Geführten, des Suchenden oder des Mitglieds einer Gruppe, einer Vereinigung oder einer Organisation sind, zu stark in dieses Muster rutschen. Besonders möchte ich hier politische Organisationen und spirituelle oder religiöse Gemeinschaften erwähnen, bei denen die Mitglieder immer gefährdet sein können, die Anerkennung zu stark zu suchen. Eine bewusste Arbeit an den Schattenanteilen wäre also immer notwendig, wenn man in einer solchen Rolle ist.

Allerdings findet sich dieses Verhalten durchaus auch bei Menschen, die ein zu starkes Selbsterhaltungsbestreben haben. Sie zeigen dann besonders deutlich ihr Wissen oder ihre intellektuellen und anderen Fähigkeiten und müssen zwanghaft immer Recht haben oder eben immer alles besser wissen. Durch diese, manchmal sehr extreme Besser- oder Bescheidwisserei, versuchen sie ständig die Anerkennung zu bekommen, die sie so dringend benötigen. Ich beobachte in unserer heutigen Wissens- und Informationsgesellschaft immer wieder mal Menschen, die einen regelrechten Kampf in sich tragen. Es ist der Kampf der etwa so lauten kann: „Ich muss Recht haben", oder „Ich muss den Anderen Überzeugen". Oft sind es durchaus „richtige", sinnvolle oder erstrebenswerte Inhalte, um die es geht, jedoch ist die absolutsetzende, oft aggressive Rechthaberei des inneren Kampfes das Problem. Hier finden wir dann häufig Menschen in den verschiedensten Führungs- oder Leitungspositionen sowie in Lehrtätigkeiten. In der Rolle als Politiker, Lehrer, Therapeut oder Coach und Seminarleiter kann man wunderbar der verstärkten oder manchmal sogar zwanghaften Sehnsucht nach Anerkennung nachgehen.

2. Du bist so wunderbar und ich darf dich bewundern. Menschen mit diesem Muster suchen ständig andere Menschen, die sie wegen ihres Prestiges, ihrer Macht, ihrer Schönheit, ihrer Intelligenz oder ihrer moralischen Größe bewundern können. Sie fühlen sich selbst nur wertvoll oder liebenswert, wenn sie andere, von denen sie sich akzeptiert fühlen, idealisieren können. Hier finden wir meist Menschen, die vielleicht dazu neigen, sich klein zu fühlen, die unter zu starken Schamgefühlen leiden und sich zu schnell anpassen oder unterordnen. Ja-Sager werden sie auch manchmal genannt. Ihr Kleinheitsselbst und damit auch ihr übertriebenes Selbstanpassungsbestreben sind zwar besonders deutlich ausgeprägt, dennoch sind ihnen die Kleinheitsgefühle und die Scham oder sehr oft auch nur die Schamängste meist nicht bewusst. Ganz besonders häufig können sich solche Muster, ähnlich wie bei der verstärkten Anerkennungssuche des ersten Musters in sogenannten Guru-Beziehungen, in Sekten und jeder Art von Gemeinschaft aber auch in politischen Parteien, in Organisationen und in gossen Teams zeigen.

3. Ich bin wie Du. Dieses Muster wird die Suche nach dem Alter-Ego oder Zwillingsbeziehung genannt. Man braucht die Verbindung oder die enge Beziehung zu einem anderen Ich-Selbst, das die eigenen Werte und Meinungen teilt und bestätigt. Aber dies funktioniert letztlich ebenfalls nicht und reicht meist nicht aus, um die Leerstellen oder Lücken im eigenen Ich-Selbst zu füllen. Man erkennt dann doch, dass der andere nicht man selbst ist und muss dann wieder einen Zwilling suchen. Auch hier ist das Selbstanpassungsbestreben zu stark entwickelt, ähnlich wie bei der Bewunderung. Dieses Muster kommt zwar öfter in persönlichen Beziehungen vor, etwa in der Art: „Du bist ganz toll und ich bin wie du“, dennoch findet es sich auch besonders in kulturellen oder politischen Organisationen. Derzeit können wir dieses Muster oft bei den Anhängern des amerikanischen Präsidenten Trump oder des türkischen Präsidenten Erdogan vermuten.

4. Ich bin ein Teil von Dir. Hier geht es um das Verlangen nach Verschmelzung. Der andere wird extrem kontrolliert und an sich gebunden, da die eigene Stabilität des Ich-Selbst noch nicht gefestigt ist. Es ist teilweise noch in einem sehr frühen, kaum entwickelten Zustand, der der Stufe **Beige** oder **Purpur** zuzuordnen ist. Als Alternative für die eigene sehr mangelhafte Struktur wird die Verschmelzung mit dem anderen Ich-Selbst gebraucht. So kommt es in der Verschmelzung zu einer Art

Ersatzstruktur. Dadurch ist es kaum möglich, Grenzen zwischen sich und dem anderen wahrzunehmen und zu akzeptieren. Hier gibt es wieder starke Ähnlichkeit mit dem Schatten der vorherigen purpurnen Stufe, der sogenannten Borderline-Problematik. Die Fähigkeit, eigene Gedanken, Wünsche und Bedürfnisse von denen des anderen zu unterscheiden, ist nur sehr gering entwickelt. Dies macht es natürlich oft sehr schwer, die Unabhängigkeit des anderen auszuhalten.[9] So kann jeder selbständige Schritt, jede kleine Distanzierung oder jede Bewegung in Richtung Autonomie des gerade benutzten Gegenübers (das Ich-Selbst des Du) zu Trennungskrisen oder zu Selbst-Zusammenbrüchen beim verschmelzenden Ich-Selbst führen. Ein neues Ich-Selbst muss möglichst schnell zur Verschmelzung gesucht werden. Bei diesem Verhaltens- und Beziehungsmodell herrscht ebenfalls das Selbstanpassungsbestreben vor und sehr häufig sogar das Selbstauflösungsbestreben.

Leider müssen wir davon ausgehen, dass dieses Muster als eine Art Zeiterscheinung heute besonders häufig anzutreffen ist. In unserer Zeit, in der Grenzüberschreitungen bzw. Grenzerweiterungen oft schon ein allgemeines Ziel werden, in der Bindung, Nähe und Beziehung besonders wichtig werden und Gleichheit, Gemeinschaft sowie Gefühle und Mitgefühl große Bedeutung haben, ist die Gefahr sehr groß, dass diese Art des Nähe-Erlebens mit einer solchen Verschmelzungsneigung verwechselt wird. Umgekehrt, können wir sagen, dass Menschen, die eine solche Verschmelzungsneigung aus ihrer Biographie mitbringen, oft in der Gefahr sind, von bestimmten Vorstellungen oder Ideologien die menschliche Nähe, Gemeinschaft oder Gemeinsamkeit beinhalten, angezogen zu werden. Auch eine zwanghafte Sehnsucht nach Mütterlichkeit, die sich in einer besonders ausgeprägten Betonung der Wichtigkeit der frühen Mutterbeziehung in der Gesellschaft zeigen kann, hat manchmal eine solche Verschmelzungssehnsucht als Ursache. Ich komme auf solche Auswirkungen einer Verschmelzungsneigung zurück, wenn wir uns mit dem Schatten der Stufe **Grün** beschäftigen.

5. Ich bin nicht wert, ich ziehe mich zurück. Menschen scheuen Beziehungen und vermeiden Kontakt zu anderen Menschen, weil die Sehnsucht oder manchmal sogar die Sucht nach Anerkennung zu stark ist. Die Angst vor einer Zurückweisung ist so groß, dass sich ein Rückzugsverhalten und soziale Isolation ergeben. Dieses Muster ist meist auch schon ein pathologisches Muster der vorherigen Stufe welches „schizoid" genannt wurde. Die Betroffenen reagieren auch auf die meist unbewusste extreme Verletzlichkeit mit diesem kontaktvermeidenden Verhalten. In der Psychoanalyse ist meist der Begriff vulnerabler Narzissmus üblich, wenn grundsätzlich vom extremen Selbstanpassungsbestreben die Rede ist. Eine ausgeprägte Verletzlichkeit, höchste Sensibilität und Empfindsamkeit müssen natürlich besonders behütet oder geschützt werden. Auch dieses Modell des Beziehungsverhaltens entsteht durch ein zu starkes Selbstanpassungsbestreben und natürlich auch häufig durch ein zu starkes Selbstauflösungsbestreben.

Wie ich schon angedeutet habe, sind diese Verhaltens- und Beziehungsmuster bei allen Menschen vorhanden und sie sind für mich damit ganz grundsätzliche menschliche Verhaltensweisen, die erstmal jenseits von gesund und krank anzusiedeln sind. In einem bestimmten, nicht zu gravierenden Ausmaß kennen wir alle ein Beziehungsverhalten, wie es in den fünf Mustern beschrieben ist, da wir immer auf Anerkennung angewiesen sind. Im Gegenteil, Anerkennung ist ein allgemeines menschliches Grundbedürfnis. Auch in der Selbstpsychologie wird davon ausgegangen, dass nur das vierte und fünfte Muster pathologisch sind. Ich bin allerdings der Auffassung, dass alle fünf Muster in geringem Ausmaß zum menschlichen Sein gehören und alle fünf können auch Schattenanteile und damit pathologisch werden, wenn das Ausmaß entsprechend stark wird. Alle fünf Beziehungsmuster können dann ja Extreme in den Bestrebungen des Holons sein und damit sind sie aus meiner Sicht eben Egozentrik oder Restegozentrik. Ein ruhiges Gleiten ist dann immer mehr oder weniger stark beeinträchtigt. Ein weiterer Aspekt ist, dass die Muster nicht immer eindeutig sind. Man kann also gleichzeitig in Anteilen von zwei oder mehreren Mustern kommunizieren und die Verhaltensmuster können natürlich auch häufig wechseln. Dennoch haben viele Menschen verstärkt eine dieser Arten von Beziehungsgestaltung.

Als letztes möchte ich ein Konzept vorstellen, dass ebenfalls als eine Art Grundmuster des Verhaltens für alle Menschen Gültigkeit hat und in der heutigen Zeit sehr weit verbreitet ist. Innerhalb der psychoanalytischen Theorie wird dieses Muster als ein Konzept gesehen, dass weder als klassisch narzisstisch noch als klassisch ödipal gilt. Aus meiner Sicht ist dieses Konzept erstens, als eine Art allgemeines Grundmuster des Beziehungserlebens zu verstehen, und zweitens überschreitet es nach meiner Auffassung deutlich die traditionellen psychoanalytischen Theorien. Auch hier müssen wir klar differenzieren zwischen einer angemessenen Ausprägung dieses Musters, wie es zum normalen Verhalten des Menschen gehört, und einer pathologischen Entwicklung. Ich werde in der Beschreibung etwas genauer darauf eingehen.

Wir beide gegen den Dritten

Denken wir immer an die vier Bestrebungen des Holons Ich-Selbst, so wird sehr deutlich, wie die verschiedensten Spannungen und die fehlende Balance zu egozentrischen Verhaltensmustern, und damit auch zu den fünf beschriebenen Beziehungsmustern führen können. Es gibt jetzt noch ein ganz allgemeines Muster des Verhaltens oder Beziehungsmuster, wie es in unserer Gesellschaft als eine Art Grundmuster üblich, und entsprechend weit verbreitet ist. Jeder Mensch ist auch wieder mehr oder weniger stark davon betroffen. Es stammt aus einer familiendynamischen Sicht der Psychoanalyse und wird von Thea Bauriedl sehr differenziert beschrieben.[10] Es ist sozusagen ein Konzept jenseits der psychoanalytischen Narzissmustheorie und auch jenseits der Ödipustheorie und scheint auch deshalb besonders geeignet, für meine Sichtweise, eines Integralen Narzissmus, herangezogen zu werden. Wir können es hier mal etwas verkürzt „Zwei gegen einen" nennen.

Ich möchte dazu erstmal an die vier Bestrebungen des Holons Ich-Selbst erinnern und sie noch einmal, teilweise etwas anders betrachten. Die für diese Stufe **Rot** besonders wichtige Bestrebung ist ja das Selbsterhaltungsbestreben, das ja auch Selbstbehauptung genannt werden kann. Auf der horizontalen Achse, gibt es dann als Gegensatz, das

Selbstanpassungsbestreben, das im positiven Fall zu partnerschaftlichem Verhalten und zu Kompromissen führen kann. Beides gehört zu dem, was ich hier Intersubjektivität genannt habe, da es immer mit dem Kontakt und der Bezogenheit zum anderen Menschen zu tun hat. Etwas leger ausgedrückt, können wir uns das auch so vorstellen, dass zwei Holons Ich-Selbst sich mit ihrem Selbsterhaltungsbestreben und ihrem Selbstanpassungsbestreben begegnen und ein „Miteinander" finden müssen. Und da wird es oft schon schwierig, denn der Mensch hat nach meiner Überzeugung grundsätzlich die Tendenz das Selbsterhaltungsbestreben als erstes zu aktivieren. Im angemessenen Ausmaß und immer im Fluss, also ständig veränderbar und im Wandel, ist dies auch menschlich und natürlich. Entscheidend ist die Bereitschaft und die Fähigkeit, dieses sofort aktivierte Selbsterhaltungsbestreben auch kritisch zu sehen oder infrage zu stellen. Der Mensch erlebt sich als Holon Ich-Selbst immer im ruhigen Gleiten zwischen den vier Bestrebungen. Also muss ich mich jetzt durchsetzen oder kann ich mich auch anpassen? Ordne ich mich jetzt unter oder setze ich meine Auffassung oder meinen Willen jetzt doch durch? Gebe ich nach und finde einen Kompromiss oder setze ich mich jetzt mit Kraft und Stärke durch? Das sind kleine Beispiele für die Ströme auf der horizontalen Achse.

Neben den beiden Bestrebungen auf der horizontalen Achse, Selbsterhaltung, Selbstanpassung haben wir es mit der Tendenz „zurück zum Ursprung" zu tun, die wir auch Regression nennen können und die hier als Selbstauflösungsbestreben bezeichnet wird. Also statt mich durchzusetzen oder nachzugeben, gehe ich meinem Bedürfnis nach Regression etwas nach und mache eine Pause. Ich lege mich (vorübergehend) auf eine Couch und träume vor mich hin oder ich nehme ein schönes warmes Bad zur Entspannung.

Als viertes ist die Bewegung über sich hinaus zu wachsen zu sehen, die letztlich als Prozess der Emergenz bezeichnet werden kann. Wir nennen sie Selbsttranszendenz und können sie auch als Anbindung an ein übergeordnetes Ganzes sehen. Kurzzeitig konzentriere ich mich auf eine Meditation oder ich versuche durch eine Übung oder ein Ritual eine Art höhere Einsicht zu erlangen. In den beiden Bestrebungen nach Selbstauflösung einerseits und nach Selbsttranszendenz andererseits, sehe ich auch die (An)Bindung an das „Eins-Sein-mit-der-Welt". Es ist auch ein Zurück-zum-Ursprung und ein nach vorne ins neue Bewusstsein.

Aus dieser Sicht ist für mich die Intersubjektivität, die schon seit der vorgeburtlichen Zeit im embryonalen Resonanzraum vorhanden ist, auch die Verbundenheit mit dem Alles-ist-Eins.

Im Konzept „Zwei gegen einen" sehen wir die Dualbeziehung, also eine Zweierbeziehung, in der unbewusst wohl auch ein Erleben des „Alles-ist-Eins" gesucht wird. Die Erschütterungen des Holons Ich-Selbst, die ja zur Scham führen, bedeuten nun besonders in dieser Stufe **Rot** eine gewisse Fixierung an diese Suche nach Anerkennung, verbunden mit der Sehnsucht nach dem „Alles-ist-Eins". Je stärker also die Erschütterungen in diesem Bereich der Bezogenheit sind, desto stärker kann sich später im Leben ein Drang nach einer Dualbeziehung zeigen und desto stärker ist auch die in diesem Drang enthaltene Sehnsucht nach dem Einheitsgefühl. Hier in der Qualität von Frieden, Liebe, Glück, Konfliktfreiheit und Wohlgefühl. Bei starken Erschütterungen vor dieser Stufe hat sich ja schon ein entsprechendes COEX-System entwickelt und dies wird nun diese Sehnsucht noch einmal verstärken.

Das Beziehungsmuster um das es mir jetzt geht, kann als der Wunsch nach einer engen Zweierbeziehung betrachtet werden, bei der der Dritte zusätzlich immer mehr oder weniger ausgeschlossen wird. Die gravierenden Erschütterungen in allen bisherigen Bereichen der Bezogenheit oder in allen Stufen von **Beige** bis **Rot**, führen nun zu einer Verstärkung dieses Drangs nach einer Dualbeziehung mit dem dazugehörigen Ausschluss des jeweiligen Dritten. Wieder können wir sagen, je stärker die Erschütterungen waren, desto stärker ist der Drang oder auch die Notwendigkeit den jeweils Dritten auszuschließen, denn nur in der fest abgeschlossenen Dualbeziehung kann die Illusion eines Einheitserlebens Wirklichkeit werden. Natürlich ist der Wunsch nach einer solchen Dyade nicht immer pathologisch und auch ein Ausschluss oder eine Entwertung bzw. Missachtung des Dritten findet nicht immer statt. So führt auch ein monogames Leben nicht grundsätzlich zu diesem pathologischen Muster obwohl die Möglichkeit dafür in der Monogamie deutlich eher gegeben ist. In engen Partnerschaften muss also immer besonders auf die Gefahr der Entwicklung eines solchen Beziehungsmusters geachtet werden.

Es ist etwa so wie bei der Sucht, die Stärke des inneren Zwangs definiert den Grad einer möglichen Pathologie. Auch bei der Scham ist es ja grundsätzlich sehr ähnlich. Geringe Scham ist ein Signalgefühl, sie schützt und ist die Hüterin der Würde. Wird eine Beschämung jedoch stärker, ist sie verletzend und erschütternd und kann zum Leiden führen, da das Ich-Selbst dann geschädigt ist. So ist natürlich auch eine enge Zweierbeziehung an sich, nicht als pathologisch zu betrachten, sondern sie wird es nur dann, wenn eine starre und zwanghafte Fixierung besteht und eine Entwertung mit Ausschluss des jeweiligen Dritten hinzukommt. Pathologisch ist also nicht eine Zweierbeziehung an sich, oder grundsätzlich die monogame Beziehung oder gar eine „feste Bindung". Als pathologisch können wir nur das Muster ansehen, bei dem sich zwei Menschen vorübergehend in einer Art Bündnis zusammenschließen und gegen einen dritten agieren. Solche Bündnisse sind natürlich fast immer unbewusst und auch die Entwertung oder der Ausschluss der dritten Person ist beiden letztlich nicht bewusst. Wir können oder müssen fast davon ausgehen, dass dies eine Art Grundmuster sein kann, welches in unserer Kultur sehr verbreitet ist.

Dieses Muster „Wir zwei gegen den Dritten" entsteht grundsätzlich nicht nur in festen Beziehungen oder in engen Zweierbeziehungen, sondern allgemein wo Menschen zu einem Gespräch zusammenkommen, kann es dazu kommen. Wenn mehrere Menschen sich zusammenfinden, kann es immer geschehen, dass sich kleine Bündnisse von zwei Personen bilden, und eine dritte, oder mehrere weitere Personen ausgeschlossen werden. Man kann es oft in Gesprächen bemerken, wenn sich jemand vermehrt oder fast immer nur an eine konkrete zweite Person wendet, und vielleicht eine oder weitere Personen im Gespräch kaum, oder gar nicht mehr angesprochen oder miteinbezogen werden. Manchmal kann man dann die deutlich emotional-aversiven Reaktionen gegen die störenden Dritten wahrnehmen, und dadurch den Ausschluss deutlich spüren. So kann sich dann ein Bündnis bilden, mit dem Ziel eines festen inneren Zusammenhalts, einer Art Geschlossenheit. Gerade hier gilt natürlich, dass solche Dyadenbildungen nur dann kritisch gesehen werden können, wenn der Dritte, manchmal sogar mit einer gewissen Aggression, wirklich ausgeschlossen wird. Größte Vorsicht und Achtsamkeit sind hier allerdings notwendig, denn meist gibt es natürlich auch in Gruppengesprächen kurzzeitige Zweiergespräche, die niemals als pathologisch eingestuft werden dürfen. Mir geht es hier nur darum, auf die Möglichkeit eines solchen Schattenanteils aufmerksam zu machen, der in der Regel nicht gesehen wird. Dies trifft natürlich für sehr viele Schattenanteile auf jeder Stufe zu, und ich will hier noch einmal deutlich daran erinnern. Ähnlich, wie ich es für die Traumafolgen sehe, müssen auch die vielen Schattenanteile der Menschen erstmal als überlebensnotwendig und lebensnotwendig gewürdigt werden. Auch ein Erkennen und vor allem eine Definition als pathologisch sollte immer angemessen, höchst achtsam und würdigend geschehen. Höchstes Verantwortungsbewusstsein ist hier erforderlich.

Ersatzpartnerschaften

Eine spezielle Art des Musters „Zwei gegen einen" ist hier deutlich hervorzuheben, denn dabei geht es ununterbrochen um eine erneute Verstärkung oder um ein weiteres Anwachsen der Egozentrik in der Familie und damit auch in der Gesellschaft. Es ist dies ein Bündnis zwischen einem Elternteil und einem Kind, bei dem es auch zu einer Idealisierung des Kindes und einer Entwertung und einem Ausschluss des anderen Elternteils kommt. Die Suche nach einer Dyade in einem solchen Bündnis wird zu einer Art Ersatzpartnerschaft, da die Ursachen dafür in einer unbefriedigenden oder konflikthaften Partnerschaft liegen. Also gestörtes Selbstwertgefühl und damit immer verbundene Verstärkungen des Selbstanpassungsverhaltens und/oder extreme Selbstauflösungstendenzen von Vater oder Mutter, können dann zu einer Ersatzpartnerschaft mit dem Kind führen. Diese Egozentrik kann natürlich auch bei beiden Elternteilen so stark sein, dass Ersatzpartnerschaften mit einem Kind mal bei der Mutter und mal beim Vater möglich sind. Auch kann, bei mehreren Kindern, mal das eine Kind oder mal das andere Kind davon betroffen sein, und zum Ersatzpartner werden. Bei mehreren Kindern können sich so, sehr verschiedene, immer wieder auch wechselnde Ersatzpartnerschaften oder Bündnisse ergeben. Mal die Mutter mit einem Kind, mal mit einem anderen. Mal der Vater mit einem Kind, mal mit einem anderen.

Die Ausprägung solcher Ersatzpartnerschaften kann natürlich sehr unterschiedlich sein, und je stärker sie ist, desto eher handelt es sich um gravierende Egozentrik in der Familie. Bei geringer Ausprägung und vor allem bei fehlendem Ausschluss des jeweils dritten, sind solche vorübergehenden etwas stärkeren Dyaden auch ganz natürlich und sogar im gewissen Masse notwendig für die Integration der Egozentrik. Das Lernen von Begrenzungen und auch von Frustrationstoleranz wird durch die damit immer verbundenen Erfahrungen von Trennung und Verlust ja letztlich gefördert und sogar erst möglich. So ist die Bildung von Triaden, also Dreierbeziehungen ein wichtiges Lernziel für jedes Kind und die sich immer wieder auflösenden Dyaden, sind ein notwendiger Schritt in diese Richtung. Bei einer gelungenen Triadenbildung kommt es ja gerade weder zu einer zu engen Dualbeziehung noch zum Ausschluss des jeweiligen Dritten. Dabei wird gerade der egozentrische Aspekt, der in der Dualbeziehung liegt überwunden, der Verlust wird bewältigt und Begrenzungen werden gelernt und akzeptiert. Nur bei der Ersatzpartnerschaft ist ja das Ziel gerade jede Begrenzung, jede Trennung oder jeden Verlust zu vermeiden. Je stärker und zwanghafter diese Vermeidung ist, desto eher haben wir es mit dem Muster eines pathologischen Bündnisses oder einer Ersatzpartnerschaft zu tun.

Hier sind wir wieder bei der optimalen Versagung oder der optimalen Frustration. Gerade in dieser Stufe der Entwicklung können jedoch Ersatzpartnerschaften die Integration der egozentrischen Selbst- und Weltsicht beim Kind deutlich beeinträchtigen. Das Kind erlebt durch die damit verbundene Aufwertung und Idealisierung, „ich bin wichtiger als die Mutter" (oder der Vater) ständig scheinbar paradiesische Zustände. Dies kann sich so stark entwickeln, dass sich eine passive Anspruchs- und Erwartungshaltung enorm steigert und oft werden dann immer wieder scheinbar „paradiesische Zustände" eingefordert. Ich gehe davon aus, dass dieses Phänomen in unserer heutigen Zeit weit verbreitet ist. Die Themen die im Zusammenhang mit dem „kleinen Tyrannen" oder den „Helikoptereltern" angesprochen werden, haben meiner Ansicht nach mit dem Konzept „Ersatzpartnerschaft" zu tun.

Betrachten wir die Egozentrik, die beim Kind auf diese Art entstehen kann. Da ist zuerst einmal die Selbstanpassungstendenz, die sich als Hilflosigkeit und Ohnmacht oder häufiges passives Verhalten zeigen kann. Auch Orientierungslosigkeit, Schwierigkeiten Verantwortung zu übernehmen, besonders natürlich auch Selbstverantwortung oder eine ausgeprägte Opferverhaltung gehören manchmal dazu. Diese Selbstanpassungstendenz kann sich aber manchmal verwandeln und die Selbsterhaltungstendenz wird stärker oder grundsätzlich ist diese als Selbstbehauptung auch manchmal besonders stark ausgeprägt. So wird beispielsweise aus einer Opferrolle heraus oder aus einer Position der Hilflosigkeit, machtvoll und aggressiv etwas eingefordert (Selbstbehauptung). Hier stehen dann manipulatives Machtverhalten, dominantes Verhalten oder deutlich egozentrisches Beherrschen-Wollen im Vordergrund. Sehr häufig kommt es auch einfach zu extrem appellativem Verhalten. Auch Einbrüche in die Selbstauflösungstendenz können bei Menschen, die das Muster der Ersatzpartnerschaft erlebt haben immer wieder auftauchen. Besonders in Situationen persönlicher Krisen kann es dann vermehrt zu Schamattacken oder zu sonstigen Zuständen der Verwirrung oder des Zusammenbruchs des Ich-Selbst kommen.

Eines meiner wichtigsten Erkenntnisse in der Selbsterforschung war die Erkenntnis, dass ich selber als Vater ganz klar von diesem Muster betroffen war. In meiner ersten Ehe kam es immer wieder zu den gerade beschriebenen Bündnissen in der Qualität der Ersatzpartnerschaft. Heute kann ich in der Rückschau sehr deutlich erkennen, dass viele Spannungen in der Partnerschaft, viele Zustände der Unzufriedenheit und viele Konflikte in der Ehe zu den gerade beschriebenen Mustern der Ersatzpartnerschaft mit meinen Töchtern geführt haben. Dies gilt für mich selbst genauso, wie für meine damalige Frau, zumal wir die Beziehungen zu den Töchtern immer als außerordentlich wichtig angesehen haben, und wohl eher illusorische und sehr stark idealisierte Erziehungsvorstellungen entwickelt hatten. So konnten sich pathologische Bündnisse immer wieder hinter scheinbar fortschrittlichem Erziehungsmustern und Erziehungsstilen etablieren, aber auch besonders gut verbergen. Das Thema Verschmelzungsneigung oder auch die Vernachlässigung bzw. eine völlige Unterordnung des eigenen Ich-Selbst unter die „scheinbaren" Bedürfnisse der Kinder, möchte ich in diesem Zusammenhang durchaus herausstellen. Diese kurzen Bemerkungen zur Selbsterforschung mögen an dieser Stelle genügen.

Werden also in diesem ganzen Bereich der Bezogenheit der Stufe **Rot** verstärkt Erschütterungen des Ich-Selbst erlebt, bleibt es bei einer mehr oder starken Egozentrik, die eben nicht integriert, und damit auch nicht überwunden werden kann. Die Störungen eines ruhigen Gleitens in den vier Bestrebungen des Holons Ich-Selbst können wir dann Narzissmus nennen. Im nun folgenden Teil möchte ich die grundsätzliche Arbeit an diesem Narzissmus kurz darstellen, wie sie für die Schattenanteile aus dieser Stufe der Wandlung hilfreich sein können.

Einfach meinen einfachen Weg

Wenn die egozentrische Selbst- und Weltsicht des Kindes vor allem in dieser Stufe nicht genügend transformiert wird, bleibt der Mensch grundsätzlich in irgendeiner Art und Weise narzisstisch. Ich mache hier ja keine Aufteilung zwischen gesundem Narzissmus und kranken Narzissmus, da es mir besonders darauf ankommt, deutlich zu machen, dass jeder Mensch betroffen ist, und dass dies auch immer sofort zu erkennen sein sollte. Gleichzeitig könnte dem Menschen auch sofort deutlich werden, dass die Transformation dieser Egozentrik seine innere Aufgabe ist. Diese Sichtweise geht aus meinem Konzept des Narzissmus deutlich hervor, und es ist für mich der Sinn des menschlichen Daseins, seine egozentrische Selbst- und Weltsicht zu überwinden. Diese Egozentrik nenne ich deshalb auch Integralen Narzissmus. Die Aufgabe ist als ein fortlaufender Prozess zu sehen, der nie zu Ende geht. Natürlich gibt es schwere narzisstische Störungen, die sicher auch mit diesem

Konzept zu erklären sind, doch geht es mir hier nur um den allgemeinen Narzissmus eines jeden Menschen, und genau für diesen gibt es kein gesund und krank. Die Bezeichnung gesunder Narzissmus, wie sie traditionell üblich ist und derzeit wohl besonders geschätzt wird, verhindert in der Regel genau diese Einsicht um die es mir hier geht, und müsste einfach immer sofort selbstkritisch und kritisch überprüft werden.

Die Begriffe impulsives Selbst, oder selbst-schützend bzw. opportunistisch sowie Kriegerbewusstsein werden ja ebenfalls für eine Fixierung an diese Stufe benutzt.[11] Ich bin jedoch der Auffassung, dass diese Begriffe aus unterschiedlichen Gründen nicht ganz passend sind, um dieses Bewusstsein genau zu beschreiben.

Direkt impulsiv ist das Kind in dieser Phase nicht mehr, denn die ausgeprägte Impulsivität können wir sehr klar der vorherigen Stufe **Beige** zuordnen. Noch viel weniger ist der erwachsene Mensch direkt als impulsiv zu bezeichnen obwohl er es hin und wieder natürlich sein kann und sicher auch häufig ist, wenn er aus dieser Stufe heraus reagiert. Allerdings kann er oft auch sehr berechnend oder abwägend und kontrollierend sein. Diese Verhaltensmuster passen jedoch nicht ganz zur Impulsivität.

Selbst-schützend ist natürlich auch ein passender Begriff, da es letztlich immer auch darum geht, durch gesteigerte Selbsterhaltung oder durch Selbstanpassung das verletzliche oder schon verwundete Ich-Selbst zu schützen. Eine Verstärkung der Selbstauflösung, als Folge der Erschütterungen ist ebenfalls häufig anzutreffen und dient letztlich auch dem Schutz des Ich-Selbst. Auch eine verfrühte oder extreme Neigung zur Selbsttranszendenz kann vorkommen und dient ebenfalls dem Schutz des Ich-Selbst.

In einer therapeutischen Haltung ist der Begriff selbst-schützend natürlich gerade besonders hilfreich und sogar notwendig, um den schwer gestörten narzisstischen Menschen wirklich zu erreichen und zu berühren. Um also Resonanz zu ermöglichen ist es notwendig seine Schutzhaltung zu verstehen. Für einen allgemeinen Umgang halte ich ihn jedoch für nicht so glücklich, da er leicht dazu verführen oder führen kann, die egozentrische Selbst- und Weltsicht wieder zu verharmlosen oder zu beschönigen und ihre Überwindung damit zu erschweren. Ein Phänomen, das in der heutigen Zeit der Postmoderne immer deutlicher zu beobachten ist. Es scheint mir eine Art Zeitkrankheit zu sein.

Als opportunistisch können wir Menschen natürlich dann bezeichnen, wenn sie immer auf ihren Vorteil schauen und ganz schnell berechnend sind, was (nur) für sie vorteilhaft ist und sich entsprechend verhalten. Grundsätzlich halte ich den Begriff jedoch nicht für besonders hilfreich oder angemessen, da längst nicht alle pathologischen Verhaltensmuster dieser Stufe opportunistisch sind.

Den Begriff Kriegerbewusstsein ordne ich auch in Anlehnung an McIntosh eher der Evolution des Bewusstseins der ganzen Menschheit zu und weniger der individuellen Entwicklung des Menschen, obwohl er mir gerade in letzter Zeit in der Politik manchmal sehr angemessen erscheinen könnte. Ich denke da an Politiker wie Trump, Erdogan oder Orban und ganz besonders an die derzeitigen Präsidenten der Philippinen und von Brasilien. Jedoch lehne ich den Begriff für die grundsätzliche individuelle Entwicklung klar ab, da durch ihn eine Verharmlosung der Bedeutung von Wut und Kampf schneller möglich ist. Auch glaube ich nicht, dass ein integrales Denken bei dem es um Schattenarbeit geht, den Begriff „Kriegerbewusstsein? wirklich braucht. Dieses ganze Buch handelt ja davon die Egozentrik zu überwinden und Krieger-Sein positiv zu sehen, kann diese Arbeit möglicherweise wieder erschweren oder an bestimmten Stellen auch verhindern.

Ich bleibe grundsätzlich lieber bei dem Begriff ‚egozentrisch' für diese Stufe, den ich immer weiter verwenden werde. Beim erwachsenen Menschen handelt es sich dann um eine Art Restegozentrik. Wie schon mehrfach beschrieben, kann sich diese unter anderem zeigen in sogenannten offenen Größenideen und zu hohen Ansprüchen an sich selbst und anderen, was dann auch häufig Perfektionismus genannt werden kann. Erinnern wir uns, dabei handelt es sich um eine Regression auf die ganz frühe Selbstwirksamkeit des Babys in der Stufe **Purpur**. Oft kommt es auch zu Arroganz und Überheblichkeit oder Machtausübung und Kontrolle über andere Menschen. Letzteres führt manchmal dazu, andere Menschen nur noch zu benutzen, oder sie zu missbrauchen. Sie werden zum Objekt gemacht, also verobjektiviert. Auch manipulatives Verhalten kann es geben oder die manchmal weniger gravierenden Muster der Besserwisserei oder Bescheidwisserei, sowie die unterschiedlichsten Arten der Entwertung und Demütigung anderer Menschen. Ein hoher Grad an Intellektualisierung, gemischt mit Besserwisserei oder Bescheidwisserei, ist gerade in einer sogenannten spirituellen oder integralen Szene häufig zu beobachten. Oft ist dabei dann auch der Integrale Narzissmus sehr deutlich zu erkennen. Auch die schon erwähnten Entwertungen und Erniedrigungen anderer Menschen spielen in den aktuellen gesellschaftlichen Diskursen eine immer größere Rolle. Es ist fast schon so, als gebe es keine Diskussionen mehr ohne solche Muster, die oft schon als selbstverständlich hingenommen werden. Sie verbergen sich auch meist hinter scheinbar menschenfreundlichen Formulierungen. Zum Beispiel ist ein Satz wie: „Du hast noch nicht das höhere Bewusstsein" oder „die haben noch nicht die richtige Einsicht", aus meiner persönlichen Sicht ganz klar besserwisserisch und den anderen entwertend.

Besonders diese etwas weniger drastischen Verhaltensmuster wie Recht haben müssen oder ständige Entwertungen der Anderen, nehmen meiner Ansicht nach besonders in den sozialen Netzwerken immer mehr zu und verstärken so eine allgemeine Respektlosigkeit, die dann schnell zu Hetze und aggressiver Beschimpfung werden kann. All diese Muster des Denkens und Verhaltens können als extreme Entwicklungen der Selbsterhaltungstendenz betrachtet werden. Die Menschen wollen zu stark nur Ganzes sein und müssen deshalb ihre Mitmenschen erniedrigen und entwürdigen. Natürlich kommen auch die gesteigerten Verhaltensweisen der Selbstanpassung oft vor. So zeigen sich beispielsweise Abhängigkeitsgefühle und Co-Abhängigkeit oder sogar depressive Zustände und bestimmte Formen der Unterordnung. Überstarkes Anpassungsverhalten, häufig verbunden mit starken Versagens- und Minderwertigkeitsgefühlen oder mit offenen Schamgefühlen, ist auch oft zu beobachten. Häufig bestimmen auch Schamängste das Erleben der Menschen, die von Schattenanteilen dieser Stufe betroffen sind. Bei Zusammenbrüchen des Ich-Selbst sind auch bestimmte Gefühle der Selbstauflösung wie Schamattacken, Wut, Verzweiflung, Leeregefühle und auch wieder die allgemeine Scham durchaus möglich. Diese extremen Gefühle und inneren Zustände aller drei Bestrebungen des Holons Ich-Selbst sind natürlich wieder nur Ausdruck sehr gravierender Restegozentrik, die dann oft auch als pathologisch angesehen werden muss. In deutlich geringerem Ausmaß sind manche dieser Gefühle und Zustände allerdings wieder bei allen Menschen möglich.[12]

Die Arbeit mit inneren Einstellungen

Zur Arbeit mit diesen egozentrischen Mustern im Sinne einer Transzendierung und Integration möchte ich wieder einige Beispielsätze anfügen, die aus meiner Arbeit mit inneren Einstellungen stammen. In meiner früheren Arbeit habe ich dazu ausführlich berichtet.[13]

- Ich fühl mich so klein
- Ich fühl mich so einsam und leer
- Ich achte auf meine und deine Grenzen
- Ich gehe einfach meinen einfachen Weg
- Ich schäme mich und zeige dir meinen Schmerz
- Ich schäme mich und zeige dir meine Verletzung
- Ich bin im Kontakt mit dir und zeige dir meine Gefühle
- Ich bin ein kraftvoller Mann (Frau) und ich darf auch bedürftig sein
- Ich bin kraftvoll und stark und kann auch schwach und bedürftig sein

Solche Einstellungssätze stammen direkt aus der Gruppentherapie und sind dementsprechend Sätze, die bei einzelnen Personen bei ganz speziellen Themen Anwendung fanden, und deshalb nicht in jedem Fall generalisiert werden können. Dennoch berühren sie in erster Linie die typischen Blockaden aus der hier besprochenen Stufe **Rot**. So oder ganz ähnlich können Einstellungssätze für eine Bearbeitung der Egozentrik der Menschen lauten. Ein paar erklärende Worte zu den Einstellungssätzen.

Sätze in denen es um Gefühle wie klein, einsam und leer oder um Schmerz und Verletzung geht, sind deshalb so sinnvoll, da in der Egozentrik groß, machtvoll, stark oder beherrschend deutlich im Vordergrund stehen und die Gefühle und Zustände des Kleinheitsselbst oft aus dem bewussten Erleben abgespalten sind. Stattdessen stehen dann Perfektionismus und Grandiosität immer im Vordergrund. Wobei ich daran erinnern möchte, dass Größenvorstellungen immer die Gebundenheit an die Selbstwirksamkeit des Kleinstkindes sind.

Der Umgang mit Grenzen wurde ja oft nicht gelernt und deshalb sind entsprechende Einstellungssätze sehr sinnvoll. Dabei geht es um die eigenen Begrenzungen und besonders auch um die Wahrnehmung und Achtung der Grenzen der Anderen. Eine doppelte Vereinfachung ist sehr wirkungsvoll gegen grandiose und perfektionistische Tendenzen.

Das Zeigen und Mitteilen von Gefühlen ist meist genauso wenig entwickelt in der Egozentrik, wie der Umgang mit den Gegensätzen, besonders den Gegensätzen von stark und schwach oder groß und klein und mächtig und ohnmächtig. Die zielgerichteten Sätze für diese Schwierigkeiten sind oft ganz besonders wichtig. Ich nenne dies, die Arbeit mit der inneren Zerrissenheit oder die Einstellungsarbeit mit den Gegensätzen.

Es hat sich gezeigt, dass die Arbeit am Integralen Narzissmus in dieser Art immer sehr hilfreich und sinnvoll sein kann, auch wenn keine oder nur äußerst geringe offene Leidenszustände auftreten. Letztlich geht es ja immer um die Transformation der Egozentrik, in ihrer sehr unterschiedlichen Ausprägung, wie sie sich bei jedem Menschen, zu einer bestimmten Zeit präsentieren kann. Ziel ist ja immer ein Erreichen, eine Wiederherstellung oder eine Stabilisierung des ruhigen Gleitens im Innern des Ich-Selbst.

6. Regeln und Rollen

„Die Menschen verinnerlichen die Regeln und die moralischen Grundsätze und fühlen Schuld und Scham, wenn sie davon abweichen." – Frederic Laloux[1]

In dieser nun folgenden Stufe geht es vor allem um Ordnung, Regeln und Strukturen oder auch und vor allem um die Normen der Menschen, sowie um Selbstdisziplin und Selbstkontrolle. Eine innere Auseinandersetzung des Ich-Selbst zwischen Chaos und Ordnung findet also jetzt seinen vorläufigen Höhepunkt.[2] Die Stufe wird hier **Blau** genannt und von unterschiedlichen Autoren auch als traditionell, konformistisch, interpersonell oder ethnozentrisch bezeichnet. In der Integralen Psychologie geht Wilber auch von soziozentrisch/konventionell und von Drehpunkt 4 (D4) aus.[3] Für das Kind beginnt jetzt die Zeit, in der es besonders Normen und Regeln verinnerlicht und sich an diesen auch orientieren kann. Es lernt nun auch die Rolle des Anderen einzunehmen und sich dementsprechend zu orientieren. Bei einer angemessenen Integration dieses Mems lernt das Kind konstruktiv mit Regeln und Strukturen umzugehen, es hat moralische Normen verinnerlicht und ist stabil und sicher im Umgang mit verschiedenen Rollen. Manchmal wird die Zeit hier sehr begrenzt festgelegt, etwa 7. und 8. Lebensjahr. Ich gehe jedoch eher von einem längeren Zeitraum aus und sehe den Beginn schon etwa ab dem 4. oder 5. Lebensjahr und den Verlauf dann bis in die spätere Kindheit.

Als erstes werde ich mich in diesem Kapitel zu allgemeinen pathologischen Anteilen diese Stufe äußern, die besonders mit Regeln und Normen und damit auch mit Schuld und Scham zusammenhängen. Da geht es dann vor allem um das sogenannte Schuld-Scham-Dilemma. Anschließend beschäftige ich mich mit den Schwierigkeiten der Geschlechtsidentität also mit den Mustern der Muttersöhne und der Vatertöchter, also auch dem Konzept des Kümmerers sowie des ewigen

Jünglings. Eine große Rolle in dieser Stufe spielen auch die Suchtstrukturen der Co-Abhängigkeit sowie der Beziehungs-, Sex-, und Romansucht. Als letztes – bevor ich dann wieder hilfreiche Einstellungsätze vorschlage – geht es mir in diesem Kapitel dann um die sogenannten höheren Neurosen, bei denen es sich um Zwänge, histrionische Zustände und Ängste handeln kann.

In der natürlichen und normalen Entwicklung auf der Spirale, die wir auch reif oder gesund nennen können, wandelt sich die egozentrische Selbst- und Weltsicht erst langsam zu einer ethnozentrischen und gegen Ende dieser Wandlung auch zu einer soziozentrischen Sicht. Das Ich-Selbst beginnt damit auch die Ansichten und Meinungen sowie die Normen und Werte der nächsten Umgebung zu sehen, anzuerkennen und auch oft zu übernehmen. Dies sind natürlich erstmal die Normen des Vaters oder der Mutter, also der Familie. Wird dieser Prozess in irgendeiner Art und Weise gestört oder gar blockiert, kommt es zur typischen Scham, wie sie sich bei Normverstößen entwickelt. Diese Art von Scham galt lange Zeit, und gilt leider teilweise noch immer als die einzige oder klassische Erklärung für die Entstehung des innerpsychischen Zustands, den wir Scham nennen. Auch Erik H. Erikson ordnet die Scham in seinem Stufenmodell eher in dieser Zeit ein. Er spricht bei dieser, seiner zweiten Stufe, von Autonomie gegen Scham und Zweifel. In seiner ersten Stufe, die er Vertrauen gegen Urmisstrauen nennt und die hier als zweite Stufe Purpur bezeichnet wird, kann es nach meiner Überzeugung aber ebenfalls zu den Erschütterungen kommen, die ja immer Angriffe auf das Ich-Selbst oder Verletzungen des Ich-Selbst, und somit auch Beschämungen sind. Diese sehr früh entstehende Scham führt dann zu dem mangelnden Urvertrauen und zu einer fehlenden Zuversicht, wie wir bei Erikson lesen können.[4] Sehen wir nur die Scham, die durch die Normverstöße in dieser Stufe Blau entsteht, werden die unterschiedlichsten Erschütterungen des Ich-Selbst, die schamauslösend sind, und schon auf allen vorherigen Stufen der Spirale vorkommen können, nicht erkannt. Dadurch gehen meiner Ansicht nach, sehr bedeutende Einflüsse auf die Persönlichkeit des Menschen grundsätzlich verloren. Auch die Schuldgefühlentwicklung, die schon als Basisschuld in der Stufe Beige beginnen kann, findet hier in der Stufe

Blau ihren Höhepunkt. Die Erschütterungen dieser Stufe verstärken natürlich auch ein möglicherweise schon seit der Stufe Beige vorhandenes COEX-System.

Schuld- und Schamgefühle können sich hier besonders zu einem ausgeprägten Schuld-Scham-Dilemma entwickeln. Dies bedeutet eine weitere Abhängigkeit des Ich-Selbst von den Regeln und Normen in der Familie, die mit Schamgefühlen verbunden ist. Diese Scham, wir sprechen hier von einer Abhängigkeitsscham, ist den Betroffenen meist allerdings nicht bewusst. Im Unbewussten ist die Scham über die Abhängigkeit und jede Bewegung oder jeder kleine Schritt zu mehr Unabhängigkeit und Autonomie kann dann allerdings Schuldgefühle auslösen, die sogenannte Trennungsschuld. Diese Schuldgefühle, die ja durch die Aktivität der Loslösung entstehen, führen dann wieder zu der inneren Haltung „ich bin nicht gut" oder „ich bin nicht wert", und so schließt sich der Kreis wieder bei der Scham. Hier handelt es sich dann um eine Art Schamspirale oder um das Schuld-Scham-Dilemma.

Weitere Blockaden und geschlossene Zustände dieser Stufe können sich darin zeigen, dass sich gerade Verlässlichkeit und Verantwortung nicht so gut entwickeln und Selbstdisziplin und Selbstkontrolle ebenfalls nur ungenügend vorhanden sind. Der Umgang mit den Regeln und Normen der Familie oder später einer Gemeinschaft, eines Kollektivs oder der Gesellschaft wird dann nur mäßig gelernt, und so bleiben im gewissen Ausmaß egozentrische Muster bestehen, die meistens wieder extreme Selbsterhaltung oder extreme Selbstanpassung sein können. Es kann aber auch zu sehr unangemessenen und rebellischen Verhaltensmustern gegenüber Regeln und Strukturen, also einer schwierigen Anpassung kommen. Manchmal zeigt sich diese Rebellion in depressiver Art, beispielsweise in passivem Widerstand oder Verweigerung, die dann auch passive Aggression sein kann. Oder es kommt auch zu Angriffen und Beschimpfungen gegenüber den Eltern oder anderen Erziehungspersonen. Eine angemessene Auseinandersetzung wurde weder bei einer zu starken Anpassung und Unterordnung noch bei der ausgeprägten rebellischen Haltung gelernt.

In einer früheren Arbeit habe ich einige Leidenszustände aufgeführt, die sich aus den Erschütterungen in dieser Stufe ergeben können.[4] Da sind als erstes Schwierigkeiten mit der Geschlechtsidentität, die ich beim Mann als männliche Zerrissenheit zwischen den inneren Bestrebungen nach Nähe und Verschmelzung einerseits, und emotionale Distanz und machtvolles Abwehrverhalten andererseits bezeichne. Auch die Typen Kümmerer und ewiger Jüngling, die ich dort ausführlich beschrieben habe, gehören in diese Kategorie des Muttersohnes, der mit seiner männlichen Rolle immer wieder in Schwierigkeiten gerät. Bei Frauen sind es häufig Vatertöchter, die ebenfalls große Schwierigkeiten mit ihrer Rolle als Frau haben. Bei beiden Geschlechtern ist dann die Tendenz der Selbstanpassung zu stark. Dies kann sich als Überanpassung zeigen, als Unterwürfigkeit oder es wird auch Dependenz genannt. Manchmal gehört eine Opferhaltung dazu oder bei Frauen meist eine Co-Abhängigkeit und bei Männern alternativ dazu, oft eine Beziehungssucht. Die Tochter lernt dabei eher die Sorge und Fürsorge für den Vater und der Sohn lernt diverse Formen der Abhängigkeit von der Mutter. Es kann bei den Erschütterungen dieser Stufe natürlich auch zu einer extremen Ausprägung der Selbsterhaltungstendenz kommen, wenn Machtverhalten oder strenge und zwanghafte Auslegungen der Geschlechterrollen die Oberhand gewinnen. Dies kann bis zu fanatischen Rollenfixierungen und heftigsten Ideologien führen. Auch eine zu frühe, heftige oder fluchtartige Suche nach Transzendenz kann sich ergeben, wenn die intersubjektiven Spannungen und Konflikte vermieden werden sollen. Besonders auffällig ist dies beim ewigen Jüngling, der ja auch Puer aeternus, also göttliches Kind genannt wird[5] und der häufig auch unter einer Romanzensucht leiden kann.

Neben diesen Schwierigkeiten mit den Geschlechterrollen und den Normen der Geschlechtsidentität finden wir in dieser Stufe der Wandlung auch die Pathologien des nicht stoffgebundenen Suchtverhaltens, wie es sich in den zwischenmenschlichen Beziehungen entwickelt. Obwohl dieses Suchverhalten seine Ursachen entsprechend dem COEX-System ganz sicher auch schon in den Erschütterungen der Stufen Beige bis Rot haben kann, und meist auch hat, werden sie hier zugeordnet, da es letztlich auch deutlich um Regeln, Normen und Rollen geht. Es sind dies die Co-Abhängigkeit und Beziehungssucht sowie Sexsucht und Romanzensucht.[6]

Die Co-Abhängigkeit, die nach meinen Beobachtungen deutlich mehr bei Frauen zu finden ist als bei Männern, hat sehr viel mit der patriarchalischen Hierarchie in den Familien zu tun. Sehr vereinfacht ausgedrückt werden Mädchen oft dazu erzogen, den Regeln und Normen des Vaters (des Bestimmers) zu folgen und bei schwereren Pathologien letztlich sogar nur für ihn da zu sein. Diese Vatertöchter lernen also für das Wohlbefinden des Vaters verantwortlich zu sein und vor allem emotional für ihn zu sorgen. In der Co-Abhängigkeit sorgen sie dann für den Ehemann oder Partner oder versuchen immer nur ihm zu helfen oder ihn sogar zu retten. Wegen der deutlichen Orientierung an den Normen des Vaters, sehe ich die Ursachen dieser Sucht auch stärker in dieser Stufe **Blau** als in den vorherigen Stufen.

Die Beziehungssucht ist zwar etwa gleich oft bei Männern und Frauen zu finden, ich will jedoch die männliche Beziehungssucht hervorheben, da sie typischerweise auch als Mutterfixierung zu erkennen ist. Dieses Suchtverhalten zeichnet sich bei Männern als extreme Sehnsucht nach FRAU oder als Abhängigkeit von FRAU aus, wie Sam Keen es beschreibt.[7] Es geht also nicht immer um eine konkrete Sucht nach der Frau, z.B. der Ehefrau oder einer bestimmten Frau, also der Beziehung als solcher, sondern das Prinzip FRAU ist dominierend in der Sucht des Mannes. Ein zwanghaftes Suchen oder ein heftiger Drang nach „Beziehung" ist entstanden um Spannungen und Gefühle wie Leere, Einsamkeit und Scham nicht wahrzunehmen. In einer längeren Beziehung werden dann manchmal vom beziehungssüchtigen Mann die Normen, Werte und Regeln der Frau übernommen. Umgekehrt wird sich eine beziehungssüchtige und besonders auch eine co-abhängige Frau sehr oft an den Normen und Regeln des Mannes orientieren. Die männliche Beziehungssucht zeigt sich also eher als eine Art der Gebundenheit an die verinnerlichten Werte der Mutter und die weibliche als eine Fixierung an die des Vaters. Konsequent nennt Julia Onken ihr Buch über diese Verhaltensmuster und Beziehungen vieler Frauen zu Männern, denn auch Vatermänner.[8]

Die Sexsucht habe ich deutlich mehr bei Männern beobachtet und sehr viele, davon betroffene Männer, auch therapeutisch begleitet. Deshalb werde ich hier in erster Linie die männliche Sexsucht besprechen. Obwohl ich gerade bei dieser Form des Suchtverhaltens die Ursachen schon bei den Schädigungen oder Erschütterungen in den vorherigen Stufen **Beige, Purpur** und **Rot** sehe, geht es auch wieder um Normen und Regeln und vor allem um die Rolle als Mann oder Frau. Es geht bei einer pathologischen Lüsternheit darum, das Ich-Selbst vor einer Fragmentierung also einem Zusammenbruch zu schützen. Um nicht in Zustände von Leere, Einsamkeit, Schmerz und Scham zu kommen, schützt sich das Ich-Selbst durch die exzessiv gesteigerte sexuelle Lust.[9] Wir können auch sagen um einem „Zerfall" also dem Erleben der Scham zu entgehen, entwickelt sich die sexuelle Lust zu einer Sucht. Die extremen Zustände der Sexualisierung sind also als selbst-schützend zu betrachten und können somit auch als ausgeprägtes Selbsterhaltungsbestreben angesehen werden. Allerdings ist hier das Selbsterhaltungsbestreben eindeutig zur Abwehr von Selbstanpassung – zur Vermeidung von Konflikten – oder sogar als Schutz vor einer drohenden Selbstauflösung zu erkennen. Also, die betroffenen Männer haben oft sehr große Schwierigkeiten, sich im direkten Kontakt zu Frauen zu behaupten, in diesen Kontakten Konflikte überhaupt wahrzunehmen und auszutragen oder allgemein, vor allem schmerzliche Gefühle zu spüren und zu zeigen. Die Sexualität hat hier ganz besonders deutlich die Funktion den Selbstwert zu stärken und zu stabilisieren, da dies auf andere Art zu wenig möglich ist. Sexualität hat natürlich immer auch die Funktion, Selbstwert zu festigen, und das Ich-Selbst zu stärken, nur bei süchtigem Sexualverhalten gibt es sehr wenig andere Möglichkeiten dieses natürliche Wachsen zu unterstützen. Der Mangel an anderen Möglichkeiten das Ich-Selbst zu stärken – warum auch immer – führt ja gerade dazu, dass sich die Sexualität abspaltet und gewissermaßen ein zwanghaftes, suchtartiges, lüsternes Eigenleben führt. Deshalb bleibt hier ja die Abhängigkeit bestehen. Diese Männer hatten sehr oft in der Kindheit ein viel zu dominantes Mutterfeld, beispielsweise durch eine überstarke und strenge Mutter und oft durch weitere weibliche Personen in der Familie und zusätzlich auch durch einen Mangel an Väterlichkeit. So gab es oft nur einen emotional abwesenden Vater oder der Vater war tatsächlich oft oder ganz abwesend. Häufig gab es auch grenzüberschreitendes und süchtiges Verhalten in der Familie, manchmal kam es dann auch zu sexuellen Grenzüberschreitungen. All diese Phänomene führten schließlich dazu, dass eine normale und angemessene Geschlechtsrollenentwicklung als Mann nicht gut gelingen konnte.

Als letztes will ich hier noch die Romanzensucht ansprechen. Bei dieser Form der Sucht kommt es zu einer Abhängigkeit von romantischen Illusionen und Erwartungen und nicht von Personen. Zwanghaft gesucht wird also der „Kick”, den man in romantischen und verträumten Situationen erleben kann. Die Abhängigkeit zeigt sich hier besonders deutlich in Form von Fantasien und Vorstellungen, die zu der dringend gesuchten inneren Erregung führen. Es ist einfach wunderschön, die Schmetterlinge im Buch zu spüren, die sich beim tatsächlichen Verliebt-Sein oder ganz besonders auch im Denken, in Tagträumen oder in Träumen einstellen können. Die Romanzensucht ist bei Männern und Frauen etwa gleich häufig zu finden. Natürlich sind bei dieser Art der Sucht wieder die Verlassenheitsängste, die Leere oder die Einsamkeitsgefühle sowie die Scham oder Schamangst als Ursache zu sehen. Die Geschlechtsrolle als Mann oder Frau ist bei den Betroffenen so instabil und fragil, dass sozusagen die Fantasien das tatsächliche Leben ersetzen müssen. Das Leben in der Vorstellung ersetzt gewissermaßen die Lebendigkeit innerhalb der vier Bestrebungen des Holons. Ein ruhiges Gleiten ist somit nicht möglich und ein erregter Stillstand als innere Blockade ersetzt die natürliche Vitalität des Mannes oder der Frau.

Zwänge, histrionische Zustände und Ängste

Für die Autoren von *Gott 9.0* – Tillman Haberer und Marion Küstenmacher – wie auch für Steve McIntosh gehören zu den Pathologien der Stufe **Blau** u.a. Intoleranz, Zwang, Dogmatismus, Fundamentalismus, Ideologien, Fanatismus und Untertanengeist.[10] Dieses Mem oder dieser Stufe wird auch autoritär, regel-orientiert und dann, in der etwas späteren Entwicklung, konformistisch genannt. Ich schlage jedoch einfach den Begriff regel-orientiert vor. Aus einer tiefenpsychologischen Sicht gehören die sogenannten reiferen oder höheren Neurosen zu den Pathologien dieses Mems. Ich werde sie hier unter den Begriffen Zwang, histrionische Zustände und Angststörung kurz beschreiben und ihren Zusammenhang mit den vorher genannten Pathologien deutlich machen.

Betrachten wir zuerst die Zwangsvorstellungen und als Steigerung solcher Gedanken, auch die Zwangshandlungen. Zwangsgedanken können grundsätzlich in weniger ausgeprägter Form bei allen Menschen vorkommen und sie sind damit oft nicht als pathologisch einzustufen. Wie oft muss ich doch noch einmal prüfen, ob ich das Licht gelöscht habe, oder ich muss mich vergewissern, dass die Brieftasche am richtigen Ort liegt. Eine mehrfache Kontrolle geht jedoch in einen Zwang über. Eine genaue Differenzierung zwischen Krankheitswert in der Gesellschaft, einem pathologischen Schattenanteil und einem normalen Schattenanteil ist hier, also wie bei allen Pathologien besonders wichtig. Auch werden solche zwanghaften Ideen und auch die Zwangshandlungen meist als eine Art Regression auf eine magische Stufe der Entwicklung verstanden. Ihre Ursachen werden also schon in der Zeit der Impulsivität und der Egozentrik vermutet. Das COEX-System beginnt also auch hier sehr viel früher, manchmal natürlich auch schon durch Erschütterungen in der prä-, peri- und postnatalen Zeit.

Es handelt sich bei den verschiedenen Zwangszuständen um den Versuch, Vitalität, Lebendigkeit und auch gerade aggressive Impulse und sexuelle Strebungen zu unterdrücken und zu kontrollieren. Sie dürfen im Grunde nicht sein. Der sogenannte Waschzwang erinnert besonders an einen solchen, möglichen Hintergrund. Der Grund für den Zwang sind gerade Verbote solcher vitalen Strebungen und eine strenge, aggressive, sehr regel- und normenorientierte oder extrem starre erzieherische Haltung der Eltern, in dieser Zeit der Bezogenheit. Der Konflikt um den es hier geht, ist also der zwischen Gehorsam und Sich-Auflehnen, der auch als eine Variante des Autonomie-Abhängigkeits-Konfliktes bezeichnet werden kann.[11] Das Mem der Regeln und Normen sowie der Ordnung konnte also nicht vollständig oder nur sehr mangelhaft integriert werden. Statt einer Auseinandersetzung oder einer Auflehnung kam es zu alles bestimmendem Kontrollverhalten und zu der sturen Rigidität des Zwangs. Intellektualisierungen und der Versuch, alles in geordnete Kategorien und Begriffe zu bringen, bestimmen oft ausschließlich das Verhalten der Menschen. Strenge oder heftige, übermoralische Schuldgefühle können auch eine große Rolle spielen, und alles muss in übertriebener Art kalkulierbar und kontrollierbar sein. Wir können leicht erkennen, dass die vorher genannten Pathologien wie beispielsweise Intoleranz, Dogmatismus oder Fanatismus hier eingeordnet werden können.

Im Gegensatz zum Zwang geht es bei histrionischen Zuständen eher um Wechselhaftigkeiten und Übererregbarkeit, sowie um emotionale Labilität und einer Dramatisierungs- und Demonstrationstendenz. Mit seinem theatralischen Verhalten versucht der eher histrionische Mensch immer im Mittelpunkt zu stehen.[12] Seine Suche oder Sehnsucht nach Akzeptanz und Anerkennung ist besonders stark ausgeprägt, und so fällt es ihm auch sehr schwer, wirklich er selbst zu sein. Das bedeutet auch, dass sich eine starre Regel-Orientierung wie sie sich bei Zwangszuständen ja entwickelt, gar nicht möglich wird. Es kommt immer auch zu regressiven Zuständen der früheren Stufen, die sich als impulsiv, wechselhaft und damit immer als eine labile Verunsicherung zeigen. Es ist so, als ob der Mensch ständig auf der Suche nach Regeln ist, werden jedoch Regeln gefunden, müssen diese sofort wieder negiert, bekämpft oder schnell wieder geändert werden. Jede Festlegung wäre das Ende. Da, wo wir bei den Zwangszuständen Pedanterie und sture Rigidität finden, da gibt es bei histrionischen Zuständen Wechselhaftigkeit, Labilität und Launenhaftigkeit.[13] Eine konformistische Stufe des Erlebens wird bei histrionischen Blockaden und geschlossenen Zuständen gar nicht erreicht. Die klassischen Erlebens- und Verhaltensmuster bei histrionischen Zuständen, wie Dramatisierung oder die Neigung Fantasie und Realität zu verwechseln dienen der Inszenierung, für sich selbst und für andere, anders zu erscheinen als man tatsächlich ist.

Der Hintergrund ist auch wieder ein Mangel an Auseinandersetzung meist mit dem gegengeschlechtlichen Elternteil. Bei sehr gravierenden

Ausprägungen dieser histrionischen Muster, finden sich oft auch Gewalterfahrungen oder sexuelle Grenzüberschreitungen als mögliche Ursachen für die Entwicklungsblockaden. Bei sehr vielen Frauen, wie ich sie als Vatertöchter beschrieben habe, bleibt dadurch eine Abhängigkeit von der Anerkennung in der weiblichen Geschlechtsidentität durch den Vater und später durch Männer bestehen. Bei Männern, die ich ja als Muttersöhne bezeichnet habe, sehen wir dann das gleiche Abhängigkeitsmuster gegenüber der Mutter und später gegenüber Frauen. Durch histrionisches Verhalten wird der damit immer zusammenhängende Schmerz, die Trauer und gerade hier ganz besonders die Scham, die hier auch Abhängigkeitsscham genannt wird, zugedeckt. Diese Inszenierungen können grundsätzlich in die beiden Richtungen gehen. Man erscheint schwächer, hilfloser, kränker oder bedürftiger als man ist, einerseits, oder man inszeniert sich andererseits als stärker, reifer, attraktiver oder potenter und erfolgreicher als man wirklich ist. Wir haben es hier auch oft mit einer sogenannten Schuld-Scham-Dialektik zu tun, die allerdings meist unbewusst ist. Die noch vorhandene unbewusste Abhängigkeit von einer Elternfigur löst die Scham aus und durch jeden Schritt in Richtung einer Autonomieentwicklung kommt es zu Schuldgefühlen, da dies ja nicht erlaubt ist. So wird wiederum die Scham verstärkt und der Betroffene hat es mit einem Kreislauf oder einem Dilemma zu tun. Dieses sogenannte Schuld-Scham-Dilemma kann allerdings bei allen Pathologien dieser Stufe Blau auftreten und seine Ursprünge liegen meist auch schon in den vorherigen Stufen in denen sich das Gewissen oder Über-Ich zu entwickeln beginnt.

Als weitere Pathologie, die zu dieser Gruppe der sogenannten reiferen Neurosen gehören kann, ist die Angstproblematik zu nennen. Da Angst jedoch ganz besonders deutlich eine natürliche Disposition des Menschen ist, sie also zum Dasein des Menschen gehört, muss in jedem Fall besonders genau differenziert und achtsam damit umgegangen werden. Die Unterscheidung zwischen gesunder Angst und einer möglicherweise pathologischen Angst ist also ganz besonders wichtig. Pathologische Ängste sind immer Ausdruck eines inneren Bedrohungszustandes, der zu einem früher verinnerlichten Konflikt oder einer früheren Erschütterung des Ich-Selbst gehört. Also ein Angsterleben oder eine aus einem sehr frühen Bereich der Bezogenheit stammende Bedrohung, wird im Hier- und Jetzt durch äußere Reize angeregt, angestoßen und führt zu dieser aktuellen übertriebenen und damit oft einer pathologischen Angst. Also eine tatsächliche äußere Bedrohung oder ein aktueller Konflikt führt zu einer Regression des Ich-Selbst, und damit zu Ängsten aus früher erlebten traumatischen Erschütterungen. Auch hier sehen wir, dass die Ursachen neurotischer Ängste bereits in den vorherigen Bereichen der Bezogenheit liegen können, und ein entsprechendes COEX-System bilden. Der Psychoanalytiker Fritz Riemann hat vier Grundformen der Angst beschrieben, die auch mit der Strukturentwicklung des Ich-Selbst, d.h. mit den Stufen der Wandlung zu tun haben.[14]

Da gibt es als erstes die Angst, die mit dem Da-Sein des Ich-Selbst, also mit der Individualisierung direkt zu tun hat. Diese Angst kann sich auch als Angst vor Selbsthingabe oder vor Ich-Verlust zeigen, es ist immer eine Art Existenzangst. Oft haben wir es dann mit einer generalisierten Angst zu tun, mit einer Angst „verrückt" zu werden, die wir der Stufe Beige zuordnen können. Meist ist diese Art von Angst und auch die dieser Angst naheliegende Basisscham unter der sich gerade entwickelnden Struktur des kognitiven Ichs verborgen. Solche existenziellen Ängste können später im Leben immer irgendwie angestoßen, und damit auch mobilisiert werden, wenn es reale existenzielle Bedrohungen oder auch nur scheinbare Bedrohungen gibt. Das ganze kognitive Konstrukt des Ich-Selbst wird auf diese Art zur Maske der Scham und dient auch dem Schutz vor der existenziellen Angst. Menschen mit dieser Art von frühester Prägung neigen dann meist auch zu verstärkter Sehnsucht oder gar Sucht nach Nähe oder Verschmelzung.

Zur Stufe **Purpur** mit dem dazugehörigen Thema Zugehörigkeit und auch zur Stufe **Rot** gehört die Angst vor Ungeborgenheit und Isolation sowie auch die Angst vor allem Fremden. Die Erschütterungen in diesem Bereich der Bezogenheit, führen nicht nur zur Scham sondern sie können auch zu gravierender Irritation, Verunsicherung und zu absolutem Urmisstrauen mit extremer Angst führen. Ängste vor allem Fremden, vor Verlust oder Ausschluss aber auch vor Kontakt und Beziehung meist wegen der tieferen Angst vor Verlust, sind hier nicht selten. Denken wir hier wieder an die „schizoide" Angst vor Kontakt, aufgrund der Identitätsunsicherheit, der Verlustangst und der Vulnerabilität. Wegen dem Mangel an Urvertrauen, der häufigen Irritationen und der inneren Verwirrungen, ist also die Neigung zur Distanz von Menschen ein großes Thema.

Eine dritte Angst ist die Angst vor Wandlung und Veränderung. Jede Bewegung, jede Entwicklung, alles Neue macht große Angst und so bleibt dem Mensch als sehr stabiles Muster eine gewisse Starrheit, Festigkeit und Unbeweglichkeit. Hierher gehören dann auch die Zwangsgedanken und Zwangshandlungen, die einen Schutz vor jeder Veränderung bieten. Diese Ängste und das zwanghafte im Denken und Verhalten werden der Stufe **Blau** zugeordnet obwohl die Anfänge bereits in vorherigen Stufen liegen.

Die vierte Angst ist genau gegenteilig, die Angst vor Entscheidungen, vor Festlegung und Dauer. Diese Festlegungen bedeuten im Erleben dieser Menschen so etwas wie Endgültigkeit und genau das kann die Angst auslösen. Diese Art der Angst wird vermieden, durch eine Wechselhaftigkeit und Sprunghaftigkeit. Ständige Veränderung, Stimmungswandel und ständig neue Gedanken und Meinungen verhindern die Angst vor dieser scheinbaren Endgültigkeit. Dies wird, wie wir schon gesehen haben, histrionisch genannt und der Stufe **Blau** zugeordnet.

Im Zusammenhang mit diesen verschieden Ängsten der Menschen können wir sehr deutlich erkennen, dass es selten einmalige Ereignisse oder kurzzeitige Erlebnisse des Menschen sind, die die Ursache des psychischen Leidens bilden. Wir sehen, dass es angstauslösende und extrem bedrohliche Erfahrungen auf allen Stufen oder in allen Bereichen der Bezogenheit sein können, die unangemessene Ängste im Leben begründen. Die Art und Qualität der Ängste unter denen Menschen leiden, kann dadurch sehr verschieden sein. Da sich die angstauslösenden Erfahrungen der Erschütterungen immer im COEX-System sammeln, können sich Ängste sowie Scham und auch Schamängste aus allen Stufen dort zu einer Art Gebilde vermischen, aus dem heraus in jeder Lebenssituation möglicherweise auch unterschiedlich reagiert wird:

Plötzlich mal mit einer bestimmten Art von Angst, dann mal wieder die Scham oder wie meistens, eine Reaktivierung einer individuellen Art, der Maske der Scham unter der sich Scham sowie auch Schamängste verbergen können.

Auch die extremen Reaktionen des Holons Ich-Selbst können sehr unterschiedlich sein und somit haben wir es immer mit dem integralen Narzissmus zu tun. Mal führt eine innere Angst zur Verstärkung des Selbsterhaltungsbestrebens, mal folgt auf eine solche Angst eine Extremreaktion der Selbstanpassung. Natürlich kann auch eine deutliche Selbstauflösungstendenz die Folge solcher Ängste sein und auch wieder eine zu frühe und unpassende, möglicherwiese auch eine extreme Neigung zur Selbsttranszendenz kann sich ergeben. Alle diese extremen, zwanghaften und auch heftigen Reaktionen stören das ruhige Gleiten und gehören somit zum Integralen Narzissmus.

Die Arbeit mit inneren Einstellungen

Die folgenden Einstellungssätze stammen zwar aus meiner langjährigen Arbeit in den verschiedenen Gruppen, sie sind jedoch nicht – wie alle Sätze aller Stufen – allgemein für alle Menschen anwendbar oder immer übertragbar. Besonders bei diesen Einstellungssätzen handelt es sich zwar um Sätze, die überwiegend bei Pathologien dieser Stufe angewendet wurden, sie können allerdings auch für Leidenszustände aus anderen Stufen hilfreich sein. Es sind einfach einige Beispielsätze, die für eine Wandlung von Störungen und Blockaden, die üblicherweise mit dieser Entwicklungsstufe zusammenhängen, hilfreich waren. Auch habe ich hier keine klare Differenzierung vorgenommen, hinsichtlich sehr genau diagnostizierbarer neurotischer Störungen. Manche Sätze können also bei männlicher Zerrissenheit passen oder bei der Arbeit mit Vatertöchtern. Andere sind vielleicht hilfreich bei Süchten in Beziehungen oder bei Co-Abhängigkeit und wiederum anderer passen vielleicht genau bei histrionischen Zuständen oder bei Zwängen oder ganz bestimmten Ängsten. Einige Sätze will ich jedoch hervorheben, da diese doch sehr genau für bestimmte Blockaden und geschlossene Zustände passen. Weitere Erklärungen zur Anwendung habe ich in meiner früheren Arbeit ausgeführt und eine sehr systematische und ausführliche Differenzierung muss einer weiteren Arbeit vorbehalten bleiben.[15]

Als erstes möchte ich einen Satz vorstellen, der bei Menschen mit histrionischen Zuständen immer eine sehr tiefgehende Wirkung hat, und deshalb sehr sinnvoll und hilfreich ist.

- Ich nehme mich so an wie ich bin

Er zeigt das Dilemma des histrionischen Menschen, der unbewusst immer noch zu stark die Anerkennung, besonders vom gegengeschlechtlichen Elternteil braucht. Der Satz führt ihn mehr zu seinem Schmerz und zu seiner Abhängigkeitsscham, die er dann beginnt sehr authentisch wahrzunehmen. Gleichzeitig kann dieser Satz zumindest die Richtung weisen, wie eine Entwicklung aus diesem Dilemma herausführen kann,[16] nämlich Schritte zur Autonomie. Menschen erleben sich nach einer Arbeit mit diesem Satz sehr viel ruhiger, ernster aber auch trauriger und sie wirken in jedem Fall authentischer.

Die Sätze, die mit Kraft, Lebendigkeit und Vitalität zu tun haben, können vor allem als Anstubser wirken, aus zwanghaftem Denken und Verhalten und entsprechenden Blockaden herauszukommen. Auch wenn sie manchmal nur die Richtung weisen. Die folgenden zwei Sätze haben oft diese Wirkung.

- Ich will, dass du meine Kraft siehst und annimmst
- Ich zeige dir meine Vitalität und meine Lebendigkeit

Besonders für sexsüchtige Männer, die Kontaktschwierigkeiten haben und kaum mit schmerzlichen, aggressiven oder Verletzungsgefühlen, besonders gegenüber Frauen, umgehen können, sind folgende Sätze meist sehr hilfreich:

- Ich fühl mich verletzt von dir uns zeige dir meinen Schmerz
- Ich bleibe im Kontakt mit dir und zeige dir meine Gefühle

- Ich zeige dir meine Verletzung und meinen Ärger

An dieser Stelle will ich noch einmal betonen, dass bei der Arbeit mit Einstellungssätzen sehr oft vorgeschlagen wird, sich die Person vorzustellen, der man diesen Satz sagt. Es handelt sich meist um die Person, zu der man damals in der Zeit der kindlichen Entwicklung und der speziellen Erschütterungen eine sogenannte Objektbeziehung hatte. Es ist also meist die Mutter oder der Vater und nur manchmal, wenn sich dies deutlich aus der aktuellen Situation ergibt, kann es auch mal eine Person der Jetztzeit sein, wie Ehepartner oder Freund. Selbstverständlich kann es auch ein anderes Familienmitglied sein, wie zum Beispiel ein Bruder, eine Schwester oder die Oma.

Viele andere Sätze, von denen ich hier nur einige anführe, können bei den unterschiedlichsten Leidenszuständen oder pathologischen Mustern, die zur Stufe **Blau** gehören, hilfreich sein. Im Wesentlichen geht es dabei immer um Schritte der Loslösung von verinnerlichten Normen und Regeln sowie um die Entwicklung der eigenen Autonomie.

- Ich gehe meinen Weg
- Ich gehe meinen Weg allein
- Ich allein bin verantwortlich für mein Leben
- Auch wenn du gehst, ich lebe mein Leben gut
- Ich will von dir gesehen werden, so wie ich wirklich bin
- Ich lebe mein Leben gut und mir ist egal was du dazu meinst
- Ich lebe mein Leben so wie ich will und mir ist egal wie´s dir damit geht
- Ich brauche deine Anerkennung und ich bin für dich nicht verantwortlich

7. Wissen, Leistung und Erfolg

„Je besser ich verstehe, wie die Welt funktioniert, desto mehr kann ich erreichen; die beste Entscheidung ist diejenige, die die besten Ergebnisse bringt" – Frederic Laloux[1]

In diesem Kapitel geht es um Leistung und Erfolg und um die entsprechenden Pathologien, die mit diesen Themen zusammenhängen. Nach einer allgemeinen Charakterisierung will ich die Schattenanteile aus Sicht des Holons Ich-Selbst beschreiben und dabei deutlich machen, dass der rasende Stillstand möglicherweise nun seinen Höhepunkt erreicht haben kann. Die Begriffe Scheitern, Leistungsverweigerung oder Stress und Burnout spielen dabei eine große Rolle. Die Schamentwicklungen sind in dieser Phase der Entwicklung des Integralen Narzissmus besonders herausragend.

Diese Stufe des Bewusstseins wird auch modernes Bewusstsein oder nach Spiral Dynamics **Orange** genannt, und sie wird auch als mental, selbst-bewusst oder gewissenhaft bezeichnet. Wichtig für dieses auch ‚strategisch' genannte Mem ist das Erfolgsstreben, die Selbstbewusstheit und Selbstsicherheit, und es wird hier auch vom Spezialisten oder vom Leistungsmenschen gesprochen.[2] Nach Wilber wird sich das Ich-Selbst in dieser Stufe nicht mehr ausschließlich mit den bis dahin gelernten Rollen eines überwiegend konventionellen oder konformistischen Bewusstseins identifizieren, sondern es kommt zu einer Bewegung, hin zu einem postkonventionellen, globalen und weltzentrischen Bewusstsein. Allerdings möchte ich hier gleich festhalten, dass dieser Prozess oft nur in ersten Ansätzen gelingt und sehr viele Menschen im konventionellen Bewusstsein verharren.

Auch wenn ich also einen solchen Prozess in der Welt nur in ersten Ansätzen erkennen kann, wird nun von einem reifen, gewissenhaften und individualistischen Ich ausgegangen, und man spricht in Bezug auf die Gesellschaft etwas verkürzt auch von der Moderne. In der Integralen Psychologie handelt es sich hier um den Drehpunkt 5 (D5) und bei Erikson geht es in dieser Phase um die Identität oder um Rollenkonfusion. Die Schwierigkeiten und Probleme, die sich durch ungenügende Integration dieses Mems ergeben, bewegen sich um die Frage des Menschen, was er ist, was er will oder was er tut, ohne sich ausschließlich auf die Regeln, Strukturen und Normen zu beziehen, die ihm bis dahin näher gebracht wurden. Der Beginn einer Entwicklung dieses Bewusstseins im Leben des Kindes oder des jungen Erwachsenen liegt zwar allgemein in der Pubertät, jedoch ist eine genaue Zeitangabe dieses Prozesses heute kaum noch möglich. Erstens wird die psychische Entwicklung des Menschen in der heutigen Zeit grundsätzlich als lebenslanger Prozess verstanden und zweitens wird auch ein Ende der Phase der Pubertät heute viel später angenommen. So kann man manchmal von Dreißigjährigen noch hören, dass sie sich ja noch immer in der Pubertät befänden.

Auf dieser Stufe gibt es für das Denken immer viele Möglichkeiten und Autonomie ist in dem ständigen Wettbewerb meist ausschlaggebend. Die Pathologien dieser Stufe sind vor allem materialistisches Denken, Gier, extreme Selbstbezogenheit, Arbeitssucht und auch Ausbeutung anderer Menschen sowie Skrupellosigkeit. Dieser Aufzählung der Autoren von *Gott 9.0*[3] füge ich natürlich vor allem das Scheitern an der Erfolgs- und Leistungsorientierung hinzu. So gehören für mich besonders auch Leistungsstörungen und Leistungsverweigerung oder Prüfungsängste und natürlich Burnout und die verschiedensten Stresssymptome zu dieser Stufe, sofern sie nicht schon als speziell definierte Krankheiten den vorherigen Stufen zugeordnet werden können.

Betrachten wir nun die Pathologien dieser Stufe des Bewusstseins aus der Sicht der Holontheorie, genauer gesagt, aus der Sicht des Holons Ich-Selbst, so ist leicht zu erkennen, dass Gier und auch die extreme Selbstbezogenheit eine Verstärkung des Selbsterhaltungsbestrebens bedeuten. Man will immer mehr oder man kann gar nicht genug bekommen. Hier finden wir wieder viele der Kategorien die zur Beschleunigung gehören. Alles muss immer schneller, weiter und besser werden.

Natürlich kann sich auch die Gier oder eine Selbstbezogenheit als extreme Selbstanpassung zeigen, besonders eben wenn die Sehnsüchte der Gier nicht erfüllt werden. Menschen werden passiv, gelähmt oder lethargisch und depressive Episoden können auftreten. In jedem Fall kann ein ruhiges Gleiten massiv gestört sein und die Egozentrik wird wieder verstärkt. Hier passt dann sehr klar der Begriff vom rasenden Stillstand für den derzeitigen Modus des Narzissmus.

Diese Variante des Integralen Narzissmus gilt in ähnlicher Ausprägung für die Arbeitssucht und auch für die Ausbeutung anderer Menschen, genau wie für die Skrupellosigkeit. Bei der Arbeitssucht haben wir es eher mit einer allgemeinen Spannung zwischen den vier Bestrebungen zu tun, die unbedingt beseitigt werden muss. Eine gewisse Spannungstoleranz fehlt und der Mensch fühlt sich immer angetrieben, etwas zu tun und zu machen, um die inneren Spannungen endlich los zu werden. Ein solches Verhaltensmuster dürfte meiner Ansicht nach in der heutigen Zeit besonders häufig anzutreffen sein. Denken wir auch wieder an das Konzept der Beschleunigung von Hartmut Rosa. Ausbeutung anderer Menschen und auch Skrupellosigkeit sind grundsätzlich der gesteigerten Selbsterhaltung zuzuordnen. Bei Nichtgelingen oder Nichtfunktionieren von Ausbeutung oder Skrupellosigkeit kann es auch hier einen Switch geben und der Mensch zeigt sich plötzlich als armes Opfer, das sich von seinem Gegenüber ungerecht oder einfach schlecht behandelt fühlt. So vermischen sich oft Aspekte eines ausgeprägten oder extremen Selbstbehauptungsverhaltens, dass natürlich zum Selbsterhaltungsbestreben gehört, mit dem Selbstanpassungsbestreben oder es kommt eben oft zu schnellem Wechsel. In all diesen Situationen haben wir es mit Störungen eines ruhigen Gleitens zu tun und somit handelt es sich um integralen Narzissmus.

Scheitern und Scham

Ein allgemeines Scheitern an den Leistungsansprüchen und der Leistungsorientierung kann verschiedene Gesichter haben, die oft auch nicht als Schattenanteile des Menschen zu erkennen sind. Bevor es jedoch zum Scheitern kommt, kann das Erfolgs- und Leistungsstreben so massiv, heftig und alles beherrschend sein, dass der Betroffene die Blockade desselben überhaupt nicht wahrnimmt. Meist ist natürlich wieder das Selbsterhaltungsbestreben extrem ausgeprägt und die geringsten Einschränkungen in der Leistung oder im Erfolg führen zu ausgeprägten Unlustgefühlen mit Schmerz, Scham oder absoluter Unzufriedenheit. In der Schule beispielsweise können die geringsten Abweichungen einer ausschließlichen Bewertung mit der Note „Sehr gut", schon zu extremen Versagensgefühlen führen. Fehler dürfen einfach nicht sein, und wenn es zu kleinsten Defiziten im Leistungsbereich kommt, führen diese zu extrem starken Gefühlen des Versagens und der Wertlosigkeit. Das unnatürlich ausgeprägte Selbsterhaltungsstreben kippt um, und wird zur extremen Selbstanpassung mit depressiven Zuständen, die auch wieder mit starker Scham verbunden sind. Manchmal können die dazugehörigen schweren Selbstwertzusammenbrüche auch zum extremen Selbstauflösungsbestreben gehören und Panik- oder Schamattacken und völlige Destabilisierung können dann Krankheitswert erhalten. Umgekehrt kann das Leistungsstreben suchtartig werden, wenn der Zwang zum Erfolg ganz besonders ausgeprägt ist. Perfektionismus und Arbeitssucht sind dann sehr häufig zu beobachten.

Eine besondere Bedeutung können auch Orientierungslosigkeit, Leistungsverweigerung oder Prüfungsängste bekommen. Der Erfolgs- und Leistungsdruck den viele Menschen in dieser Bewusstseinsphase erleben, kann zu Gefühlen der Verwirrung, Hilflosigkeit und völliger Verunsicherung führen. Erikson benutzt neben dem Begriff der Rollenkonfusion hier auch den Begriff der Identitätsverwirrung.[4] Als bleibende Pathologie kann sich hier die Leistungsverweigerung entwickeln und Schulabschlüsse werden verweigert oder die Prozesse der Berufsfindung können erheblich gestört sein oder sie ziehen sich immer wieder in die Länge. Es sind dann oft jahrelange Phasen der Orientierungslosigkeit und des Suchens, die das Leben bestimmen und immer wieder kommt es zum Neubeginn bestimmter Lebensschritte oder Lebensabschnitte. Obwohl solche Prozesse, die Orientierungsprozesse oder Prozesse des Wandels bzw. auch einfach Flexibilität darstellen, in der heutigen Zeit der Postmoderne immer angemessener und normaler erscheinen, sind diese Suchprozesse doch auch häufig von den Schattenanteilen der Individuen bestimmt. Hier ist meist das Selbstanpassungsstreben besonders ausgeprägt und die Betroffenen fühlen sich oft als Opfer oder eben auch als Versager. Immer wieder spielen auch die Scham und die Schamängste dabei eine große Rolle.[5]

Die allgemeine Leistungs- und Erfolgsorientierung dieser Stufe des Bewusstseins führt bei vielen Menschen aber auch zu permanentem Stress und immer wieder auch mal zum Burnout. Ist dies der Fall, dann haben wir es immer mit einer Blockade dieser Stufe und dementsprechend mit geschlossenen Zuständen zu tun. Auch hier kommt es im Allgemeinen zu verstärktem Selbsterhaltungsbestreben und manchmal auch zur besonderen Betonung der Selbstbehauptung. Je stärker sich Stresssymptome entwickeln und es zu Burnout kommt, desto extremer werden auch die Selbstanpassung und manchmal auch die Selbstauflösungstendenz. Auch hier kann das ruhige Gleiten wieder empfindlich gestört sein.

Wenn wir davon ausgehen, dass bei einer konstruktiven Entwicklung und der vollständigen Bewältigung dieser Stufe ein sogenanntes reifes Ich-Selbst vorhanden ist, dann können wir vielleicht jetzt erkennen, dass sehr viele Menschen diese Stufe nicht vollständig integriert haben. Etwa 30% der Menschen in der modernen Wissensgesellschaft haben nach Einschätzungen innerhalb der integralen Bewegung schon ihren Schwerpunkt in dieser Stufe des Bewusstseins. Eine genauere Differenzierung der Schattenanteile könnte jedoch zeigen, dass es noch einmal deutlich weniger Menschen sind, die die konventionelle, ethnozentrische Wir-Stufe vollständig erreicht haben. Der Fluss der Bewegung hin zur postkonventionellen, weltzentrischen Stufe des Wir-alle ist also sicher noch ganz am Anfang.

Die Arbeit mit inneren Einstellungen

Ich will hier nur wenige Einstellungssätze anführen, die speziell für die Pathologien dieser Stufe hilfreich sind. Inzwischen können wir sagen, dass das COEX-System so ausgeweitet ist, dass sehr viele Pathologien früherer Stufen bis in diese Stufe **Orange** hineinwirken. Da es bei allen Pathologien immer um die Egozentrik geht, wirken besonders die Einstellungssätze der Stufe **Rot** auch hier in dieser Phase der Entwicklung.

- Ich bin gut so wie ich bin
- Ich bin gut so wie ich bin und ich darf Fehler machen
- Ich bin gut so wie ich bin und ich brauche für Liebe und Anerkennung nichts zu leisten

Diese drei Einstellungssätze können als Standartsätze für die Schattenanteile dieser Stufe bezeichnet werden. Ich habe sie seit über 25 Jahren immer wieder in Gruppen angewendet und ihre positive Wirkung wurde mir von den Übenden sehr oft deutlich bestätigt. Da Menschen die extrem erfolgs- und leistungsorientiert sind, oft überhaupt nicht gut mit schmerzlichen Gefühlen umgehen können und Scham meist gar nicht spüren, haben folgende Sätze oft große Wirkung erzielt.

- Ich bin gut so mit meiner Verletzlichkeit
- Ich schäme mich und das ist gut so
- Ich schäme mich und zeige dir meinen Schmerz
- Ich schäme mich und zeige dir meine Fehler
- Ich bin gut so, egal was ich will

Da wir es besonders bei den Schattenanteilen dieser Stufe des Bewusstseins oft nicht mehr mit gesellschaftlich klar definierten Krankheiten zu tun haben, gibt es hier auch sehr viele Möglichkeiten für die hilfreiche Nutzung von Einstellungssätzen. Dies ist auch so, da das COEX-System jetzt sehr umfangreich sein kann und viele Menschen ja nicht nur sehr eindeutige Blockaden in bestimmten Stufen haben. Je länger sich das COEX-System also entwickelt hat und je vielfältiger die unterschiedlichsten Erschütterungen auf der ganzen Spirale der Wandlung waren, desto mehr Möglichkeiten sehr differenzierter neuer Einstellungssätze kann es geben, wenn wir uns mit den Schattenanteilen dieser Stufe **Orange** beschäftigen.

8. Harmonie und Gemeinschaft

„Suche nach Frieden im inneren Selbst und erkunde mit anderen die fürsorglichen Dimensionen von Gemeinschaft" – Don Beck & Chris Cowan[1]

Dieses **grüne** Mem ist die letzte Stufe des Bewusstseins vor einem großen Sprung in einen sogenannten zweiten Rang. Die Stufe wird auch pluralistisch, individualistisch, empfindsam oder verbindend genannt und etwas vereinfacht spricht man auch von dem postmodernen Bewusstsein.[2] Gefühle, Sensibilität und Fürsorge treten nun an die Stelle einer sachlichen und oft kalten Rationalität. Eine besonders herausragende Bedeutung bekommen in dieser Stufe **Grün** die Begriffe: Gemeinschaft, Zusammengehörigkeit, Anteilnahme und Wertschätzung. Auch eine Art Herzenswärme, Verständnis und Empathie werden für das Leben des einzelnen Menschen in der Gemeinschaft jetzt immer wichtiger.

Nach einer allgemeinen Darstellung dieser Stufe werde ich noch einmal den Absolutheitsanspruch der Bewusstseinsinhalte herausstellen und ihn als eine Art Kampf nach Oben und Unten beschreiben. Ich mache dann deutlich, wie gerade in dieser Phase der Spirale der Wandlung, die „Kultur der scheinbaren Schamlosigkeit" ihre Bedeutung bekommt. Als einzige, aber auch besonders wichtige und gefährliche Pathologie dieser Stufe, beschreibe ich dann die sogenannte Boomeritis. Dabei wird für mich noch einmal sehr klar, dass die Schattenanteile jeder Stufe des Bewusstseins als narzisstisch verstanden werden können und somit immer auch als Boomeritis bezeichnet werden könnten. Um erneute Verwirrungen zu vermeiden, bleibe ich jedoch einfach bei dem Begriff Integraler Narzissmus für alle Pathologien aller Stufen. Gegen Ende des Kapitels versuche ich sehr deutlich klar zu machen, wie die gesellschaftlichen und kulturellen Entwicklungen der Postmoderne zu einer besonderen Verstärkung des Integralen Narzissmus führen.

In dieser Stufe kann die Bewegung oder der Wandel zu einem globalen, postkonventionellen Weltbewusstsein noch einmal deutlich wachsen, vor allem natürlich wenn es kaum zu Blockaden kommt. Für die kindliche, psychische Entwicklung spielt diese Stufe noch keine so entscheidende Rolle, da dieses Mem grundsätzlich erst seit einiger Zeit, grob geschätzt etwa seit 50 Jahren, beginnt, sich im Bewusstsein der Menschheit zu entfalten. Das sogenannte **grüne** Bewusstsein kann sich zwar schon in der Kindheit entwickeln, gehört jedoch noch nicht zur etablierten Entwicklungspsychologie und wird dementsprechend keinem speziellen Alter zugeordnet. Aus dem gleichen Grund gibt es auch keine gesellschaftlich oder kulturell definierten Krankheiten dieser Stufe, nur allgemeine pathologische Entwicklungen die diesem Mem zugeordnet werden.

Die Einschätzungen über das Ausmaß der Entwicklung dieses Bewusstseins sind sehr unterschiedlich und schwanken zwischen 15 und 20-25 % der Bevölkerung. Klar ist jedoch, dass besonders in den westlichen Industrienationen mehr Menschen dieses Mem bereits in sich entwickeln als durchschnittlich in der ganzen Weltbevölkerung. Allerdings können wir hier feststellen, dass solche Einschätzungen besonders die Selbsteinschätzungen meist höher liegen als die tatsächlichen Zahlen sind. Auch die Frage ob sich das Leistungs- und Erfolgsbewusstsein **Orange** zuerst voll entwickeln muss, bevor sich das grüne Mem entwickeln kann, ist für mich nicht klar mit ja zu beantworten. Vielmehr bin ich der Auffassung, dass erste Ansätze des grünen Verbundenheits- und Gemeinschaftsbewusstseins auch schon in früheren Entwicklungsstufen des Kindes entstehen können.

Die pluralistische Sicht dieser Stufe hat also eine hohe Sensibilität und Achtung für die Gefühle der Menschen und ein Streben nach Fairness, Kooperation und Konsens gehört dazu. Der Einsatz für Freiheit und Menschenrechte ist ebenso ein Ziel dieses Bewusstseins wie der Feminismus und die multikulturelle Gesellschaft. Ich möchte hier die Beschreibungen dieser Stufe des Bewusstseins, die gerade deutlich wächst und deren Bedeutung immer größer wird, nicht weiter fortführen, da sie in *Spiral Dynamics*, in *Gott 9.0* sowie in *Die Spirale der Wandlung* ausführlich dargestellt sind.[3] Mir geht es ja hier vor allem um die pathologischen Entwicklungen also um die Schattenanteile dieses Bewusstseins der Postmoderne.

Kampf nach oben und unten

Bevor ich mich nun mit den speziellen Pathologien der Stufe **Grün** beschäftige, will ich noch einmal festhalten, dass alle Pathologien, aller Stufen des Bewusstseins aus meiner Sicht zum Integralen Narzissmus gehören. Die jeweiligen Erschütterungen in allen Bereichen der Bezogenheit führen zu speziellen Erstarrungen und Blockaden des Holons Ich-Selbst und diese können die Scham auslösen oder führen direkt zur Verstärkung oder Intensivierung der für die jeweilige Stufe typischen Masken der Scham. Diese wiederum zeigen sich ja als Extreme, oder eben als Blockaden der verschiedenen Bestrebungen des Holons Ich-Selbst. Wie ich schon beschrieben habe, hat jedes Mem einen besonderen Wahrheitsanspruch, oder gar einen Absolutheitsanspruch. Dies zeigt sich vor allem darin, dass vorherige Stufen als überholt betrachtet und als nicht mehr gültig angesehen und entwertet werden. Der Prozess der weiteren Entwicklung zu höheren Stufen wird nicht gesehen oder man wehrt sich gegen jede Veränderung und jeden Wandel. Im Extremfall wird nach oben und unten gekämpft. Dies ist natürlich auch die Folge der noch vorhandenen egozentrischen Selbst- und Weltsicht auf jeder Stufe, die die Intensität eines Kampfes nach unten und oben bestimmt. Manchmal ist es bei diesem Kampf auch angemessen noch von Kriegerbewusstsein zu sprechen, wie es ja besonders für die Stufe Rot galt. Da das **grüne** Mem eine letzte Ebene darstellt, bevor das Bewusstsein einen sehr großen Schritt in einen neuen Rang macht, scheint jetzt eine Absolutsetzung der Meinungen und Überzeugungen besonders häufig zu sein.

Allgemein in unserer Zeit der postmodernen Gesellschaft kommt es jedoch auf vielen Ebenen zu schnellen Veränderungen und so wird vieles relativ und eine gewisse Flexibilität bekommt eine herausragende Bedeutung. Diese Veränderungen von außen können natürlich immer wieder zu Irritationen, Unsicherheiten und Verwirrungen führen, wodurch unser Bewusstsein grundsätzlich einer gewissen Orientierungslosigkeit unterliegt. Die Prinzipien der Ordnung werden also immer wieder ins Wanken gebracht und die chaotischen Anteile in uns werden stärker.

Nichts ist mehr stabil, sicher und klar, alles kann jederzeit wieder anderes sein und ständig ist irgendetwas wieder ganz neu im Prozess des Entstehens. Halten wir hier noch einmal fest, dass diese Zustände der Instabilität immer irgendeine Art von Erschütterung des Holons Ich-Selbst und damit Scham auslösen können. Die Scham wird jedoch nicht als solche wahrgenommen, denn in Zeiten des „Alles ist möglich" und der „Beschleunigung" darf es ja keine Scham geben, die uns an Scheitern, Versagen oder Unvollkommenheit erinnern würde. Sie muss jetzt ganz besonders gut versteckt werden, und so spreche ich ja oft auch von einer „Kultur der scheinbaren Schamlosigkeit" in der wir heute leben. Die Masken der Scham verstärken sich also in dieser postmodernen Stufe ganz besonders deutlich und sehr viele Menschen halten deshalb Scham auch für ein obsoletes Gefühl. Vielleicht gehört auch die einschränkende Sicht der Scham, nur als Gefühl des Normverstoßes, zu einer solchen Tabuisierung.

Die enormen, manchmal überwältigenden Verunsicherungen führen also zu stärkeren, oft extremen Ausprägungen des Selbsterhaltungsbestrebens, manchmal zur Verstärkung der Selbstanpassung oder gar zu Einbrüchen in die Selbstauflösung. Nach außen sichtbar zeigt sich dies meist in einer weiteren Absolutsetzung der Werte und Überzeugungen dieser Stufe, oder im Falle von Selbstanpassung und Selbstauflösung, im Erleben als passives Opfer.

In der Gesellschaft wird hier oft von einer Täter-Opfer-Dynamik gesprochen. Obwohl eine derartige Dynamik tatsächlich oft vorhanden ist, benutze ich diese Begriffe nur sehr ungern, denn sie fördern leicht die Polarisierungen und Pauschalisierungen. Wie ich hier schon einige Male deutlich gemacht habe, ist diese Dynamik in jedem Menschen zu finden und gehört zum Integralen Narzissmus. So wie ich mich aber allein als Opfer definiere und andere als Täter, komme ich sehr leicht in die Gefahr diesen Integralen Narzissmus zu verstärken. Dies ist dann der Fall, wenn ich die beiden Seiten in mir, und auch im Anderen, nicht mehr sehen kann oder will. Das bedeutet natürlich nicht, dass ich jedes verletzende, aggressive oder gar gewalttätige Verhalten von mir oder anderen unkritisch annehme. Es bedeutet im Gegenteil eher eine genauere Differenzierung von Täter- und Opferanteilen in jedem Menschen.

Die Absolutsetzungen des **grünen** Bewusstseins können sich also in einem verstärkten Selbsterhaltungsstreben oder in extremer Selbstanpassung und Selbstauflösung zeigen. Besonders die letzten beiden Stufen vor Grün werden dadurch stark entwertet und oft auch bekämpft. Also man kämpft mit dem Bewusstsein von Menschlichkeit, Gleichheit oder Menschenrechte gegen extreme Leistungsorientierungen oder gegen die Bedeutung und den Wert von Regeln und Normen. Grün hebt sich also besonders gegenüber Blau und Orange hervor und kann auch, wegen des ihm eigenen, ausgeprägten Wahrheitsanspruchs, eine Weiterentwicklung deutlich erschweren oder gar verhindern. Der Kampf nach Unten richtet sich dann aber oft auch besonders „kriegerisch" gegen **Rot**. Obwohl ich zur Bezeichnung einer Stufe den Begriff „Krieger" eher ablehne, bekommt er hier manchmal tatsächlich eine passende Bedeutung. Ich kann dies vermutlich gut sagen, denn in meinen persönlichen Schattenanteilen, erkenne ich manchmal diesen „kriegerischen" Aspekt, wenn auch meist nur noch in Ansätzen. In jedem Fall zeigt sich der Integrale Narzissmus, hier auf der grünen Stufe, oft ganz besonders deutlich.

In den 80iger Jahren des letzten Jahrhunderts gab es häufig so einen Spruch, der im politischen Leben oft zu hören war. „Wenn in China ein Baum gefällt wird bekommen wir hier Kopfschmerzen". So etwa wurde ein übersteigertes politisches grünes, also ökologisches Bewusstsein ironisch umschrieben, um eine mögliche Pathologie zu kennzeichnen. An dieser Stelle ist zu vermerken, dass eine sogenannte grüne Politik nicht automatisch identisch sein muss mit dem **grünen** Mem des Bewusstseins, auch wenn es immer wieder zu Überschneidungen kommt.

Boomeritis

Wir sehen also, dass das **grüne** Bewusstsein sehr oft vermischt ist mit Anteilen des **roten** Bewusstseins. Diese Vermischung sieht Ken Wilber als Verwechslung von präkonventionellen und postkonventionellen Haltungen. Er nennt sie *Boomeritis* und erkennt darin eine spezielle Version der Prä/Post- Verwechslung, die wir als Prä-Trans-Verwechslung schon kennengelernt haben.[4] Der Begriff Boomeritis hat jedoch seine Wurzeln nicht nur in der integralen Theorie, sondern wurde auch abgeleitet vom Konzept der Babyboomer aus der Demografie.

Die Generation der Menschen, die etwa zwischen 1950 und 1965 geborenen wurden, nannte man Babyboomer, da es in dieser Zeit eine stark ansteigende Geburtenrate gab. Nach Ansicht von Sozialwissenschaftlern kam es wegen dieser hohen Geburtenrate dann zu ganz speziellen Auswirkungen auf die Persönlichkeitsentwicklung.[5] Da ist erst einmal die Urerfahrung „Masse“ durch die ein Konkurrenzverhalten gewissermaßen „in die Personen eingewandert ist“.

Nicht nur bei den Babyboomern kommt es zu verstärktem Selbstmarketing, sondern ganz allgemein wird in der Postmoderne davon ausgegangen, dass der Mensch sich immer mehr selber vermarkten muss. Dies geht sogar so weit, dass sich das Ich-Selbst erst in der ständigen Inszenierung bildet um auf dem Markt der Anerkennung zu bestehen. Immer mehr Menschen brauchen immer mehr Anerkennung und immer weniger Menschen sind bereit oder fähig, anderen diese Anerkennung zu geben.

Für die Babyboomer steigt die Notwendigkeit immer sensationellere Reize zu entwickeln und zu benutzen, um so die dringend benötigte Aufmerksamkeit und Anerkennung überhaupt noch zu bekommen. Ein starker Drang nach Individualisierung wird zu einem Massenphänomen, da ja jeder Mensch immer mehr etwas ganz Besonderes sein muss, jeder muss seine Individualität voll entwickeln. Diese massive Individualisierung wiederum führt zu einer allgemeinen Indifferenz nach dem Motto: „Leben und leben lassen”. Jeder darf so sein wie er ist, oder wie er sein will, oder wie wir es heute immer öfter hören können: „Jeder macht sein Ding“ oder „Ich mach mein Ding und du machst dein Ding“. Dies ist schon eine Art Kurzdefinition der Boomeritis.

Aus Sicht der Integralen Theorie ist also die Generation der Babyboomer besonders anfällig für eine Art von Persönlichkeitsentwicklung, die Boomeritis genannt wird. Diese Art von Pathologie oder Schatten kann in Anlehnung an Wilber nun folgendermaßen beschrieben werden. Die grüne Ebene des Bewusstseins – pluralistischer Relativismus mit multikultureller Vielfalt, Gedanken und Verständnis für Bürgerrechte, Umweltthemen, Feminismus –, wird durch Einbrüche des **roten** Bewusstseins infiziert. Boomeritis ist also ein **grüner** Pluralismus mit einem sehr ausgeprägten subjektiven Standpunkt, der dadurch besonders leicht durch die Egozentrik vergiftet wird. Die Egozentrik oder der traditionelle Narzissmus bildet in dieser Stufe also ganz allgemein die Pathologie und wie ich schon festgestellt habe, gibt es auch (noch) keine gesellschaftlich oder kulturell definierten Krankheiten. Dies hat eben damit zu tun, dass diese grüne Stufe des Bewusstseins ja noch nicht zur kulturell anerkannten Entwicklungspsychologie gehört.

Auch in *Gott 9.0* werden Pathologien der Stufe **Grün** benannt, die nichts mit den kulturell definierten psychischen Krankheiten zu tun haben aber grundsätzlich als narzisstisch anzusehen sind. Es ist selbstverständlich sehr unterschiedlich, wie stark diese Schattenanteile als Störung des ruhigen Gleitens erlebt werden. Wie bei allen Pathologien aller Stufen gibt es sehr große Abstufungen und dennoch plädiere ich für eine genaue Analyse des Integralen Narzissmus, um immer feststellen zu können, wie intensiv jemand an sich arbeiten sollte oder könnte. Wie gravierend die Störungen des ruhigen Gleitens sind, zeigt uns also die Bedeutung eines pathologischen Schattens.

Da wird beispielsweise von Werterelativismus sowie von Leugnung der Hierarchien gesprochen und der Narzissmus ganz allgemein wird hervorgehoben.[6] Wenn alle menschlichen Werte keine oder kaum noch Bedeutung haben, alles also relativ ist, können sich natürlich gerade egozentrische Muster besonders durchsetzen. Es ist dann etwa so, als gäbe es keine Werte mehr, also bestimmt das Ich-Selbst immer und in jedem Augenblick den aktuellen Wert seines Handelns. Auch keine Hierarchien mehr akzeptieren, kann ganz einfach bedeuten: „Niemand steht über mir”, „Niemand hat mir zu sagen was ich tun soll“, ein eindeutiger Anspruch nur Ganzes zu sein, also eine klare egozentrische Haltung.

Hier nun einige sehr allgemeine Beschreibungen der Pathologien dieser Stufe des Bewusstseins. Wenn das Ich-Selbst seine moralischen und ethischen Werte jederzeit nur ganz allein für sich selbst bestimmt, haben wir es in der Regel mit stark übertriebener Selbsterhaltungstendenz zu tun. Ebenso kann die Haltung keinerlei Hierarchien mehr anzuerkennen eine Intensivierung und Hervorhebung des Selbsterhaltungs- oder Selbstbehauptungsvermögens bedeuten. Fälschlicherweise wird eine besondere Hervorhebung der Individualität in der Postmoderne manchmal sehr zwanghaft nur positiv gesehen. Man spricht schon mal von intensiver Persönlichkeitsentfaltung, von Selbstoptimierung oder von Potentialentfaltung. Gerade habe ich wieder eine Nachricht über einen sogenannten Coach gelesen, der riesige Veranstaltungen durchführt und absolut übersteigerte Eintrittspreise verlangt, um den Menschen in kürzester Zeit beizubringen wie sie „ihr Ding machen können”. Dies halte ich für eine Förderung und Steigerung des Narzissmus, die ich ja grundsätzlich ablehne, ja sogar für gefährlich halte. Dieses ganze Buch handelt ja schließlich von der Gefährlichkeit des Narzissmus für den Einzelnen, wie für die Gesellschaft.

Halten wir hier nur fest, dass sich grundsätzlich oft extreme Selbsterhaltungstendenzen hinter solchen Zielen verbergen, die den integralen Narzissmus verstärken können. Also ist immer sehr achtsam zu differenzieren, ob es sich bei Selbstoptimierung oder Potentialentfaltung um Schattenanteile handelt oder um eine gesunde und reife Entwicklung. Wenn Beck und Cowan schreiben, dass man andere zum gegenseitigen Nutzen an sich zieht und dabei ängstlich darauf bedacht ist, jedem zu gefallen,[7] kann sich sehr übertriebene Selbstanpassung zeigen und ein ruhiges Gleiten empfindlich stören. Menschen die in diesem **grünen** Bewusstsein leben, sind zwar weniger an Konkurrenzdenken gebunden und stattdessen werden Teilen, Verstehen, Würdigen und Toleranz herausragende Ziele, jedoch wird eben oft eine Ausrichtung auf Urteilen und Verurteilen besonders hart verurteilt. Es kommt hier sozusagen zu einer Intoleranz gegenüber der Intoleranz. Die Menschen können unter Umständen sehr rigide sein und manchmal auch zur Befreiung von Unterdrückten und für die Menschenrechte in den Kampf oder gar in den Krieg ziehen. Es kann also durch eine übertriebene Tendenz zu Selbsterhaltung – hier meist im Namen der Gruppe – natürlich auch zum Integralen Narzissmus kommen. Der Druck zur Gemeinsamkeit bei Entscheidungsfindungen oder Handlungen kann so stark werden, dass es manchmal zur Vermeidung von individueller Verantwortung kommt und auch nur schwer Entscheidungen gefällt werden. So können sich beispielsweise endlose Diskussionen ergeben und alles muss immer wieder gründlich durchgearbeitet werden, bis wirklich alle zustimmen können. Da ja auch jede Hierarchie abgelehnt wird, gibt es dann oft keinerlei Leitung oder Führung mehr in Teams und Organisationen. Dadurch kann es immer wieder zu Lähmungen, Stockungen und Blockaden bei Veränderungsprozessen kommen. An dieser Stelle wieder ein kleine Bemerkung, die mir zur Relativierung meiner Überlegungen wichtig erscheint. Da ich immer wieder die Schattenanteile genauer beschreibe, könnte natürlich der Eindruck entstehen, ich übersehe die positiven Entwicklungen oder kann sie überhaupt nicht würdigen. Dem ist natürlich nicht so. Immer wenn ich auch die feinsten pathologischen Entwicklungen versuche genau zu beschreiben, gibt es zum gleichen Thema natürlich grundsätzlich viele positive Prozesse der Entwicklung. Ich bin nur der Auffassung über solche konstruktiven Wandlungen wird sehr viel berichtet und die Schattenanteile bleiben dann tatsächlich oft im Schatten verborgen. So auch hier bei diesem Thema. Als besonders wichtige Arbeiten, die sich mit diesem Thema beschäftigen will ich nur die THEORIE U von C. Otto Scharmer und den Leitfaden von Frederic Laloux noch einmal erwähnen.[8]

Jede Absolutsetzung eigener Auffassungen in die eine oder andere Richtung, ist ja ein übertriebener Wahrheitsanspruch und kann ja zur extremen Selbsterhaltungstendenz werden, das ruhige Gleiten somit empfindlich beeinträchtigen und einen echten Dialog auf Augenhöhe massiv stören. Auch hier müssen wir sagen, dass nur in gravierenden

Fällen von Integralem Narzissmus gesprochen werden sollte. Diese extremen Entwicklungen ergeben sich besonders dann, wenn der Wandel zu einem höheren Bewusstsein nach Grün noch total abgelehnt wird. Diese Ablehnungen sind deshalb sehr verständlich, da die Wandlung nach Grün ja eine Entwicklung in eine völlig neue Seinsweise des Menschen bedeutet. Im folgenden Kapitel werde ich genauer darauf eingehen.

Solche Absolutheitsentwicklungen können sich in Teams oder Organisationen ergeben oder natürlich auch bei einzelnen Individuen, und sich dann auf ganze Teams ausweiten. Ganz allgemein ist also der Drang dazuzugehören und akzeptiert zu werden sehr stark und so können sich egozentrische Anteile aus **Purpur** (Zugehörigkeit) und **Rot** (Anerkennung) zum **grünen** Bewusstsein hinzufügen. Auch dies ist natürlich im Extremfall dem Integralen Narzissmus zuzuordnen, wenn das ruhige Gleiten beeinträchtigt ist. Meist handelt es sich dann um gesteigertes Selbstanpassungsverhalten, häufig mit einer Neigung zu Schuldgefühlen, die sich mehr auf die Fehler der Gruppe beziehen. Also: „Ich muss unbedingt dazugehören, akzeptiert werden und wenn die Gruppe Fehler macht geht es mir schlecht". Die entsprechenden Denk- und Verhaltensmuster können letztlich zum Burnout führen und besonders coabhängige Menschen, wie ich sie im 6. Kapitel beschrieben habe, können von solchen Erschöpfungszuständen oder anderen symptomatischen Zuständen betroffen sein. Die entsprechenden Kommunikationsmuster um die es hier geht, habe ich im 5. Kapitel ausführlich beschrieben.

Wegen des starken Relativismus auf dieser Stufe kann es auch zu besonders entwickelter Beeinflussbarkeit des Ich-Selbst kommen und dieses ist dann durchaus einem sogenannten histrionischen Muster sehr ähnlich. Sich immer der Gruppe anpassen zu müssen, ist also manchmal verbunden mit verstärkter Selbstanpassung. Man will also um jeden Preis dazugehören. Ein solcher Drang kann immer die Bedeutung haben, zu stark Teil-Sein zu wollen.

Im Extrem können Menschen auf dieser Stufe auch im Sinne einer „politischen Korrektheit" sehr streng, selbstgerecht und rigide wirken und natürlich kann ihr Denken und Verhalten auch tatsächlich starr und rigide werden. Wer sich nicht zu den Zielen von Grün bekennt – also nicht dazugehören will –, wird dann auch ausgeschlossen und diskriminiert. Trotz der starken Toleranz dieser Stufe schlägt die Haltung dann um, und es kommt zu der sogenannten „Intoleranz gegenüber der Intoleranz". Dahinter steht dann wieder einer deutliche Steigerung der Selbsterhaltung bzw. der Selbstbehauptungstendenz. Natürlich ist dies auch ein Muster der Egozentrik und muss dem Integralen Narzissmus zugeordnet werden.

Ein überstarkes Vertrauen in die Natürlichkeit des Existenziellen im Ich-Selbst kann zu Extremzuständen führen, in denen der Mensch von Vollkommenheit oder von absoluter Potentialentfaltung ausgeht. Beck und Cowan sprechen in diesem Zusammenhang sogar vom großen **grünen** Wahn, wobei wir psychologisch natürlich nicht von tatsächlichem Wahn ausgehen dürfen. Allerdings haben wir es bei diesem Mem tatsächlich häufig mit Arroganz und Überlegenheitsgefühlen zu tun und ein kollektiver Hochmut ist oft zu erkennen. „Jeder von uns kann alles sein, was er will. Wir verfügen über ein grenzenloses Potential. WIR sind die Nummer eins!"[9] Hier spricht nun ganz eindeutig die extreme Selbsterhaltung mit der Neigung nur Ganzes sein zu wollen.

Auch wenn wir keine typischen psychischen Krankheiten speziell für diese Stufe definieren sollten, können wir an das COEX-System denken und somit auch Pathologien aus allen früheren Stufen in dieser Stufe **Grün** als wirksam erkennen. Mit Cook-Greuter können wir dann auch von Depressionen des Pluralisten sprechen.[10] Sie geht auch von der Möglichkeit unterschiedlicher Stimmen im Ich-Selbst aus, oder sie spricht von innerer Verwirrung, Zerteilung, Widersprüchlichkeit und Unberechenbarkeit auf dieser Stufe. Auch wenn diese Zustände von Verunsicherung nicht grundsätzlich bei allen Menschen auf dieser Stufe vorhanden sind, so können sie sich doch bei vielen Menschen zu pathologischen Schattenanteilen entwickeln.

Fassen wir noch einmal zusammen um was es bei der Boomeritis, also dem Schatten des **grünen** Bewusstseins geht. Ich beziehe mich dabei vor allem auf die Integrale Theorie und speziell natürlich auf die Schriften von Ken Wilber.[11] Bei dem pluralistischen Relativismus dieser Stufe ist ein subjektiver Standpunkt besonders ausgeprägt und dies können wir auch als extremen Individualismus bezeichnen. Dieser ständig voranschreitende Individualismus wird auch von vielen Sozialwissenschaftlern völlig unabhängig von der Integralen Theorie immer deutlicher beschrieben.[12] Allein diese Tatsache weist schon darauf hin, dass es sich oft um gravierende Ausprägungen des Selbsterhaltungsbestrebens handeln kann. Menschen mit einem sensiblen Ich-Selbst treten ein für Bürgerrechte, Umweltthemen, Feminismus und multikulturelle Vielfalt. Dabei vermischt sich jedoch das mit sehr hohen kognitiven Fähigkeiten ausgestattete grüne Bewusstsein mit niedrigerem emotionalem Narzissmus aus der purpurnen oder roten Stufe. Ein ehrliches Bemühen hilfreich zu sein führt so zu einer extremen Übersteigerung der eigenen Bedeutung. Man will immer ganz vorne dabei sein, bei der Veränderung der Welt zu mehr Menschlichkeit und Freiheit. Diese Mischung des Bewusstseins muss nicht nur als Gefahr für eine Weiterentwicklung gesehen werden, sondern kann sogar manchmal als bösartig, schädlich und sogar als Katastrophe bezeichnet werden.

Verunsicherung führt zur Egozentrik

Aus meiner Sicht kommt vermutlich ein weiterer Aspekt hinzu, der ursächlich sein kann, für eine Erstarkung der Anfälligkeit für die Egozentrik. Der ausgeprägte Relativismus und die ständigen Veränderungen auf dieser Stufe führen zu sehr starken Verunsicherungen, Unklarheiten und oft auch Orientierungslosigkeiten. Normen, Werte und Regeln verlieren ihre Stabilität und ihre Bedeutung und alles ist im ständigen Wandel. Nichts ist auf Dauer gültig, und alles ist immer wieder neu und anders. Das Ich-Selbst ist durch diese Prozesse in seiner Stabilität auch besonders gefährdet, oder steht ständig vor einer drohenden Gefahr der inneren Auflösung bzw. vor Angriffen, Erschütterungen oder sonstigen Schädigungen. Je instabiler oder brüchiger, also fragiler ein Ich-Selbst ist, desto größer sind natürlich die Gefahren, dass es vollkommen dekompensiert. Bevor es zu derartigen Zusammenbrüchen oder Zerfallsprozessen kommt, hat der Mensch es meist schon mit Schamängsten oder auch mit tatsächlicher Scham zu tun. Also, alles wird unsicher und verliert an Stabilität wodurch in mir die Schamängste entstehen können. Es ist die Angst, wegen meiner Verwirrungen, Irritationen oder Unsicherheiten wird mein Unvermögen, meine Unfähigkeit oder meine Instabilität gesehen und kritisch kommentiert. Davor habe ich Angst, Angst, dass die Scham mich überfällt. Oder die Zustände der Verunsicherung selbst, die ja in mir sind, lösen direkt die Scham aus. Die äußeren Zustände der Welt können also häufig zur Entstehung von Schamangst oder zur tatsächlichen Auslösung von Scham führen. In unserer Kultur der scheinbaren Schamlosigkeit wird dann ein verstärktes Selbsterhaltungsbestreben oder die Selbstbehauptung der Egozentrik in seiner Funktion als Maske der Scham in dieser Situation besonders wirksam und damit wird der Narzissmus erneut mobilisiert. Es ist etwa so, als hätten wir es da mit einem letzten starken Aufbäumen der Egozentrik zu tun, vor einer völlig neuen Sicht des Ich-Selbst auf sich und auf die Welt.

Anders wäre es, wenn der Mensch die Zustände der Verunsicherung und Instabilität gut annehmen kann und Hilflosigkeit oder Unvermögen gut aushält. Die Akzeptanz und Annahme dieser Zustände könnte zwar auch noch kurzzeitig angemessene Scham auslösen, die Masken der Scham die ja die Egozentrik bilden, wären jedoch unbedeutend. Einfach ausgedrückt, je besser der Mensch Unsicherheit, Verwirrung oder Unvermögen und Hilflosigkeit in sich akzeptieren kann, desto weniger stark muss er narzisstisch reagieren.

Dieses **grüne** Bewusstsein mit den Schattenanteilen ist die letzte Stufe in einer langen Phase der Entwicklung eines sogenannten Handlungsmenschen. Dieser lange Prozess wird erste Ordnung genannt und in den sogenannten Subsistenzebenen von Beige bis Grün geht es immer um die Existenz des Menschen und um den Lebensunterhalt. Bis zur **grünen** Stufe sind die vorhergehenden Stufen – natürlich immer auch mit ihren Schattenanteilen – oft miteingeschlossen oder schwingen gemeinsam irgendwie mit.[13] Das bedeutet in jeder Bewusstseinsstufe bis **Grün** können Anteile und natürlich die Schattenanteile der früheren Stufen enthalten sein. Noch anders ausgedrückt, der Mensch kann je nach Anforderung der Außenwelt plötzlich aus einer bestimmten Stufe des Bewusstsein reagieren und sich entsprechend verhalten und im nächsten Moment aus einer anderen und kurz darauf wieder aus einer anderen Stufe. Soweit noch deutliche Schattenanteile vorhanden sind, sind auch die jeweiligen Reaktionen meist aus diesen Schattenanteilen, denn sie stammen ja aus den Blockaden der Entwicklung der jeweiligen Stufe. Also beispielsweise verhält sich jemand plötzlich aus einem pathologischen **Rot** und kurz darauf aus einem pathologischen **Blau** oder **Orange**. Natürlich sind solche Denk- und Verhaltensmuster nicht immer pathologisch oder abgestuft nur etwas mehr oder etwas weniger pathologisch. Mir geht es hier nur darum, festzustellen, dass die Wahrscheinlichkeit solcher pathologischer Reaktionen grösser ist, als wir es normalerweise wahrnehmen.

Deshalb noch einmal ein reiferes oder teilweise auch gesünderes Beispiel. Jemand reagiert vielleicht in einem Moment aus einem angemessenen **Orange** und dann auch aus einem angemessenen **Blau** und plötzlich kommt doch ein verbaler Kommentar aus einem pathologischen **Rot**. In einer Fachdiskussion wird rational und sachlich über ein bestimmtes Wissen informiert, das wäre wohl gesundes Orange, wenn es sozusagen nur um Wissensvermittlung oder Informationsweitergabe geht. Dann wird vom gleichen Redner über die Notwendigkeit von Normen, Strukturen und Regeln sowie von Gesetzen gesprochen. Könnte zum angemessenen Blau gehören. Dann folgen jedoch Entwertungen, Beschimpfungen oder sogar demütigende Worte über andere Menschen. Das gehört zum **roten** Schattenanteil.

Ein solches Szenario könnten wir derzeit wohl öfter erleben, besonders in den sozialen Netzwerken und ganz besonders in politischen Diskussionen. Allerdings ist es auch möglich gleichzeitig aus zwei oder mehr Stufen heraus zu agieren, was natürlich besonders schwierig zu erkennen ist. Eine Stufe ist dann meist etwas in den Vordergrund gerückt. Die im COEX-System gespeicherten und gesammelten alten Gefühle, aus den durch Erschütterungen blockierten Stufen, werden spezifisch angestubst, angeregt oder getriggert. Bestimmte äußere Anlässe, innere Befindlichkeiten und eine aktuellen Offenheit für bestimmte Gefühle können ausschlaggebend für die speziellen Reaktionen aus den verschiedenen Stufen sein. Unabhängig davon ob die jeweilige Reaktion angemessen oder pathologisch ist. Was gerade dran ist wird ausgelebt.

Es kann hier, gerade jetzt bei der Beschreibung dieser postmodernen Stufe der Eindruck entstehen, die Pathologien der Meme wären von ganz herausragender Bedeutung. Dies ist natürlich nicht so, denn die Meme sind ja gerade völlig wertfrei zu betrachtende Bewusstseinsstufen, die der Mensch in sich entfaltet und die er integriert. Das ist selbstverständlich klar, und darin liegt ja auch das Besondere dieser Sichtweise. Allerdings werden in vielen Veröffentlichungen, die sich mit den Bewusstseinsstufen beschäftigen, die immer vorhandenen Schattenanteile nach meiner Einschätzung etwas weniger oder oft gar nicht beachtet oder gar diskutiert. Durch diese Vernachlässigung der Pathologien ergeben sich oft doch wieder Kämpfe nach oben und nach unten. In diesem Fall verborgen unter den Einordnungen was und wie jemand oder ein Konzept, mehr oder weniger integral ist. Um solche Fehler möglichst gering zu halten oder ganz zu vermeiden beschäftige ich mich hier ganz besonders mit den Pathologien. Es geht ganz konkret darum, die sonst eher weniger beachteten Schattenanteile genauer zu analysieren und darzustellen. Dies ist aus meiner Sicht besonders notwendig wenn es darum geht die Entwicklung des Menschen, die als evolutionäre Entwicklung angesehen wird, zu unterstützen.

9. Von der Handlung zum Sein

„Mit angemessener Demut akzeptieren wir, dass wir die Welt nicht kontrollieren können?.Wir akzeptieren, dass das Verlieren zum Leben dazugehört. Wir haben keine Angst vor Widrigkeiten oder Leiden. Daraus entsteht neues Lernen, neues Wachstum neue Hoffnung und ein neues Leben." – Dennis Bakke[1]

In diesem Kapitel beschreibe ich die nächste Stufe des Bewusstseins mit besonderer Berücksichtigung der Darstellung eines Zweiten Ranges oder einer zweiten Ordnung des Bewusstseins. Es ist also ein besonderer Schritt oder sogar ein Sprung, den das Bewusstsein des Menschen jetzt macht. Erst in dieser Stufe ist es möglich, dass sich ein integrales Bewusstsein und damit auch das Integrale Denken entwickelt. Daran anschließend werde ich noch einmal kurz die Integrale Theorie erläutern und dabei den Integralen Narzissmus aufzeigen.

Die erste Stufe eines neuen Rangs ist die Stufe **Gelb**, die bei anderen Autoren auch Petrol genannt oder als integral, integriert oder authentisch bezeichnet wird. Der autonome Mensch dieser Stufe hat einen hohen Grad von Selbstbestimmung und Selbstverwirklichung erreicht. Er kann jetzt mit Widersprüchen, Ambivalenzen und grundsätzlich mit Dualitäten besser umgehen, und damit ist auch seine Egozentrik nicht mehr dominant. Wir können aus psychologischer Sicht auch sagen, seine inneren Zerrissenheiten, die auf allen Stufen des ersten Ranges als Schwierigkeiten auf unterschiedliche Art eine Rolle spielten, sind jetzt unbedeutend geworden. Die Inhalte der Bewusstseinsstufen sind nun besser integriert und die Schattenanteile sind dadurch geringer geworden.

Menschen, die in dem Bewusstsein dieser ersten Stufe eines neuen Ranges leben, können grundsätzlich konstruktiver mit den Dualitäten des Lebens umgehen. Die Schwierigkeiten mit diesen Gegensätzen konnten ja auf allen bisherigen Stufen des ersten Ranges zu den Schattenanteilen oder gar zu schwereren Pathologien führen, und nun sind sie mehr oder weniger aufgelöst und die Egozentrik ist nun wirklich relativ geworden.[2] Auf allen bisherigen Stufen des Bewusstseins hatten wir es mit einem absoluten Wahrheitsanspruch zu tun, und der Mensch hielt seine eigene Weltsicht für die einzig richtige. So war es bis zur Stufe **Grün** auch oft sehr deutlich sichtbar, wie dominierend und bestimmend der Integrale Narzissmus für das Denken und Verhalten des Menschen sein konnte. Gerade in der **grünen** Stufe, der letzten des Ersten Ranges, wurde noch einmal besonders deutlich, wie stark die Egozentrik den Menschen beherrschen kann.

Nun ab der Stufe **Gelb**, der ersten des Zweiten Ranges, die auch evolutionär oder systemisch genannt werden kann, wird es dem Menschen möglich sein, seine eigene egozentrische Selbst- und Weltsicht kritisch wahrzunehmen und sich nicht mehr mit ihr zu identifizieren. Genau dies ist beim traditionellen Narzissmus dem Betroffenen nicht möglich, wenn es sich um starke narzisstische Anteile handelt. Dieser Narzissmus war und ist dem Menschen meist überhaupt nicht bewusst. Er hat keine Einsicht. Ab jetzt hat der Begriff Integraler Narzissmus seine wahre Bedeutung und damit seine vollständige Berechtigung, denn die wirkliche integrale Sicht führt auch zu der Einsicht in seine eigene Egozentrik. Es ist allerdings erst maximal 1% der Menschheit, die ein Bewusstsein dieser Stufe erreicht hat, und dann natürlich immer nur kurzzeitig. Deshalb werde ich mich auch auf eine kurze Beschreibung begrenzen, bei der ich auch einige theoretische Ergänzungen machen möchte, die als Konzepte erst ab dieser Stufe möglich sind oder zumindest für diesen zweiten Rang eine herausragende Bedeutung erlangen. Mit möglichen weiteren Stufen des Bewusstseins, nach **Gelb**, werde ich mich hier nicht beschäftigen, da ich vor allem die Bedeutung der Scham und die durch die unterschiedlichsten schamauslösenden Erschütterungen entstandenen Blockaden oder geschlossenen Zustände des ersten Ranges herausstellen möchte.

Menschen die in diesem **gelben** Bewusstsein sind, verlieren immer mehr ihre Ängste und Zwänge. Hier können wir sofort erkennen, dass diese Ebene des Bewusstseins nur unzureichend erreicht werden kann, wenn die Gefühle, die sich im COEX-System aus den erlebten Erschütterungen der verschiedensten Stufen angesammelt haben, nicht weitgehend transformiert sind. Es zeigt sich hier die absolute Notwendigkeit für den Menschen, an seinen Schattenanteilen transzendierend zu arbeiten, wenn er aktiv und bewusst an einer evolutionären Bewusstseinsentwicklung teilhaben will. In diesem gelben Bewusstsein werden diese Gefühle und viele andere Zustände aus den Erschütterungen, sowie die Egozentrik als typisch für die vorherigen Stufen erkannt, jedoch ihr Ausmaß ist jetzt deutlich verringert. Die diversen Zustände und Gefühle können zwar noch vorhanden sein, jedoch spielen sie für das Leben keine entscheidende Rolle mehr. Auch hier haben wir es mit einem Punkt zu tun, der Ursache vieler Missverständnisse sein kann. Es ist eben für das einzelne Individuum nicht immer leicht, zu erkennen, ob solche alten Gefühle wirklich kaum noch Bedeutung haben. Es sollte jetzt keine oder nur noch eine eher geringe Identifizierung mit den Gefühlen und der egozentrischen Selbst- und Weltsicht stattfinden. Dennoch können diese Denk- und Verhaltensmuster hin und wieder, für die allgemeinen, menschlichen und vor allem für die globalen Entscheidungen sinnvoll sein. Alte Wut, Ängste oder Schmerzgefühle können jetzt klar als zugehörig zu einer bestimmten Bewusstseinsstufe identifiziert werden und wirken nicht oder nur sehr gering für das aktuelle Erleben. Das bedeutet auch, dass aktueller Ärger/Wut oder auch Ängste bzw. schmerzliche Gefühle selbstverständlich noch vorhanden sind, dadurch, dass sie nicht mehr gespeist werden vom (pathologischen) COEX-System, sind sie jedoch in ihrer Ausprägung deutlich geringer und spielen für vernünftige Entscheidungen kaum noch eine Rolle. Sie sind besser integriert und sind so nicht mehr so stark bestimmend für das Erleben und Leben der Menschen.

Es ist also die Weltsicht des Wir-Alle, die das Leben nun mehr oder weniger bestimmt. Dogmatismus und Rigidität nehmen jetzt immer mehr ab und der Mensch wird offen für völlig neue, oft sehr kreative Entscheidungen und Lösungen. Die Werte und Qualitäten aller früheren

Stufen werden nun für bestimmte Lebensumstände als durchaus sinnvoll erkannt, und können, wenn dies notwendig ist auch abgerufen werden. So entsteht eine gewisse Flexibilität mit großen Ressourcen für ein Fließen oder Strömen auf der ganzen Spirale, auf und ab. Der Kampf und die absoluten Wahrheitsansprüche jeder bisherigen Stufe des ersten Ranges werden zwar erkannt, durch die Toleranz all dieser Inhalte wird jedoch das ruhige Gleiten, wie ich den Integralen Narzissmus nenne, immer mehr möglich und entwickelt sich erstmals als Normalzustand. Die Toleranz entsteht auch dadurch, dass der Mensch jetzt alles Widersprüchliche nicht mehr bekämpfen muss und die ständigen Polarisierungen fortsetzt, sondern Gegensätzliches in sich gut aushält, ja sogar anerkennt und wertschätzt. Differenzierungen sind jetzt ein generelles Ziel des menschlichen Daseins und Pauschalisierungen oder ständige Absolutsetzungen verlieren immer mehr an Bedeutung. Die Menschen können im zweiten Rang des Bewusstseins die sich widersprechenden Inhalte gleichzeitig wahrnehmen, und vor allem auch akzeptieren und anerkennen. Dieses Denken kann auch integrativ, systemisch, synthetisierend oder integral genannt werden. Die Weltsichten, die unterschiedlichen Kulturen oder die verschiedensten Gewohnheiten und Gebräuche sowie auch die religiösen Überzeugungen aller Stufen werden geachtet, auch wenn man sie nicht unbedingt teilen muss.

Integrales Denken und Handeln

Durch ein solches globales bzw. integrales Denken, wie es im zweiten Rang möglich wird, konnte eine Integrale Theorie entwickelt werden, wie sie vor allem Ken Wilber vertritt.[3] Aus meiner Sicht gehört also dieses integrale Denken besonders zur Stufe **Gelb**, da es auch und gerade **grünes** Denken transformiert also auch integriert hat.

Neben den Stufen um die es im ganzen Buch geht und den schon mehrfach erwähnten verschiedenen Entwicklungslinien gibt es in der Integralen Theorie noch drei andere Elemente, die als Quadranten, Zustände und Typen bezeichnet werden. Bei dieser Landkarte des Bewusstseins geht man also von A-Q-A-L aus, einer Kurzfassung von *alle Quadranten, alle Ebenen oder Stufen, alle Linien, alle Zustände und alle Typen.*

Die Quadranten sind Sichtweisen oder Perspektiven bzw. Dimensionen oder Blickwinkel des Seins oder jeder Begebenheit, die jeder Mensch zu jeder Zeit erfassen kann. Man kann die vier Quadranten als die vier Teile eines größeren Quadranten sehen und bekommt dann folgende Grafik:

Oben Links die **Ich-Dimension**, „subjektiv", das Innere des Individuums. Hierzu zählen vor allem die Gefühle, Gedanken und Empfindungen des Individuums aber auch die Träume, Fantasien, Bedürfnisse, Meinungen und Absichten.

Oben Rechts die **Es-Dimension**, „objektiv", das Äußere des Individuums. Alles Messbare des physischen Körpers wird hier dazu gezählt wie Zellen, Organe und die DNA. Auch körperliche Zustände, alles was wissenschaftlich, also empirisch nachzuweisen, was materiell und von außen sichtbar ist, sowie physisches Verhalten gehört ebenfalls zu dieser Es-Dimension.

Unten Links die **Wir-Dimension,** „inter-subjektiv", Regeln, das Innere des Kollektivs. Zu diesem Quadranten gehört alles, was Kultur und Weltanschauung ausmachen; es ist das Gruppenbewusstsein. Man spricht auch vom kollektiven Passen.

Unten Rechts die **Sie-Dimension**, „inter-objektiv", das Äußere des Kollektivs. Hier gehören die sozialen System und die Umwelt dazu. Es sind auch die äußeren Formen und Verhaltensweisen, Wirtschaftsformen und Gesellschaftsformen, die ökonomischen Strukturen der Gruppe, die beispielsweise auch die Systemtheorie oder die marxistische Theorie untersuchen.

Mit Ken Wilber können wir sagen, dass es sich bei den Quadranten um das Innere und das Äußere des Individuums und des Kollektivs handelt. Es geht also letztlich darum, alle vier Dimensionen mit einzubeziehen um ein integrales Denken zu ermöglichen, oder eine integrale Sicht zu entwickeln. Eine Überbetonung oder die Ausschließlichkeit einer Sichtweise kann dazu führen, dass diese absolut gesetzt wird und eine solche Absolutsetzung wird dann Quadrantenabsolutismus genannt. Ein solcher Absolutismus ist natürlich immer Integraler Narzissmus. Jeder Quadrantenabsolutismus geht in der Regel einher mit einem Quadrantenreduktionismus der anderen drei Perspektiven.

Schauen wir uns nun noch einige Beispiele des Integralen Narzissmus an, die unabhängig von den Schattenanteilen der Stufen festzustellen sind. So kann jemand beispielsweise immer nur sehr extrem auf seine eigenen Gedanken, Gefühle und individuellen Wahrnehmungen bestehen, wodurch die Ich-Dimension zwanghaft, starr oder heftig wird und die anderen Dimensionen deutlich vernachlässigt oder gar vollkommen aus dem bewussten Erleben abgespalten werden. Durch eine solche Absolutsetzung entstehen Pauschalisierungen und Polarisierungen, die manchmal bis zu Dogmatismus und Fanatismus führen können.

Eine andere Möglichkeit ist, zwanghaft und extrem auf Messbarkeit und Wissenschaftlichkeit zu bestehen, wodurch auch wieder andere Dimensionen deutlich vernachlässigt werden und ein Quadrantenabsolutismus oben rechts entsteht.

Es kann auch dazu kommen, dass sich ein Mensch absolut nach den Normen und Werten seiner Gruppe, seines Kollektivs oder seiner Kultur richtet und eine solche Haltung als einzig richtig betrachtet. Hier wäre dann die Wir-Dimension dominant und auch dies kann zu einer Form von Quadrantenabsolutismus führen.

Die letzte Variante wäre dann eine absolute Orientierung des Denkens und Handelns an Theorien der Gesellschaft und der Ökonomie, also ein Quadrantenabsolutismus der Sie-Dimension bei einer groben Vernachlässigung der anderen Sichtweisen.

Die Ursachen dieses absoluten Erlebens können natürlich sehr vielfältig sein. Dennoch kann eine starke egozentrische Selbst- und Weltsicht, also der Integrale Narzissmus, einen solchem Absolutismus maßgeblich beeinflussen. Ja ich gehe so weit, dass ich die Absolutsetzung selbst, immer als narzisstisch ansehe. Auch hier handelt es sich ja letztlich um eine Beeinträchtigung oder Störung des ruhigen Gleitens, denn jedes Extrem oder jedes absolute Erleben ist die Folge eines verstärkten oder gesteigerten Selbsterhaltungsbestrebens. Ein Fließen oder ein ruhiges Gleiten zwischen den vier Bestrebungen des Holons Ich-Selbst würde eher dazu führen, dass auch alle vier Dimensionen beachtet werden könnten, da ein freier und offener Blick oder eine emotionale und geistige Offenheit einen wirklichen Überblick möglich machen könnte. In der Ebene **Gelb**, dem ersten Mem des Zweiten Ranges wird es also nun erstmals möglich, die vier Dimensionen zu erkennen und zu berücksichtigen, wodurch eine Neigung zum Quadrantenabsolutismus deutlich geringer wird. Erinnern wir uns, bis zum **grünen** Mem war ja der Absolutheitsanspruch oder Wahrheitsanspruch auf jeder Ebene sehr stark und somit auch die Gefahr des Quadrantenabsolutismus eher ausgeprägt.

Beim zweiten Element von AQAL handelt es sich ja um die *Ebenen* oder Stufen des Bewusstseins, die ich hier ausführlich beschrieben habe und deren Schattenanteilen ich als Reste eines egozentrischen Selbst- und Weltbildes sehe.

Ein drittes Element der integralen Landkarte sind die *Entwicklungslinien*, auf die ich schon in der Einleitung hingewiesen habe. Hier noch einmal einige Bemerkungen dazu. Obwohl es natürlich in allen Quadranten verschiedene Entwicklungslinien gibt, sind für das Thema dieser Arbeit nur die Linien der Entwicklung im oberen linken Quadranten, also in der Ich-Dimension von besonderem Interesse. Bei Ken Wilber werden für diesen Bereich zehn Entwicklungslinien benannt, die ich kurz vorstellen möchte.

- Die **kognitive** Linie oder die Wahrnehmung dessen was ist
- Die **moralische** Linie oder die Wahrnehmung dessen was sein sollte
- Die **zwischenmenschliche** Linie, wie ich mich auf andere beziehe

- Die Linie der **Bedürfnisse**, wie Maslows Hierarchie der Bedürfnisse
- Die Linie der **eigenen Identität** oder „Wer bin ich"
- Die **ästhetische** Linie (Selbstausdruck, Schönheit, Kunst, gefühlter Sinn)
- Die **psychosexuelle** Linie
- Die **spirituelle** Linie
- Die Linie der **Werte**, was eine Person als wichtig erachtet

Für mein Anliegen in diesem Buch, vor allem die durch die Scham auslösenden Erschütterungen entstandenen Pathologien aller Stufen oder Ebenen zu beschreiben, habe ich die verschiedenen Entwicklungslinien nur in der Spirale von Spiral Dynamics zusammengefasst. Die Linien entwickeln sich unabhängig voneinander, und so können sie auch in ganz unterschiedlichem Ausmaß entwickelt sein. Ein Mensch könnte beispielsweise kognitiv sehr weit entwickelt sein, zum Intellektualisieren neigen und extrem vernunftorientiert sein, im zwischenmenschlichen Bereich jedoch deutlich weniger weit entwickelt sein. Wir erinnern uns an die schizoiden Muster der Stufe **Purpur** und diese können wir deutlich als Beginn der Egozentrik des Integralen Narzissmus vermuten. Bei einem anderen Mensch können die kommunikativen Fähigkeiten im zwischenmenschlichen Bereich besonders weit entwickelt sein, und die ethisch/moralische Entwicklung ist wiederum deutlich weniger entwickelt. Oder in einem dritten Beispiel hat jemand sehr intensive meditative und mystische Erfahrungen gemacht, seine spirituelle Entwicklung ist vielleicht vorangeschritten, dennoch sind vielleicht die kommunikativen und sozialen Fertigkeiten sehr wenig entwickelt. Manchmal kann man in der Politik Menschen finden, deren kognitive Entwicklung vorangeschritten ist, die jedoch in ihren moralischen Haltungen weniger entwickelt sind oder das auch ihre zwischenmenschlichen Fähigkeiten große Defizite zeigen. Ihre egozentrische innere Haltung führt dann vielleicht dazu, dass sie mit viel Wissen und Macht in der Politik agieren. Besonders auffällig in bestimmten Lebensbereichen, die mit einer spirituellen Suche oder einer Integralen Spiritualität zusammenhängen, könnten Menschen sein, die in zwei bestimmten Linien besonders weit entwickelt sind, in der spirituellen und der kognitiven Linie. Bestimmen diese Bereiche dann weitgehend ihr Leben können die anderen Linien weniger entwickelt sein und wir haben es wieder mit Linienabsolutismus zu tun.

Einerseits ist also eine durchaus unterschiedliche Entwicklung der verschiedenen Linien ganz natürlich und darf auf keinen Fall sofort als pathologisch angesehen werden, andererseits können manchmal Defizite in der Linienentwicklung auf Schattenanteile in den Stufen zurückgeführt werden und gehören dementsprechend zum Integralen Narzissmus. Auch der Umgang mit den Unterschieden im Sinne eines Linienabsolutismus kann ganz klar zum Integralen Narzissmus gehören. Wichtig ist, dass der Mensch diese Differenzen aber auch erkennen und an den Defiziten in der Entwicklung bestimmter Linien arbeiten kann. Es ist natürlich dabei immer darauf zu achten, dass manche Unterschiede in den Linienentwicklungen nicht zu verändern sind. Es sind bei möglichen Veränderungen natürlich wieder alle vier Quadranten zu berücksichtigen, also beispielsweise auch die strukturellen, gesellschaftlichen Bedingungen des Quadranten unten rechts. In einer Gesellschaft, in der es nur ein Schulsystem mit acht Klassen oder sogar noch weniger gibt, ist möglicherweise die kognitive Entwicklung der Kinder deutlich eingeschränkt. Eine für die unterschiedliche Entwicklung notwendige selbstkritische Wahrnehmung und Analyse solcher Entwicklungsmängel oder Defizite, erfordert jedoch wieder eine weitgehende Transformation der egozentrischen Selbst- und Weltsicht, denn nur wenn der Mensch weniger „nur Ganzes" sein will, kann er seine unterschiedlichen Entwicklungen erkennen, die auch nicht immer als Mängel zu bezeichnen sind. Solche Differenzen in den Entwicklungen der Linien sind also selbstverständlich oft als ganz natürlich zu betrachten und nur wenn einzelne Linien wie z.B. die Kognitive zwanghaft und starr wird, oder sogar absolut gesetzt wird, kommt es zum Linienabsolutismus des Integralen Narzissmus.

Ist also der Integrale Narzissmus noch sehr stark, dann ist auch das Bestreben der Selbsterhaltung oder auch das Bestreben der Selbstanpassung extrem verstärkt oder außerordentlich starr oder blockiert. Ein ruhiges Gleiten zwischen den Bestrebungen ist dann nicht mehr möglich und somit wird auch die Einsicht in die unterschiedlichen Entwicklungen der verschiedenen Bereiche erschwert. Der Entwicklungsinhalt einer bestimmten Linie kann dadurch möglicherweise wieder extremen Einfluss auf das Denken und Handeln des Menschen haben. Geht dieser extreme Einfluss bis zu einer Absolutsetzung, so spricht man also von Linienabsolutismus. Ein solcher Linienabsolutismus zeigt sich natürlich besonders häufig bei Menschen, deren Integraler Narzissmus noch sehr stark ist oder deren Schattenarbeit noch nicht besonders fortgeschritten ist.

Das vierte Element von AQAL sind die *Zustände*. In der Integralen Theorie wird davon ausgegangen, dass es in allen vier Quadranten verschiedene Zustände gibt. Beispielsweise gibt es im Ich-Quadranten die emotionalen Zustände oder auch meditative Zustände. Im Wir-Quadranten unten links kann es emotionale oder zwischenmenschliche Zustände des Kollektivs geben. Im Es-Quadranten gibt es vielleicht biologische Zustände, Körperzustände bzw. Gehirnzustände und im Sie-Quadranten unten rechts kommt es zu bestimmten wirtschaftlichen Strukturen und politischen Systemen.

Folgende Bewusstseinszustände, die alle zum Ich-Quadranten gehören finden wir in den großen Weisheitstraditionen. Da gibt es die Wachzustände, die einfach erlebt werden, Traumzustände oder auch Tagtraumzustände sowie meditative Zustände. Letztere sind auf eine Form ausgerichtet sind oder es sind auch formlose Zustände, wie im traumlosen Schlaf, in formloser Meditation oder als Erfahrung von Weite, Offenheit oder Leere. Ein weiterer Zustand ist ein einfaches Zeuge-Sein bei der man alle anderen Zustände einfach beobachtet und wahrnimmt und als letztes die Erfahrung der Non-Dualität oder das Erleben des Urgrundes aller Zustände. Diese letzte Zustandserfahrung habe ich in diesem Buch bereits im Zusammenhang mit dem primären Narzissmus diskutiert oder auch als embryonalen Urzustand bzw. als mystisches Erleben beschrieben.

Wie könnte sich nun ein Integraler Narzissmus im Bereich der Zustände zeigen? Vor allem werden Zustände falsch wahrgenommen oder falsch gedeutet und ihre zeitliche Dauer und Begrenztheit wird nicht verstanden. So können Glücksgefühle oder überwältigende Liebesgefühle fälschlicherweise dem Transzendenzbestreben zugeordnet werden, obwohl es sich dabei um Augenblickserfahrungen des Selbsterhaltungsbestrebens handelt. Ganz allgemein können fälschlicherweise Zustände der Transzendenz vermutet werden, obwohl es sich eher um ein Wunschdenken handelt, wie es auch als Omnipotenzfantasien oder als Grandiositätsfantasien der Wirkmächtigkeit zugeordnet werden kann. Dieses Empfinden der Wirkmächtigkeit habe ich als egozentrischen Schattenanteil der Stufe **Purpur** im 4. Kapitel beschrieben. Auch Zustände von Leere können sowohl zur Transzendenz gehören, als auch zur Selbstauflösung, obwohl letztere meistens mit starkem Schmerz verbunden sind. Es können also verschiedene Verwechslungen auftreten, denn die egozentrischen Muster sind oft weit stärker als die Betroffenen es wahrnehmen. Manchmal glauben Menschen auch mystische Zustände haben sich ausgeweitet und sind zu einem Dauerzustand geworden, der auch Plateauzustand genannt wird, obwohl es vielleicht Momentzustände waren. Besonders hier kann das egozentrische Selbsterhaltungsbestreben dem Menschen die verschiedensten Glücks- oder Liebesgefühle und ihre scheinbare Dauerhaftigkeit oder ein sogenanntes Erwacht-Sein vorspielen

Als letztes Element von AQAL will ich noch kurz auf die sogenannten *Typen* eingehen. Es gibt in der integralen Landkarte Unterschiede vertikaler Art, die durch die Stufen oder Ebenen gekennzeichnet werden und daneben auch Unterschied horizontaler Art. Bei letzteren wird davon ausgegangen, dass sich diese Aspekte auf jeder Stufe und in jedem Zustand zeigen können. Sie sind also relativ unabhängig von der Entwicklung auf den verschiedenen Stufen oder Ebenen. In der Integralen Theorie (IT) werden solche Aspekte als Typen bezeichnet und diese Einteilungen der horizontalen Aspekte werden jedoch nur zur Orientierung genutzt, da ihre Unabhängigkeit von den Stufen nicht absolut gesehen werden kann. Als erstes werden die zwei Typen männlich und weiblich vorgestellt und am Beispiel der moralischen Entwicklung diskutiert. Im Zusammenhang mit diesen zwei Typen habe ich im 6. Kapitel auch von Muttersohn und Vatertochter gesprochen und ihre Entwicklung besonders in der Stufe Blau lokalisiert. Also eine wirkliche oder gar absolute Unabhängigkeit von den Stufen scheint mir nicht zuzutreffen.

Zwei Typenlehren werden in der Integralen Theorie (IT) besonders herausgestellt. Da ist zuerst einmal das Enneagramm, das als Typologie erwähnt wird und die Myers-Briggs Typenlehre, die etwas genauer besprochen wird. Diese Typologie von Myers-Briggs, die auf der Psychologie von C. G. Jung und seiner Lehr von den Polaritäten basiert, finde ich durchaus sehr hilfreich. Da gibt es beispielsweise Extraversion und Introversion als mögliche Einstellungen zur Umwelt und es gibt denkende und fühlende Entscheidungen, die der Mensch treffen kann. Weiter werden Funktionen und Einstellungen des Menschen erfasst, die entweder wahrnehmend oder beurteilend sind. Als klinisch arbeitender Psychotherapeut liegt mir die Typologie von Myers-Briggs, neben der klassischen psychoanalytischen Typenlehre näher als beispielsweise das Enneagramm. Außerdem geht es mir bei meinen Überlegungen ja um eine Synthese aus tiefenpsychologischem und integralem Denken. Als empirisches Verfahren in der Persönlichkeitsforschung gilt auch noch das sogenannte Big Five, oder auch Fünf Faktoren Modell. Die fünf Faktoren, mit denen die Persönlichkeit von Menschen erfasst wird, sind folgende: 1. Offenheit für Erfahrungen oder auch Aufgeschlossenheit, 2. Gewissenhaftigkeit oder Perfektion, 3. Extraversion oder Geselligkeit, 4. Verträglichkeit bzw. Kooperationsbereitschaft, Empathie und Rücksichtnahme und 5. Neurotizismus bzw. emotionale Labilität und Verletzlichkeit.

Zusammenfassend können wir feststellen, dass alle Typenlehren nur mit Vorsicht und größter Achtsamkeit und auch nur zu einer groben Orientierung genutzt werden sollten, da eine wirkliche Unabhängigkeit von der Stufenentwicklung einfach nicht besteht. Auch hier ist es so, dass die Festlegungen in Typen umso starrer und absoluter werden können, je stärker die egozentrische Selbst- und Weltsicht noch vorhanden ist. Also ich bin der oder der Typ, oder du bist so oder so, solche Bezeichnungen können sehr schnell Ausdruck eines übersteigerten Selbsterhaltungsbestrebens werden. So bilden Be-, Ent- oder Abwertungen der Anderen und natürlich auch die immer damit verbundenen Selbsterhöhungen und auch die Selbstentwertungen, die Muster des Integralen Narzissmus. Solche Phänomene der Wertung oder Entwertung sind allerdings in der heutigen Zeit der Postmoderne sehr verbreitet. Ich möchte hier noch einmal darauf hinweisen, dass auch im Zusammenhang mit den Stufen des Bewusstseins nicht von Typen von Menschen gesprochen werden sollte, sondern von Bewusstseinstypen im Menschen. Also nicht dieser Mensch ist schon gelb, sondern in einem bestimmten Maß oder auch nur in bestimmten Situationen reagiert dieser Mensch aus der gelben Stufe des Bewusstseins. Anhand meiner eigenen Konzepte lässt sich die Stufenabhängigkeit der Pathologien etwas deutlicher erklären. Ich habe in der Spirale der Wandlung und ganz speziell in diesem Buch für jede Stufe spezielle Pathologien oder Leidenszustände beschrieben und dabei auch festgestellt, dass durch das COEX-System die Ursachen für diese „Typen" von Persönlichkeitsentwicklung in unterschiedlicher Ausprägung in allen Stufen zu finden sind.

Viel-Ich oder Persönlichkeitsmuster

In meinen Überlegungen habe ich versucht die Pathologien aller Stufen zwar einerseits sehr differenziert zu betrachten, ich sehe sie jedoch andererseits alle als Integralen Narzissmus. Auch hier handelt es sich also nicht mehr um die klassische psychoanalytische Typologie, sondern es ist eher eine Mischform eines sogenannten Viel-Ichs oder Segment-Ichs. Die verschiedenen Typen, die sich zwar als Pathologien den Stufen zuordnen lassen, sind jedoch weder absolut zugehörig zu einer Stufe noch sind sie völlig unabhängig von jeder Stufe. Wir könnten alle diese Pathologien als Integralen Narzissmus ansehen, wie ich es versucht habe in dieser Arbeit zu beschreiben. So lange die traditionelle psychoanalytische Theorie noch weiterhin eine gewisse Bedeutung hat, könnten wir höchstens noch von eine Art Persönlichkeitsstil oder Persönlichkeitsmuster für jede Stufe ausgehen. Dies würde ich jedoch als eine Art Übergang betrachten in der evolutionären Bewusstseinsentwicklung. Wir hätten dann vielleicht den Integralen Narzissmus und fügen einen bestimmten Typ der Persönlichkeit nach den traditionellen psychoanalytischen Theorien hinzu. Solche Kategorien als Persönlichkeitsmuster oder Persönlichkeitsstile könnte ich mir im klinischen Bereich für eine gewisse Zeit des Wandels durchaus vorstellen, bis wirklich neue Begriffe gefunden werden.

BEIGE psychosenaher Integraler Narzissmus.

PURPUR schizoider oder borderline-typischer Integraler Narzissmus.

ROT klassischer Integraler Narzissmus

BLAU depressiver, phobischer, zwanghafter oder histrionischer Integraler Narzissmus.

ORANGE erfolgs- oder leistungsorientierter Integraler Narzissmus

Für die Stufen **Grün** und **Gelb** würde ich keine besondere Bezeichnung vorschlagen, da wir für diese Stufen keine gesellschaftlich definierten Krankheiten kennen. Allerdings möchte ich hier noch einmal betonen, dass wir alle Pathologien der verschiedenen Stufen unter dem Gesichtspunkt „vergiftet durch roten Narzissmus" betrachten können. So können wir auch bei allen Pathologien von Boomeritis sprechen. Integraler Narzissmus ist also immer Boomeritis einer ganz bestimmten Art, auf einer ganz bestimmten Ebene des Bewusstseins.

Die Integrale Theorie (IT), die ich hier in größter Vereinfachung kurz vorgestellt habe, gehört für mich gewissermaßen zum gelben Mem oder grundsätzlich zum zweiten Rang der Bewusstseinsentwicklung. Das bedeutet, dass Menschen, die wenigstens in ersten Ansätzen ein solches Bewusstsein entwickelt haben, ein integrales Denken und Handeln aktiv nutzen können.

Fassen wir noch einmal die für diese Arbeit wichtigsten Aspekte der gelben Stufe zusammen. Gegensätze, Widersprüche und Ambivalenzen im Leben werden nicht nur besser ausgehalten, sondern ein konstruktiver Umgang mit ihnen wird entwickelt. Aus diesem Grund nehmen Pauschalisierungen und Polarisierungen immer mehr ab und es kommt verstärkt zu besonders ausgeprägten Differenzierungen. Gleichzeitig kann sich ein weit größerer Überblick, eine Art Gesamtschau über das, was das Leben des Menschen und die globalisierte Welt betrifft, entwickeln. Die Entstehung von Meinungen und Entscheidungen sind weniger beeinflusst von Gefühlen und Befindlichkeiten der Menschen, sondern sie stehen eher im Einklang mit einem Bewusstsein der Menschheit, dem Ganzen der Welt und des Lebens. Menschen verlieren immer mehr ihre individuellen Ängste und ihre Zwänge, wodurch sie offen werden, jederzeit und von allem immer zu lernen.

Aus der Stufe **Gelb** des Bewusstseins werden erstmals wirklich alle bisherigen Meme als gleichwertig anerkannt. Eine Entwertung früherer Stufen und ein Widerstand gegen weitere Entwicklungen zu höheren Stufen nimmt immer mehr ab und somit gibt es auch keinen Kampf mehr noch unten und nach oben. Dies ist nicht zu verwechseln mit der besonders notwendigen Analyse der Schattenanteile des Integralen Narzissmus mit dem Ziel der Wandlung, wie ich es hier in dieser Arbeit versucht habe. An dieser Stelle sind mir einige Bemerkungen wichtig wie die Meme im Leben des einzelnen Menschen wirken können.

Im Buch *Gott 9.0* gibt es einen kleinen Test zum persönlichen Umgang mit der Spirale des Bewusstseins und dem Farb-Code. Ein individuelles Testergebnis kann aufzeigen, wie stark etwa jedes Mem bei einem Menschen ausgeprägt ist. Achtsamkeit, Vorsicht und Verantwortungsbewusstsein im Umgang mit solchen Testergebnissen halte ich für besonders wichtig und solche Interpretationen sollten auch nur als eine spielerische Orientierung verstanden werden. Ein erstes Beispiel, wie ein Ergebnis möglicherweise für eine Person aus unseren westlichen Informationsgesellschaften aussehen könnte, wäre vielleicht so zu beschreiben. Die Werte des **orangenen** Mems zeigen sich am stärksten und etwas weniger stark zeigen sich der Werte von **Grün** und etwa gleich die

Werte von **Blau**. Vielleicht gibt es auch schon Werte von **Gelb**, die jedoch deutlich geringer ausfallen. Die anderen Bewusstseinsstufen zeigen sich klar weniger ausgeprägt. Dies könnte meiner Einschätzung nach eine Art Durchschnittswert eines Menschen der Postmoderne sein, der möglicherweise als fortschrittlich angesehen werden könnte. Dieses Ergebnis sagt grundsätzlich nichts darüber aus, ob ein entsprechendes Denken und Verhalten reif, gesund, und angemessen zu nennen ist oder ob es sich dabei um Pathologien handelt, die aus dem Schattenanteil des jeweiligen Mems stammen. Ein zweites Beispiel könnte vielleicht zeigen, dass **Blau** besonders stark ausgeprägt ist und als zweiter Schwerpunkt zeigt sich **Orange** und dann folgt **Rot**. Auch dieses Beispiel sagt uns nichts darüber, ob die Stufen vollständig integriert sind oder ob es sich um blockierte oder geschlossene Meme handeln könnte, aus denen das Denken und Handeln erfolgt. Beide genannten Beispiele zeigen nur die unterschiedlichen Schwerpunkte des Bewusstseins der beiden Personen. Die Person im ersten Beispiel agiert am häufigsten aus der orangenen Stufe und die Person aus dem zweiten Beispiel aus der **blauen** Stufe.

Das Denken und Verhalten aller Menschen kann also grundsätzlich von den Wertvorstellungen der verschiedenen Stufen beeinflusst oder sogar bestimmt werden. Dabei kann es sich jeweils um länger anhaltende Phasen handeln, in denen ein bestimmtes Bewusstseins-Mem vorherrschend ist, oder auch um schnellere und häufigere Wechsel in die Wertvorstellungen anderer Stufen. Beispielsweise ist jemand im Kontakt mit seiner Ehefrau in partnerschaftlichen und liebevollem Verhalten des **grünen** Mems und kurze Zeit später als Vorgesetzter zu seinen Mitarbeitern im machtorientierten Verhalten des **roten** Mems. Ein anderer Mensch ist in einer politischen Diskussion vorübergehend im regelorientierten und normengerechten Denken des blauen Mems und durchaus in der gleichen Diskussion kurz darauf im Erfolgs- und Leistungsdenken des **orangenen** Mems. Die selbstverständliche Nutzung der unterschiedlichen Wertvorstellungen aller Bewusstseinsstufen, die sich nach den äußeren Anforderungen und Lebensnotwendigkeiten richtet, ist also der natürliche Prozess des menschlichen Lebens. Deshalb wäre es auch irreführend und falsch, wenn Menschen von sich sagen würden: „ich bin **grün**" oder „ich bin schon **gelb**". Dieses Etikettieren ist genauso unangebracht und einfach falsch, wenn es bei anderen Personen geschieht. Also „er ist noch im **blauen** Bewusstsein" oder „du bist **orange**". Dieses Verhalten erinnert ja wieder an die psychiatrischen Diagnosen und in diesem Zusammenhang hier dient es eher dazu sich selber zu erhöhen und aufzuwerten oder andere zu entwerten und damit zu erniedrigen. Hier handelt es sich dann wieder deutlich um die „egozentrische Selbst- und Weltsicht" und nicht um ein Verhalten aus der gelben Stufe. Die Farben der Meme sollen ja gerade dazu dienen, die Gleichwertigkeit hervorzuheben und da der Mensch immer wechselnd in allen Stufen des Bewusstseins ist, verhindert eine Festlegung gerade diesen wirklichen Überblick über all diese Möglichkeiten.

Eine weitere Ursache für die Aktivierung bestimmter Muster aus den unterschiedlichen Memen, neben den äußeren Bedingungen, ist allerdings der Grad der Blockierung und der Geschlossenheit des jeweiligen Mems. Das bedeutet, je stärker eine Blockade in einer bestimmten Stufe noch besteht oder je geschlossener das entsprechende Mem ist, desto pathologischer kann eine Aktion oder eine Reaktion aus dieser Stufe ausfallen. Halten wir hier dieses Phänomen einmal fest.

Die äußeren Umstände oder Anforderungen sind ein ausschlaggebender Teil der Ursachen für die Aktivierung eines bestimmten Bewusstseins-Mems. Diese Anlässe können als bestimmend betrachtet werden. Ein zweiter großer Anteil an den Ursachen, die das Denken und Verhalten aus einer speziellen Stufe auslösen, sind die Pathologien der Stufen, die ich in diesem Buch beschrieben habe. Hier können wir sagen, je ausgeprägter sich eine Pathologie entwickelt hat, desto zwanghafter, starrer und absoluter ist das Denken und Handeln. Noch einmal mit anderen Worten, die äußeren Anlässe bestimmen mehr oder weniger, welches Bewusstseins-Mem angesprochen und aktiviert wird, und die Intensität des Schattens dieses Mems ist verantwortlich für die Art und Weise der entsprechenden Reaktionen und Aktivitäten, die wir dann unter Umständen pathologisch nennen können. Manchmal neigen Menschen auch dazu sehr häufig aus einem Schattenanteil eines bestimmten Mems heraus zu agieren. Ganz drastisch ausgedrückt kann es also sein, dass jemand besonders häufig aus pathologischem **Blau** heraus agiert.

Messbar sind solche Pathologien nur sehr schwer, oder eher gar nicht, denn sie zählen ja nicht unbedingt zu den kulturell definierten Krankheiten und so gibt es dafür auch keine Testmöglichkeiten. Solche Bewertungskriterien und Einteilungen sind ja eher typisch für das orangene Mem und die Arbeit hier verstehe ich zumindest als Versuch einer Möglichkeit des Zugangs zum gelben Mem. Es bleibt also die Notwendigkeit einer hohen Achtsamkeit und Vorsicht sowie eines großes Verantwortungsgefühls bei solchen Einschätzungen, um nicht wieder narzisstisch zu be- oder entwerten. Dies halte ich für sehr wichtig und ein Umgang damit könnte vielleicht etwa so ähnlich aussehen, wie ich es beim spielerischen Testergebnis weiter oben schon erwähnt habe.

Unsere Wahrnehmung und unser gefühlshaftes Erleben gelten letztlich als Richtschnur für das Erkennen und Einordnen dieser Art von Schattenanteilen. Allerdings ist es auch hier so, dass sich die dafür notwendigen Fähigkeiten erst ab der gelben Stufe voll entwickeln. Erlebt werden kann ein Denken und Verhalten aus den Schattenanteilen dann beispielsweise als starr, heftig, unabänderlich, also als absolutsetzend oder unflexibel und vor allem als aggressiv. Da es sich dabei ja immer auch um den Integralen Narzissmus handelt, ist das ruhige Gleiten immer beeinträchtigt und es kommt kaum zu Ruhe und Gelassenheit, zur Selbstkritik, zur Partnerschaftlichkeit oder zu einem wirklichen Dialog auf Augenhöhe. Je stärker also eine Pathologie ist, desto heftiger und kämpferischer werden die Normen der entsprechenden Stufe wieder vertreten oder es wird versucht sie mit Macht durchzusetzen. Manchmal sieht dies auch einfach so aus, wie ein sehr selbstbewusstes oder äußerst selbstsicheres Äußern von Meinungen und Überzeugungen. Solche Äußerungen, die scheinbar auf eine besondere Ich-Stärke hinweisen, sind jedoch meist als Extreme der Selbsterhaltungsbestrebungen zu erkennen. Manchmal fallen sie auch unter die Kategorien Rechthaberei oder Besserwisserei, denn der Betreffende will seine Meinung ja unbedingt durchsetzen. Er hat den Zwang in sich, Recht zu haben.

Der Wahrheits- oder Absolutheitsanspruch des Mems wird also wieder verstärkt. Ich habe schon festgestellt, wie schwierig es ist solche Pathologien der verschiedenen Stufen aus dem zweiten Rang heraus wahrzunehmen und sie dann auch nicht entwertend oder aggressiv beurteilend zu benennen.

10. Selbstsucht oder Integraler Narzissmus

„Die konstruierende und schaffende Fähigkeit des Bewusstseins an sich: Die Welt wird nicht nur vom Bewusstsein reflektiert, sie wird vom Bewusstsein mit erschaffen" – Ken Wilber[1]

In den letzten Jahren ist mir immer häufiger aufgefallen, dass im Rahmen einer spirituellen oder auch der integralen Diskussion der Narzissmus zwar hin und wieder angesprochen wird, jedoch die Herkunft und die relative Gebundenheit der Narzissmustheorie an die psychoanalytische Triebtheorie keineswegs hinterfragt wurde. Auch wenn die Selbstpsychologie von Heinz Kohut sich scheinbar irgendwie dem Buddhismus annähert, was man ihm vorgeworfen hat, so verlässt Kohut mit seiner Theorie doch nicht ganz das Theoriegebäude der Psychoanalyse mit ihrer Triebtheorie. Allerdings kann er wohl auch nicht mehr einfach als Triebtheoretiker bezeichnet werden, und das hat seiner Selbstpsychologie innerhalb der psychoanalytischen Theorien, auch einen großen Teil von Bedeutung und Akzeptanz genommen. Innerhalb des großen Gebäudes der psychoanalytischen Theorien gibt es zwar auch einige andere Überlegungen und Konzepte des Narzissmus, die Wurzel des Narzissmus als Rücknahme der Triebenergie vom Objekt zum Subjekt wird dabei jedoch letztlich nicht infrage gestellt oder einfach ignoriert.

Der Begriff Narzissmus wird heute meiner Beobachtung nach, außerhalb der psychoanalytischen Fachdiskussionen ganz grundsätzlich eher unkritisch, zu einer Art Be- oder auch Entwertung anderer genutzt, oder es wird von einem allgemeinen und völlig unkritischen Selbstverständlichkeit dieses Phänomens Narzissmus ausgegangen. Grundsätzlich scheint sich das allgemeine Niveau des Narzissmus zu erhöhen, d.h. die Menschen werden grundsätzlich narzisstischer, und der Narzissmus wird in der Gesellschaft mehr wertgeschätzt und auch gebraucht und gefördert oder manchmal sogar gefordert. Dadurch steigt einerseits die

Häufigkeit der allgemeinen – nicht unbedingt klinischen – Diagnosen anderer als Narzissten und andererseits die Selbsteinschätzung als gesund narzisstisch. Das kann sich dann oft so anhören, dass immer die anderen selbstsüchtig und narzisstisch sind während der eigene Narzissmus wird als gesund, positiv oder in jedem Fall als natürlich und normal angesehen wird.

Die amerikanische Journalistin Kristin Dombek berichtet im Zusammenhang mit einer in Amerika besonders wachsenden Selbstsucht, sogar von einer Narzissmus-Epidemie oder von einer Narziphobie. Das Wachsen der Selbstsucht wird aber immer beim Anderen gesehen, nie bei sich selbst.[2] Allerdings diskutiert sie ein solches Narzissmusdrehbuch, wie sie es nennt, eher kritisch. Wenn man ihr sehr humorvolles und intelligentes Essay gelesen hat, kann man zu der Erkenntnis kommen, dass wir alle die guten Narzissten und alle anderen sind immer die bösen Narzissten sind. Aber wir, die Guten, sind eben auch nur Narzissten und irgendwie hebt sich das Ganze dann wieder auf, und so wird das komplette Narzissmus-Konstrukt absurd. Wenn es nicht so traurig wäre, könnte man darüber wirklich lachen, aber wenigstens ein Lächeln scheint mir dann doch noch angemessen. Bei Freud und den meisten Nachfolgern wird der Narzissmus eben als Rücknahme des Libido-Triebes vom Objekt auf sich selbst verstanden, wo er sich dann als eine Art Selbstsucht etablieren kann.

Genau hier beginnt das Problem. Wir müssen oder können an diesem Punkt feststellen, dass diese Triebumkehr einerseits gut, positiv, gesund und sogar für das Individuum notwendig sein kann und andererseits handelt es sich eben um negativen Narzissmus, um eine Störung, manchmal sogar um eine schwere Persönlichkeitsstörung, um malignen Narzissmus, also kurz gesagt um eine Krankheit. Ich bin gesund und du bist krank.

Unabhängig von der Triebtheorie Freuds können wir aber den Narzissmus auch als die Bewegungen und die Spannungen zwischen den vier Bestrebungen des Holons Ich-Selbst verstehen, wie ich es hier in diesem Buch tue. Bei diesen Bestrebungen handelt es sich ja grundsätzlich auch um ein triebartiges Streben, ohne aber von einem eigentlichen biologischen Trieb auszugehen. Vielmehr lässt sich nach meiner Auffassung jedes bei Freud irgendwann diskutierte Triebgeschehen den vier Bestrebungen des Holons Ich-Selbst zuordnen. Dadurch ist immer sofort der Blick nach innen gerichtet, auf ein ruhiges Gleiten in mir oder auf das Maß innerer Spannungen. Wir können diese innerpsychischen Bewegungen, auf die unsere Wahrnehmung gerichtet ist, auch als ewige Auseinandersetzung zwischen Chaos und Ordnung bezeichnen oder als Chaoskampf, wie Tom Amarque es tut.[3] Es ist jedoch immer die eigene egozentrische Selbst- und Weltsicht, die sofort unsere Aufmerksamkeit bekommt und nicht eine Differenzierung, Aufteilung oder Spaltung zwischen Selbstsucht und Objektbeziehung, wie in einer psychoanalytischen Sicht. Natürlich ist es auch in dieser Sicht des Integralen Narzissmus möglich, und oft auch notwendig, zwischen angemessen und unangemessen oder positiv und negativ oder auch zwischen gesund und krank zu unterscheiden. Dennoch geht es mir um den ersten Blick, der ja zu vielerlei Folgen und Konsequenzen führen kann und auch führt, die sich sonst nicht so schnell oder einfach ergeben würden. Diese Art der Sicht richtet sich eben immer zuerst introspektiv und selbstkritisch auf das Ausmaß meiner möglichen egozentrischen Selbst- und Weltsicht, die es immer zu überwinden gilt. Halten wir diese Transformation der Egozentrik noch einmal als den eigentlichen Sinn des Lebens fest.

Unser Ich-Selbst oder unsere Individualität entwickelt sich ja durch ständige Prozesse der Spiegelung und des Nachahmens sowie durch Identifizierungen mit unserem Gegenüber, also mit dem Du. Mitgefühl und Verbundenheitsgefühl oder auch Momente der Verschmelzung können also normalerweise immer da sein, und wir können so den „bösen Narzissmus" nicht ganz einfach und schnell nur bei anderen lokalisieren, denn wir sind im wechselseitigen Spiegelungsprozess immer gleichzeitig wir selbst und der andere. Das Holon Ich-Selbst ist nicht ohne das Holon Du, oder das Holon Wir, zu denken. Mein Holon Ich-Selbst ist Teil des Holons Wir, des Holons Familie, des Holons Gemeinschaft usw.. So ist auch jeder von uns immer irgendwie verbunden mit dem Du. Diese Tatsache erinnert an die oft grob vereinfachende

Behauptung, der andere ist immer nur Spiegel von uns selbst. Dieser Spruch kann nämlich umgekehrt dazu führen, dass wir den anderen wieder ganz aus dem kritischen Blick verlieren. Wir müssen also unser Ich-Selbst UND den anderen sehen um eine differenzierte Betrachtung und Analyse zu ermöglichen.

Bei Wilber sind diese Prozesse, die eine solche doppelte Sicht verhindern, die Bildung des Schattens, bei der Eigenes zum Du oder zum Es wird, also nach Außen verlagert wird. So wird dann der Narzissmus immer nur bei den anderen gesehen, denn den eigenen Schatten können wir nicht sehen. Erst die Rücknahme in das Ich-Selbst bei einer gesunden Entwicklung – bei Wilber wird dieser Prozess einer Schattenarbeit als Wandlung des Du/Deiner/Ihr/Es zum Mir/Meiner/Mich bezeichnet – ist dann erst Voraussetzung einer möglichen Transzendenz.[4] Bei diesem Thema der Aufspaltung von „Gut" und „Böse" kann ich davon berichten, dass die größten Erfolge in der Therapie von Menschen mit narzisstischer Persönlichkeitsstörung (NPS) möglich wurden, wenn ich als Therapeut meinem Gegenüber sehr authentisch signalisieren konnte, dass ich selber gewisse narzisstische Persönlichkeitsanteile und natürlich auch Leidenszustände kannte. Gleiches gilt für die Scham und meine eigene Schamanfälligkeit. Eine solche Selbstoffenbarung geschieht natürlich immer nur begrenzt und sehr differenziert zu einem bestimmten Thema und immer zu einem passenden Zeitpunkt. Die Aufspaltung zwischen meinem „gesunden“ oder „guten“ Narzissmus und deinem „kranken" bzw. „bösen“ Narzissmus verliert also nicht nur durch die Holontheorie, sondern auch durch die Doppelsicht – Ich-Selbst UND Du – seine Wirkmächtigkeit. Notwendig ist also eine Sicht des Narzissmus, die einerseits nicht mehr an eine Triebtheorie gebunden ist und bei der andererseits auch eine schnelle Aufspaltung in „Gut" und „Böse" nicht mehr sofort möglich ist. Daraus folgt dann die Tatsache, dass es immer notwendig ist den eigenen Narzissmus, die eigene egozentrische Selbst- und Weltsicht zu transformieren.

Ein oft sehr schnelles Einteilen in „mein gesunder Narzissmus" versus „die narzisstisch gestörten Menschen" führt eben dazu, dass der eigene Narzissmus von jeder selbstkritischen Betrachtung ausgeschlossen bleibt. Ja, es ist sogar so, dass diese Einteilung selbst schon wieder eine narzisstische Be- oder gar Entwertung darstellen kann. Also könnten wir dann lächelnd sagen, dass alle Menschen narzisstisch sind, nur wir sind dann immer die „Guten", und die „Bösen" sind immer andere. Dieses sofortige Urteilen und Verurteilen oder das Be- und Entwerten ist es ja, was derzeit so schnell anwächst und immer selbstverständlicher wird in unserer postmodernen Kultur, die ich ja deshalb auch „Kultur der scheinbaren Schamlosigkeit" nenne. Eine wirklich kritische Introspektion und auch eine mögliche Veränderung der eigenen Egozentrik gibt es dadurch nicht mehr. Jeder darf so sein wie er will, jeder macht sein Ding.

In diesem Buch habe ich den Versuch unternommen, ein Konzept des Narzissmus zu entwickeln, das unabhängig ist von der freudschen Triebtheorie und sich stattdessen vor allem an der Holontheorie von Ken Wilber orientiert. Auch innerhalb der Theorie der Psychoanalyse gab es und gibt es für mich Anzeichen einer größeren Veränderung, die ich u.a. bei Kohut oder Leuner sehe und die in den letzten Jahrzehnten besonders auch in der sogenannten intersubjektiven Wende zu erkennen sind. Diese Entwicklungen sind es ja vor allem, auf die ich mich in meinen Überlegungen stütze, und die ich durch eine integrale Sicht erweitern möchte.

Mein Ziel in dieser Arbeit ist ja die Bedeutung der Scham für die Entwicklung des Menschen und für die Wandlung des Bewusstseins hervorzuheben. Die durch schamauslösende Erschütterungen entstandenen Pathologien der Bewusstseinsstufen, die ich alle als Integralen Narzissmus bezeichne, sind natürlich grundsätzlich beteiligt an den kulturellen und gesellschaftlichen Diskursen und sie können sogar manchmal bestimmend sein für bestimmte politische Entwicklungen und für politisches Handeln. Um diese Zusammenhänge besser erkennen und dann verstehen zu können, will ich den Integralen Narzissmus noch einmal kurz zusammenfassend darstellen.

Der Narzissmus insofern anders betrachtet als durch die Brille der freudschen Triebtheorie hat immer mit dem allgemeinen Begehren des

Menschen zu tun. Dieses Begehren ist nun ganz grundsätzlich in vier verschiedenen Qualitäten zu verstehen. Es sind dies die vier Bestrebungen des Holons Ich-Selbst. Die Ausprägungen dieser Bestrebungen werden auch von der Entwicklung der Linien mitbestimmt. Diese Linienentwicklung zeigt beim Holon Ich-Selbst ja die Stärken an, wie der Mensch seine Bereiche der Fähigkeiten und Möglichkeiten im Fühlen, Denken und Verhalten entwickelt hat. Somit hat der unterschiedliche Entwicklungsstand auch eine Auswirkung auf die Bewegungen der Bestrebungen des Holons Ich-Selbst. Das Begehren der Menschen lässt sich also in allen vier Bestrebungen aufzeigen.

Das *Bestreben nach Selbsterhaltung* ist eine Art des Begehrens und kann beispielsweise verstanden werden als Vitalität, als Durchsetzungskraft oder als Selbstbehauptung. Es ist immer auch ein Drang nach Lebendigkeit und Ganzheit. Manchmal können wir zu der Kraft auch Aggression sagen. Nur Vorsicht bei dem Begriff Wut, denn wir haben gesehen, dass die Wut meist als Deckgefühl der Scham verstanden werden kann.

Das *Bestreben nach Selbstanpassung* ist eine andere Art des Begehrens und dazu zähle ich den Drang nach dem Du, nach Bindung und Bezogenheit, nach Zugehörigkeit oder nach Gemeinsamkeit und auch nach Gemeinschaft. Es ist auch immer das Bedürfnis danach, ein Teil zu sein. Es ist auch der Drang nach Resonanz und zwischenmenschlicher Liebe.

Das *Bestreben nach Selbstauflösung* ist als Begehren nach einem Zurück zum Ursprung, zur biologischen Einheit, zum Urzustand, zur Natur oder zum Anfang der Intersubjektivität zu verstehen. In der Psychologie sprechen wir hier von Regression. Es ist ein ganz natürliches, menschliches Bestreben.

Als letztes das *Bestreben nach Selbsttranszendenz*. Dieses ist für mich ein Drang, eine Sehnsucht oder eine Suche nach Angebundensein an ein übergeordnetes Ganzes, nach Verbundenheit mit dem Alles, nach dem Eins-Sein mit Allem oder auch nach einer allumfassenden Liebe oder einfach nach Emergenz.

Alles, was bei Freud und in der traditionellen Theorie der Psychoanalyse unter Triebgeschehen verstanden wird, wie beispielsweise Aggression oder Sexualität, Todes- oder Lebenstrieb, lässt sich meiner Auffassung nach sehr gut in den vier Bestrebungen des Holons beschreiben. Die Sexualität ist als ein Begehren zu verstehen, bei dem alle vier Bestrebungen des Holons beteiligt sind.

Im Normalfall, also bei einer gewöhnlichen oder auch gesunden bzw. reifen Entwicklung gibt es also Bewegungen und Spannungen zwischen den vier Bestrebungen des Holons Ich-Selbst, die jedoch immer wieder zu einem Ausgleich, zu einer Balance oder zu einer Spannungstoleranz führen. Es handelt sich dann oft um mehr oder weniger sanfte Bewegungen, um ruhiges Fließen oder um wellenartiges Schweben bzw. Gleiten. Ich nenne es ja ruhiges Gleiten. In diesen allgemeinen Bewegungen zwischen den vier Bestrebungen siedle ich den Integralen Narzissmus oder auch die Egozentrik an, unabhängig von möglichen Störungen. Ein so verstandener Narzissmus kann natürlich auch durch Störungen der sanften Bewegung, des Fließens oder des ruhigen Gleitens beeinträchtigt sein. Es sind dann immer auch Störungen des menschlichen Begehrens wie es sich im Holon Ich-Selbst zeigen kann.

Es sind die Erschütterungen, die einerseits Scham auslösen und andererseits zu Bildung einer typischen Individualität führen. Erinnern wir uns, da wo das Bewusstsein beginnt, ist der Sitz der Scham. Wir können überspitzt sagen, dass die Entwicklung des Ich-Selbst, diese Schwelle vom Nicht-Sein zum bewussten Sein, die Scham sein kann, jedoch verdeckt und verborgen. Oder wieder anders ausgedrückt, Individualität oder das kognitive Konstrukt Ich, des Ich-Selbst, hat immer auch die Funktion einer Maskierung der erlebten Scham oder des Verbergens einer Schamangst. Bei der Schamangst handelt es sich ja um die Angst des Ich-Selbst, wieder aus dem bewussten Sein herauszufallen, also zu zerfallen. Die Masken der Scham bilden in unterschiedlichem Ausmaß auch die Egozentrik, die dann als Schatten der jeweiligen Stufe angesehen wird. Denken wir hier noch etwas weiter, wäre ein Ich-Selbst, bei dem die Funktion der Masken der Scham sehr gering ist, also sehr offen, sehr vulnerabel immer verletzlich und empfindsam. Ein Ich-Selbst ohne

Masken der Scham, wäre wie ohne Schatten, ein Zustand des reinen Seins. Ein solches Da-Sein des Menschen scheint es dauerhaft und besonders in absoluter Ausprägung wohl nicht geben zu können.

Das von mir angesprochene ruhige Gleiten gibt es aber nicht nur im Holon Ich-Selbst, sondern, es führt nach einer längeren Zeit des Wandels letztlich zu einer Transformation jeder Stufe des Bewusstseins zu einer höheren Stufe oder Ebene auf der Spirale der Wandlung. Das Fortschreiten der Bewegung auf der Spirale zeigt sich in der natürlichen Entwicklung ebenfalls als ein ruhiges Gleiten. Schon von Beginn an, geht es bei der Entwicklung und Wandlung des Holons Ich-Selbst immer auch besonders um die Transformation der egozentrischen Selbst- und Weltsicht. In jeder Stufe kommt es allerdings immer auch zu unterschiedlich starken Erschütterungen, die eine natürliche Transformation der egozentrischen Selbst- und Weltsicht nicht nur erschweren oder verhindern, sondern die Egozentrik oft sogar verstärken oder festigen können.

Erst wenn die Blockaden der Stufen oder die Geschlossenheit der Meme durch die Transformation der Egozentrik aufgelöst oder geöffnet sind, wird ein ruhiges Gleiten hoch und runter auf der Spirale möglich werden. Dann können wir sehr gut von einer Spirale der Wandlung sprechen. Der Integrale Narzissmus zeigt also nicht die Rücknahme einer Triebenergie (Libido) auf ein Selbst, sondern ein ruhiges Gleiten der vier (triebartigen) Bestrebungen an, oder eben die Störung der Balance, bzw. die mehr oder weniger gravierenden Spannungen zwischen diesen Bestrebungen. Der Blick auf diese Art des Narzissmus zeigt uns immer, jedem Menschen, dass es der Sinn des menschlichen Lebens ist, immer an der Transformation oder eben dem ruhigen Gleiten zu arbeiten. Es ist immer zuerst ein Blick auf das eigene Ich-Selbst und nicht auf die Anderen. Diese Sicht, die nun gerade nicht egozentrisch oder selbstsüchtig ist, wird erst möglich, wenn in unserer Kultur der scheinbaren Schamlosigkeit die Scham wieder ihren Platz findet und offen geachtet und gewürdigt wird.

Der Sinn des menschlichen Da-Seins könnte es sein, ein Leben lang die Begegnung mit dem eigenen Schatten, der auch als das Chaos angesehen werden kann, zu fördern und zu entwickeln. Ein immer währender Kampf zwischen Chaos und Ordnung könnte dadurch vielleicht konstruktiv beeinflusst werden, ganz im Sinne eines ruhigen Gleitens. Grundlage ist meiner Auffassung nach ein besseres Erkennen und Verstehen der Erschütterungen der Seele und damit auch der Schamentwicklung. Dies könnte dann auch dazu führen, dass immer mehr Menschen einen Einblick bekommen, wie sich der persönliche Schatten kulturell und politisch agierender Menschen negativ in der Gesellschaft auswirken kann. Diese Arbeit und damit zusammenhängend auch eine weitere differenzierte Systematisierung der Schattenanteile der Menschen muss weiteren Überlegungen vorbehalten bleiben, ist jedoch nach meiner Überzeugung dringend erforderlich, wenn wir die evolutionäre Wandlung des Bewusstseins der Menschen unterstützen wollen.

Anmerkungen

Einleitung

1. Rosa 2016, S. 293
2. siehe Wolf 1996 und Wilber 2016
3. siehe dazu Beck, Cowan 2007

1. Am Anfang war die Scham

1. Wurmser
2. siehe Lietzmann 2007
2. siehe Demmerling 2009, S. 90/91, in Schäfer/Thompson (Hrsg.)
3. siehe vor allem Lietzmann 2007, Werden 2015
4. siehe van Kerckhoven, Lipps 2001
5. siehe vor allem Böhme 2012, S. 8/9 und auch Zwiebel/Weischede 2015

2. Die Spirale der Wandlung

1. McIntosh 2009, S. 45
2. Kölling 2017, siehe auch Beck, Cowan 2007, Küstenmacher, Haberer, Küstenmacher 2010
3. McIntosh 2009, S.21
4. Clare Graves zitiert nach Beck, Cowan S. 30
5. Wilber 2007, S. 90, McIntosh 2009, S. 254
6. McIntosh 2009, S. 260
7. siehe Wilber 2016
8. Wilber 2006, S. 180 und siehe auch Kegan 1986
9. siehe auch McIntosh S.71
8. Altmeyer 2000, S. 168 Fussnote

9. Dieses Modell von Wilson und Gedo wird von Altmeyer erwähnt und in einer Fussnote etwas ausführlicher besprochen, siehe Altmeyer S. 168
10. Beck, Cowan 2007, S. 48
11. Kölling 2017

3. Da-Sein und Selbst-Sein

1. siehe Rosa S. 86/87 in einer Anmerkung zitiert er Martin Buber
2. siehe die Schriften von Grof, Janov, Janus
3. Grof 1985, S. 101ff
4. siehe besonders Grof 1985, S. 106 ff und vor allem auch S. 122
5. siehe dazu Welzer 2005
6. siehe besonders Janov 1974, 1982, 1984, 1993
7. Janov 1993, S. 115ff
8. ders. S. 40ff
9. siehe Kölling 2017
10. Janus 1991, S. 101
11. siehe Janus (Hrsg.) 1990, Janus 1991, 2011
12. Janus 2011, S. 17
13. Kölling 2017, S. 27/28
14. siehe besonders Kerckhoven, Lipps 2011, S. 48
15. Janus 1991, S.165ff, 2011, S. 125
16. siehe Leuner (Hrsg.) 1996, S. 109ff
17. siehe besonders Altmeyer 2000, S. 54ff sowie Altmeyer, Thomä (Hrsg.) 2006
18. siehe Kohut 1985, S. 162 und Leuner (Hrsg.) 1996, S. 121
19. siehe Janus 2011, S. 130
20. siehe Brown 1962, S. 59ff
21. ders. S. 110/111
22. Koestler 1989
23. Wilber 2001, S. 54ff
24. siehe Pahnke 1996, S. 54–76
25. siehe Grof 2002, S. 161-162
26. Grof 1985, S. 132

27. Rank
28. Wilber 2007, S. 189
29. ders. S.187
30. von der Osten
31. siehe Rosa 2016, vor allem S. 61 -109, Sloterdijk 1998, Buber 1994
32. siehe Almaas
33. siehe Wilber 1999, S. 380 und vor allem seine Anmerkung 11, S. 497ff
34. siehe Altmeyer 2000, S. 54 ff und Freud 1973, S. 140-142
35. siehe Freud 1973
36. Pohlmann 2016, S. 54-73
37. siehe Altmeyer S. 226ff
38. siehe Honneth 2006, Whitebook 2006
39. siehe deMause 2000. S. 322ff
40. siehe Koch 2017. Im Spiegel Artikel ?Chill mal Mama? in dem sie über einige Untersuchungen informiert, zitiert sie u.a. den Ulmer Psychiater Manfred Spitzer
41. siehe Kölling 2009
42. Laloux 2015, S. 14 und Anmerkung S. 323
43 . siehe Kegan 1986, S.113ff
44. siehe auch Wilber 1999, S. 259ff
45. siehe auch Kölling 2017

4. Ich-Selbst und der Andere

1. Stern 2003, S. 103
2 siehe auch Erikson 2003, S. 97ff
3 siehe Mentzos 1993, S. 90ff
3. siehe auch Kegan 1986, S. 114
4. siehe Rosa 2016, S. 298
5. ders. S. 61ff
6. ders. S. 85
7. ders. S. 574
8. ders. 2013, S. 57, 2016, S. 676, Focke u.a. 2016 sowie Ehrenberg 2011, S. 440

9. ders. 2013, S. 63
10. siehe Bowlby 2006
11. siehe Dornes 2001, S. 80ff und Stern 2003, S. 61ff
12. siehe Schüttauf, Specht, Wachenhausen 2003
13. siehe Lichtenberg 1991, S. 22
14. siehe Dornes S. 80 und Stern S. 83
15 siehe Stern S. 106ff
16. siehe Dornes S. 90ff und Stern S. 114ff
17. siehe Dornes S. 173
18. ders. S. 237ff
19. siehe dazu Bohleber in www.psychoanalyseforum.de/blog/dasunbewusste-psychoanalytische-kernkonzepte
20. siehe Rass 2011, S. 35/36
21. siehe Dornes S. 239ff
22. siehe Riemann 1979 und Kölling 2017
23. siehe auch Mentzos 1993, S. 198
24. siehe auch König 1992, S. 22/23
25. siehe Kohut 1990, S. 29
26. siehe Rudolf 1977, S. 48ff
27. ders. S.48
28. ders. S.77ff , siehe auch Beck, Cowan 2007, S. 31
29. BPS
30. zitiert nach Illouz 2009, S. 218
31. siehe Kölling 2017, S.

5. Macht und Ohnmacht

1. Andreas-Salome 2012, S. 118, siehe auch Altmeyer 2000, S. 58, Pohlman 2016, S. 57, 2.
2. siehe auch Pohlman S. 57/58
3. siehe dazu auch Altmeyer 2000, S. 192 Fussnote und Honneth 2003, S. 148ff
4. siehe Kölling 2009, ders. 2017, S. 34ff,
5. siehe dazu auch Altmeyer 2000, Tiedemann 2010, Kölling 2017, Peichl 2017

6. siehe vor allem Altmeyer2000, S. 226ff
7. Benjamin 1990, S. 35
8 siehe dazu Kohut 1990, Mentzos 1993, Frommknecht-Hitzler 1994, Wolf 1996
9. siehe besonders Frommknecht-Hitzler S. 130
10. Bauriedl 1987
11. Cook-Greuter 2008, S. 9 oder McIntosh 2009, S. 49ff
12. siehe dazu auch Kölling 2017, S. 34ff
13. siehe auch Kölling 2017, S. 180ff

6. Regeln und Rollen

1. Laloux 2015, S. 18
2. Amarque 2018
3. siehe dazu auch Laloux S. 17ff und Anmerkung S. 323 sowie Wilber 2016 S. 115
4. siehe dazu auch Erikson 1999, S. 241ff
5. siehe dazu Kölling 2017
6. siehe dazu auch von Franz 1987
7. siehe dazu Kölling S. 79ff
8. siehe dazu auch Keen 1992
9. siehe dazu auch Onken 2003
10. Kölling S. 82/83, auch Wolf 1992
11. siehe Küstenmacher, Haberer, Küstenmacher 2010, S. 297 und McIntosh 2009, S. 53
12. siehe dazu Mentzos 1993, S. 159ff
13. siehe dazu Kölling 2017, S. 227
14. siehe dazu Mentzos S. 162
15. siehe dazu auch Riemann 2002, S. 13 ff und Hoffmann, Hochapfel 2009, S. 90ff
16. siehe dazu auch Kölling 2017, besonders Kapitel 16-18
17. ders. S. 213

7. Wissen, Leistung und Erfolg

1. Laloux 2015, S. 23
2. zu den Definitionen und differenzierteren Beschreibungen dieser Stufe siehe auch Beck, Cowan 2007, S. 371ff, Cook-Greuter 2008, Küsten macher u.a. 2010, S. 105ff, Laloux 2015, S. 23ff, Kölling 2017, S. 120
3. siehe Küstenmacher u.a. S. 297
4. siehe dazu auch Erikson 1999, S. 255ff
5. siehe dazu auch Kölling 2002, 2007

8. Harmonie und Gemeinschaft

1. Beck, Cowan S. 58
2. siehe auch Beck, Cowan 2007, Küstenmacher u.a.2010, Laloux 2015, Wilber 2016
3. siehe Beck,Cowan S. 397ff, Küstenmacher u.a. S. 137ff, Kölling S.122ff
4. siehe Wilber 2007, S. 149ff
5. siehe auch Geißler 2005, Kölling 2013 und 2017
6. Küstenmacher u.a. S. 297
7. siehe Beck, Cowan S. 399
8. siehe Scharmer 2011, Laloux 2015
9. Beck, Cowan S. 412
10. siehe Cook-Greuter 2008, S. 22ff
11. siehe unter anderem auch Wilber 2012 und Debold 2012
12. siehe auch Kölling 2017, S. 217ff
13. siehe auch Beck, Cowan S. 420

9. Von der Handlung zum Sein

1. zitiert nach Laloux S. 46
2. siehe auch Beck, Cowan, Cook-Greuter, Küstenmacher u.a., sowie Laloux

3. im ganzen folgenden Abschnitt zur Integralen Theorie beziehe ich mich auf Wilber 2007, 2016, Wilber, Patten, Leonard, Morelli 2010 und Kölling 2017

10. Selbstsucht oder Integraler Narzissmus

1. Wilber 2016, S. 194
2. siehe Dombek 2016
3. siehe Amarque 2018
4. siehe Wilber 2007, S. 169ff

Literatur

Altmeyer, M. (2000): Narzissmus und Objekt. Göttingen. Vandenhoeck & Ruprecht.

Altmeyer, M., Thomä, H. (Hrsg.), (2006): Die vernetzte Seele. Stuttgart. Klett- Cotta

Amarque, T.(2018): Der Krieg der Seele. Phänomen Verlag

Andreas-Salome, L. (2012): Mein Dank an Freud. Band 4, Taching am See, Medien Edition Welsch

Bauriedl, T. (1987): Narziss als Ödipus. Unveröffentlichtes Manuskript einer erweiterten Fassung mehrerer Vorträge.

Beck, U. (2017): Die Metamorphose der Welt. Berlin. Suhrkamp.

Beck, D.E., Cowan, C.C. (2007): Spiral Dynamics. Bielefeld. Kamphausen

Böhme, G. (2012): Ich-Selbst, Über die Formation des Subjekts. München. Wilhelm Fink Verlag

Bohleber, W. (2017): www.psychoanalyseforum.de/blog/dasunbewusste-psychoanalytische-kernkonzepte

Bowlby, J. (2006): Bindung. München Basel. Reinhard Verlag

Cook-Greuter, S.R. (2008): Stufen der Selbstentwicklung nach: Ego-Development 1985, auch in: Laloux 2015

Debold, E., (2012): Die Boomeritis & Ich. http://www.wie.org/de/j8/debold.asp

Demmerling, C. (2009): Philosophie der Scham. In Schäfer/Thompson

Dombek, K. (2016): Die Selbstsucht der anderen. Berlin. Suhrkamp

Dornes , M. (2001): Der kompetente Säugling. Frankfurt a. Main. Fischer

Ehrenberg, A. (2011): Das Unbehagen in der Gesellschaft. Berlin. Suhrkamp

Erikson, E.H. (1999): Kindheit und Gesellschaft. Stuttgart. Klett-Cotta

ders. (2003): Jugend und Krise. Stuttgart. Klett-Cotta

Focke, I., Horn, E., Pohlmann, W. (Hrsg.) (2016): Erregter Stillstand. Stuttgart.Klett-Cotta

Freud, S. (1973): Zur Einführung des Narzißmus. In: Gesammelte Werke, Zehnter Band. Frankfurt am Main. Fischer35

Frevert, U. (2017): Die Politik der Demütigung. Frankfurt am Main. Fischer

Frommknecht-Hitzler, M. (1994): Idealisierung, Idealbildung und Selbstgefühl. Würzburg. Königshausen & Neumann

Geißler, C. (2005): Was sind Babyboomer? Harvard Buisness Manager, 10

Grof, St. (1985): Geburt, Tod und Transzendenz. München. Kösel Verlag

ders. (2002): Die Psychologie der Zukunft. Wettswil. Edition Astrodata

Hoffmann, S.O., Hochapfel, G. (Hrsg.) (2009): Neurotische Störungen und Psychosomatische Medizin. Stuttgart. Schattauer

Honneth, A. (2003): Kampf um Anerkennung. Frankfurt am Main. Suhrkamp

ders. (2006): Facetten des vorsozialen Selbst. In Altmeyer, Thomä (Hrsg.)

Illouz, E. (2009): Die Errettung der modernen Seele. Frankfurt am Main. Suhrkamp

Janov, A. (1974): Das befreite Kind. Frankfurt am Main. Fischer Taschenbuch

ders. (1982): Der Urschrei. Frankfurt am Main. Fischer Taschenbuch

ders. (1984): Frühe Prägungen. Frankfurt am Main. Fischer Taschenbuch

ders. (1993): Der neue Urschrei. Frankfurt am Main. Fischer Taschenbuch

Janus, L. Hrsg. (1990): Das Seelenleben des Ungeborenen – eine Wurzel unseres Unbewussten. Pfaffenweiler. Centaurus

ders. (1991): Wie die Seele entsteht. Hamburg. Hoffmann und Campe

ders. (2011): Der Seelenraum des Ungeborenen. Ostfildern. Patmos Verlag

Jullien, F. (2017): Es gibt keine kulturelle Identität. Berlin. Suhrkamp

Keen, S. (1992): Feuer im Bauch. Hamburg. Kabel Verlag

Kegan, R. (1986): Die Entwicklungsstufen des Selbst. München. Kindt Verlag

Koch, J. (2017): Chill mal Mama. In Spiegel 44
Kohut, H. (1985): Die Zukunft der Psychoanalyse. Frankfurt am Main. Suhrkamp
ders. (1990): Narzißmus. Frankfurt am Main. Suhrkamp
Kölling, W. (2002): Der flexible Mensch und die Scham. In: psychosozial, Heft IV
ders. (2007): Die Kultur der scheinbaren Schamlosigkeit und ihre Bedeutung für eine Fehlerkultur. In: OSC, 14.Jahrg. Heft 3. Wiesbaden
ders. (2009): Geschlechtsspezifische Schamattacken. In: Bube, Dame, König-DIS. S. 50-56. Wildwasser Hrsg. Köln. Mebes &noack
ders. (2013): Variationen über Narzissmus. In: OSC, 20.Jahrg. Heft 4
ders. (2017): Die Spirale der Wandlung. Phänomen Verlag
König, K. (1992): Kleine Psychoanalytische Charakterkunde. Göttingen. Vandenhoeck & Ruprecht
Kuiper, P.C. (2004): Die seelischen Krankheiten der Menschen. Stuttgart. Klett-Cotta
Kühn, R., Raub, M., Titze, M.(1997): Scham ? Ein menschliches Gefühl. Opladen.
Westdeutscher Verlag
Küstenmacher, M., Haberer, T., Küstenmacher, W.T. (2010): Gott 9.0. Gütersloher Verlagshaus
Laloux, F. (2015): Reinventing Organisations. München. Verlag Franz Vahlen
Lichtenberg, J.D.(1991): Psychoanalyse und Säuglingsforschung. Berlin Heidelberg. Springer-Verlag
Lietzmann, A. (2007): Theorie der Scham. Hamburg. Verlag Dr. Kovac
Mentzos, St. (1993): Neurotische Konfliktverarbeitung. Frankfurt am Main. Fischer Taschenbuch
Onken, J. (2003): Vatermänner. München. Beck Verlag
Peichl, J. (2017): Warum es auch gut ist, Narzisst zu sein. München. Kösel
Raub, M. (1997): Scham - ein obsoletes Gefühl? In Kühn, Raub, Titze (Hrsg.)

Rass, E. (2011): Bindung und Sicherheit im Lebenslauf. Stuttgart. Klett-Cotta

Riemann, F. (1979): Die schizoide Gesellschaft. München. Kaiser

ders. (2002): Grundformen der Angst. München. Reinhardt Verlag

Rosa, H. (2012): Weltbeziehungen im Zeitalter der Beschleunigung. Berlin. Suhrkamp

ders. (2013): Beschleunigung und Entfremdung. Berlin. Suhrkamp

ders. (2016): Resonanz. Eine Soziologie der Weltbeziehung. Berlin Suhrkamp

Rudolf, G. (1977): Krankheiten im Grenzbereich von Neurose und Psychose. Göttingen. Vandenhoeck & Ruprecht

Scharmer, C.O. (2011): THEORIE U. Heidelberg. Carl-Auer

Schäfer, A., Thompson, C. (2009): Scham. Paderborn. Ferdinand Schöningh

Schüttauf, K., Specht, E.K., Wachenhausen, G. (2003): Das Drama der Scham.

Göttingen. Vandenhoeck & Ruprecht

Schüttler, C., Kutter, P. (1992): Sexualität und Aggression. Frankfurt am Main. Suhrkamp

Seidler, G.H. (1997): Scham als Mittlerin zwischen Innen und Außen. In Kühn, Raub, Titze (Hrsg.)

Stern, D.N. (2003): Die Lebenserfahrung des Säuglings. Stuttgart. Klett-Cotta

Van Kerckhoven, G., Lips, H. (2011): Fragilität der Existenz. Freiburg i.B. Alber von Franz, M.L. (1987): Der ewige Jüngling. München. Kösel

Werden, R. (2015): Schamkultur und Schuldkultur. Münster. Aschendorf Verlag

Whitebook, J. (2006): Die Arbeit des Negativen und die Grenzen des >inter- subjective turn<. In Altmeyer, Thomä (Hrsg.)

Wolf, E.S. (1992): Narzisstische Lüsternheit und andere Schicksale der Sexualität. In Schöttler & Kutter Hrsg. Sexualität und Aggression

ders. (1996): Theorie und Praxis der psychoanalytischen Selbstpsychologie Frankfurt am Main. Suhrkamp

Wilber, K., Patten, T., Leonard, A., Morelli, M. (2010): Integrale Lebenspraxis. München. Kösel Verlag

Wilber, K. (1999): Das Wahre, Schöne, Gute. Frankfurt am Main. Krüger Verlag

ders.(2001): Eros, Kosmos, Logos. Frankfurt am Main. Fischer

ders.(2007): Integrale Spiritualität. München. Kösel-Verlag

ders.(2012): Boomeritis. http://integralesleben.org/index.php?id=648>

ders.(2016): Integrale Psychologie. Freiamt. Arbor Verlag

Wurmser, L. (1997): Die Masken der Scham. Berlin. Springer Verlag

Zwiebel, R., Weischede, G. (2015): Buddha und Freud ? Präsenz und Einsicht. Göttingen. Vandenhoeck & Ruprecht